渋沢栄一 92年の生涯

夏の巻

白石喜太郎

『渋沢栄一 92年の生涯』夏の巻／目次

『渋沢栄一　92年の生涯』各巻・目次

※各巻目次の小項目は省略しています。

凡例

本書は、渋沢栄一の秘書・白石喜太郎が「和泉清」のペンネームで雑誌『経済知識』に連載したもので、「序に代えて」によれば、連載を読んだ渋沢栄一が「一々筆を加えられ、観察の正鵠《せいこく》を得ざる点、記述の不備なる点を懇切に示教」したといいます。まさに、渋沢栄一自身が添削した伝記です。渋沢栄一没後の一九三三年（昭和八）に、『渋沢栄一翁』の題名で刀江書院より出版されました。

この度の出版に当たり、左記のような編集上の補いをしました。

一、旧字・旧仮名を新漢字・新仮名に改めました。

二、難字にはルビをふり、難解な表現などには意味を（　）で補いました。

三、原本の「渋沢栄一子爵は」「子爵は」の表記を、「渋沢栄一翁は」「翁は」と改めました。

四、登場人物の年齢表記は、原本の数え歳表記を踏襲しました。

五、海外の国名や地名などの漢字表記の一部を、カタカナ表記に改めました。

六、原本は全一巻の大著で全六篇の構成でしたが、このたび新たに「春の巻」「夏の巻」「秋の巻」「冬の巻」の全四巻に分冊し、タイトルを『渋沢栄一　92年の生涯』と改めました。

七、今日の人権上の観点からしますと、不適切と考えられる表現もありますが、歴史的な史料としての価値に鑑み、原本通りとしました。

二〇二〇年一二月

国書刊行会

夏の巻

一、実業的活動の総本部

第一国立銀行の誕生

・創立されるまで　第一国立銀行（国立は日本国立の意ではなく、「ナショナル」の訳語）は、翁の実業界へのスタートとして、また第一国立銀行は、翁の実業界における光輝に充《み》てる活躍の総本部として、忘るべからざるものである。翁が洋々たる前途を有する官場生活と綺麗さっぱり絶縁し、ほとんどまったく新しき経験ともいうべき商工業界の人として働くことになり、先輩といわず友人といわず、知るかぎりの人をして唖然《あぜん》たらしめた、この飛躍をなすに至ったことはすでに記した。当時の翁の期するところは、『論語』を信条として商工業を営み、もって商工業者の地位を向上せしめ、官尊民卑の弊風打破を実現せんとするのであった。すなわち条理による商工業経営の実現が目標であった。

しこうして、この理想実現のため選んだのは、第一国立銀行の設立であった。この点だけでも第一国立銀行は、翁を考えるとき第一に挙げねばならぬものである。しかも、爾来《じらい》半世紀に亘《わた》って常に翁の活動の中心であったことを考えるとき、その感がいっそう深いのである。さらに翻《ひるがえ》って、その設立前から翁が苦心したことを考えると、因縁の容易ならざることを感ずるのである。

第一国立銀行は、翁が苦心立案せる国立銀行条例によって生まれたものである。銀行条例は理想に近い、極めて新しい実業機関に関する成規であった。ゆえに、当時これを理解するもの少なく、たとえ理解する者があっても、これを実現する力あるものは稀であった。

当時、国立銀行を設立し、もしくは設立に参加し得べしと認められたものは、三井、小野、島田の三組であった。翁はこれに着眼し、協同経営を慫慂《しょうよう》した。しかし、島田組は幾《いく》ばくもなくその力を失ったため、三井、小野の提携勧説に力を用いたのである。もちろん、翁がなおいまだ大蔵省の中枢に在って奮闘したときのことである。明治五年（一八七二）五月、翁は井上と謀《はか》り、三井八郎右衛門、小野善助、および両家の支配人など数人を井上の邸に招き、銀行設立のことについて懇談した。紙幣頭芳川顕正もまた陪席《ばいせき》した。このとき翁らは、

「三井と小野はとかく不和の噂があるが、共に政府の用を勤め、同様に精勤せねばならぬはずである。互いに競争したり、嫉視《しっし》反目《はんもく》するようなことがあってはならぬ。銀行設立のことにしても、互いに懇談し、どこまでも協調して、事業の大成を期せねばならぬ」

と諭したのであった。けだし、龍虎相搏《りゅうこあいう》つとまででなくとも、常に暗闘のたえなかった三井と小野が、銀行設立のことを聞き、いずれもこれを独占せんとし、共同経営は共に好むところでなかったから、翁は特に釘をさしたのであった。ところが、両者ともこれに服せず、互いに独占せんとして運動を続けた。が、翁は断じて許さなかった。そこでついに、双方とも我を折り、翌（一八七三）六月連署して銀行設立願書を提出した。犬猿啻《ただ》ならざる三井、小野の両家が、連署調印の上銀行設立を願い出るまでには種々の経緯があり、翁の容易ならぬ苦心があった。その間の事情を語るものがあるから記しておこう。

七月十二日、三井八郎右衛門などから同族篤二郎へ出した手紙に、

バンク一件、模様柄《もようがら》相洩れ可申旨《もうすべきむね》、右は五月中井上様にて、渋沢様、芳川様御立合いの上、この方小野合併之バンク相建可申様御沙汰有之《あいたちもうすべきようごさたこれあり》、就而《ついて》は訳ヶ柄、小川町君より御談に付き、この方小野同道、度々御同所に出張、御規則等迄御内々拝見いたし候ところ、大蔵に御用向一般、バンク省被仰付候《おおせつけられそうろう》御規則に付、合併之儀《がっぺいのぎ》御断申上度候得共《おことわりもうしあげたくそうらえども》、左候而《さんそうらいて》は御本省御用向に相放れ候次第、無是非《ぜひなく》此方小野合併、□万両之バンク相建可申旨、過日紙幣寮へ願書差出し候儀に有之候、其の後上ヶ置之儘にて、何等御沙汰無之候《なんらごさたこれなくそうろう》。

とあるが、それである。「小川町君」とあるのが翁である。けだし、内命に応ぜねば官金出納の特権を廃そうというのである。これではほとんど致命的である。焉《いずく》んぞ従わざるを得よう。心なく見れば手段としての威嚇《いかく》と誤解されるかも知れぬ。しかし、翁は方便として嚇《おど》かしたのではない。どこまでも是と信ずるところを行わんために厳達《げんたつ》（きびしく通達すること）したのである。嘘もなければ方便もない。断々乎《だんだんこ》として所信遂行に邁進《まいしん》したまでである。三井、小野の両家の人々が連署して銀行設立願書を出したが、もちろん衷心よりの希望からではなかった。ゆえに、動《やや》もすれば相反発せんとする傾《かたむき》があった。この空気を観取した翁ら大蔵当局は、高圧的に両者を合流せしむる必要を認め、八月六日突如として為替方を廃止し、三井小野組合銀行を組織し、その事務を取り扱うべき旨を達して、決心を促した。三井家大元方の日記に、

「今日より為替方改三井小野銀行と相唱候事《あいとなえそうろうこと》」

とあるのはこれである。

このごとく銀行と称したけれども、要するに三井、小野の為替方を合併したものであった。その取り扱うところは、今日のいわゆる銀行事務でなく、為替方として従来扱い来たれる官金の出納であった。かくて同月十七日、さきに提出せる銀行設立願書に対して、

「書面銀行創立之儀承届候条《そうろうじょう》、名称第一国立銀行と相唱可申、且開肆《かいし》之儀は追而可及差図事《おってさしずおよぶべきこと》」

という指令を与えた。

しかるに三井、小野両家では、なお未練があり、ともすれば離反せんとした。翁は深くこれを憂慮し、戒諭説得を重ね、九月一日に至ってついに双方とも我意を徹しがたきを悟り、衷心より共同経営の覚悟を決めた。独占の希望強烈なりし三井の巨頭三野村利左衛門、斎藤純造は、この日打ち揃って翁を訪ね、この決心を披瀝した。これを聴いた翁は大いに喜び、即日井上、芳川に通じ、共に三野村の邸に赴き、三井、小野の実権を握る人々を会してだいたいの方針を授けた。しこうして、頭取には三井八郎右衛門、小野善助を挙げ、取締役、支配人、副支配人には両家の人々をそれぞれ指名し、営業所は日本橋兜町に新造せる為替座をもってすることをも決した。

かくて準備を完了し、法律の発布を待って実行に移るまでになった。翁が苦心して研究立案した「国立銀行条例」は、この年十一月十五日に頒布されたので、同月二十二日発起人三井八郎右衛門、小野善助、三井三郎助、小野善右衛門、三野村利左衛門は連署して東京日々新聞に株主募集公告を掲げた。

> 今般左ノ五名ノ発起人共、東京海運橋兜町ニ於テ第一国立銀行ヲ創立シ、三百万円ヲ以テ資本金トシ、横浜大阪神戸ヘ支店ヲ置キ、博ク事ヲ行ワント欲ス。
>
> 四方有志ノ諸君此ノ社ニ入ント欲セバ、壬申十一月二十日ヨリ新暦四月二日迄、東京本店発起

人共へ株数願書差出シ玉ウベシ。資本金ハ全資中既ニ二万株即チ二百万円ヲ三井組小野組ヨリ入社セリ。残リ一万株即チ一百万円ハ諸君ノ請求ニ応ジ分割スベシ。諸君冀《こいねが》ワクハ協力同心シテ共ニ洪益ヲ謀ランコトヲ。

また一方、国立銀行の内容および参加手続きを詳記せる『第一国立銀行株主募方布告』と題する小冊子を頒布した。かくのごとくしきりに努力したが、当時会社、銀行の何ものたるかを知る者少なかりしをもって、その結果面白からず、株式募集に応じたるは、わずかに三十余名、その金額四十四万八百円であった。これに三井、小野両組の引き受けた二百万円を加うるも、なお株主総数七十一名、金額二百四十四万八百円に過ぎず、予定の資本総額三百万円に対して、五十五万九千二百円の不足であった。さりとて、それ以上の応募者を得るべき成算なきがゆえに、ついに資本総額を二百四十四万八百円という端数に定めて設立することとした。胎児の時代は三井、小野の拮抗《きっこう》によってまとまらず、いよいよ出生に当たってはこの難産であった。前途の曲折思うべしである。

・**総監役**　明治六年（一八七三）六月十一日、第一回株主総会を、営業所と定めた日本橋兜町一番地の旧三井組為替座に開催した。会する者三十四人、席定まるや、発起人三野村利左衛門より、

「今日の集会は、取締役の選挙を行い、銀行将来の営業方針を議せんとするものであるから、隔意《かくい》なく意見を陳述せられたい」

という意味の挨拶をし、これに対し株主らは異口同音に、国立銀行条例に照準して確実に営業せんことを希望した。先に記したごとく、翁は明治六年（一八七三）五月奏議《そうぎ》を提出して辞意を明らかにし、

同月十四日「依願出仕を被免」との辞令を受けた。第一回国立銀行創立総会の開かれた五月十一日には、なお「御用滞在」の命を受けていたので、官界と絶縁したとはいい得なかったが、主観的には官に在って指導する者としてでなく、邦家《ほうか》（国家のこと）百年の将来のため、近代的金融機関の誕生を慶祝せんとする一市民としてこの総会に列した。しこうして、従来の関係もあるから、銀行条例制定の由来と、政府当局としてこれが制定に努力せし趣旨とを、独特の親切さと徹底さとをもって開陳し、「本行の営業は、銀行条例と銀行成規とに照らして、毎事精確を期し、漸次その方法を整理すべきこと。本行は、三井、小野、両組の協同創立せるものなれば、取締役の選挙を省略し、従来両組に隷属せる人々の中より、衆議の上適当の人を選任すること。両組自家の営業は、本行と類似せるのみならず、重役もまた相同じければ、自他混淆《こんこう》しやすく、争利奪益の弊《へい》なきを保しがたし。ゆえに、これを矯正する必要上、取締役の外、別に毎事を監正する役員を、特に株主中より選任すべきこと」を提案し、かつ役員のことを規定せる「申合規則増補」を朗読した。翁の提案を聴いた出席株主は、満場一致これを可決し、さらに翁に取締役たらんことを請うた。翁は、もはや役人はやめた気ではいたが、「御用滞在」であってみれば、そうもいかぬのでこれを辞退した。かくて取締役の選挙をなし、先に記したる発起人五名、および斎藤純造、永田甚七、行岡庄兵衛が当選した。しこうして、翁を総監役に推した。けだし翁が「毎事を監正する役員」と称したものである。総監役については「申合規則増補」に、かく規定してあった。

当銀行の諸役員等、各相調和して諸般の事務を整理し、以て銀行充分の成業を遂ぐることを要する為、当分の内、銀行事務総監役一名を重立ちたる株主中より任選し、頭取、取締役、支配人の処務を補助検案し、銀行一切の事務立則と現務とに拘わらず、総て之を管理し、相当の考案を立て、頭取其の他の役員に告諭又は指令することを司掌せしむべし。右総監役は常に公平適正の定案を持し、頭取、取締役、支配人、其の他の役員に至るまで、其の奉務の実況を監視し、もし条例、成規、又は定款、申合規則、同増補等の条款に悖戻《はいれい》するか、又は其の他の約束類を践行せざることあれば、誰彼を論ぜず、充分に之を糺正懲戒《きゅうせいちょうかい》するを得べし。右総監役は、頭取、取締役の衆議席に於いては議長の権を有し、相当の考案を以て衆議を決判すべし。右総監役は、銀行の当務を監視補助するの外に、銀行向来の営業を考案し、銀行事務練熟なる外国人又は日本人に頼りて、各種の規則方法等を稽質諮詢《けいしつしじゅん》し、即今の実務に適当なる様充分に之を調査して、追々此の銀行の業体精確昌盛に至ることを謀るべし。

総監役は頭取ならびに頭取以下を監正するものであって、頭取の上に位するものである。重役以上の重役である。第一国立銀行の生みの親たる翁が、意を官界に絶ち、商工業のために努力せんと固く決心した以上、翁に銀行を総理せんことを願うのは当然以上であり、賢明でもあった。知識と手腕と経綸《けいりん》とにおいて、翁の右に出るものはなかった。押しもきけば力もある。そうでなくても、やるとなれば満身の力を込める翁のことである。いわんや、自分の主張と丹精によって設立されたものだけに、いっそう熱もあれば勉励もするであろうことは言を俟《ま》たない。しかも、商工業の作興《さっこう》（盛んにすること）と商工業者の向上を願うという至純の動機から出発しているだけに、錙銖《びょうしゅ》の利を漁《あさ》る凡百の実業家とは、断然倫を絶する爽快味と溌剌さとがある。性来の機敏、勇断にさらに新鮮味を加えて、切れ味の鋭さ見るべしである。このごとき翁を迎えずしてまた誰をか迎えよう。

これに加えて第一国立銀行は、三井、小野の勢力争いなどによって停頓し、凝滞《ぎょうたい》し、荏苒《じんぜん》として（なすことのないまま）日を送り、ようやく成るにおよんでも両勢力の拮抗《きっこう》は続き、役員はもちろん、支配人、副支配人の末まで対等であった。ために頭取も、副頭取ともいうべき頭取助勤も双方から出、取締役にしても同様権衡《けんこう》（つりあい）を保持し、支配人副支配人もまた双方から出た。かくて頭取、頭取助勤が二人宛であると共に、本店支配人が二人であった。「連立」もここまで行けば、むしろ徹底して痛快である。しかし、どこまで行っても対等であるから、締め括《くく》りが出来ぬ。そこで考えたのは、翁を煩《わずら》わすことであった。事実上は平取締役でありながら、伝統的な頭取の名に拘泥《こうでい》し、相争って就任しながら、事務を見ることが出来ず、いかんともなしがたく、ついに総監役なるものを設けたのであった。要するに、渋沢翁を第一国立銀行の事実上の支配者たらしめんために出来たもので、翁あっての名称であった。その動機においてユニークなごとく、権限もまた特異性があった。これを証するため、総監役就任に関する第一国立銀行と翁との契約を吟味しよう。

東京第一国立銀行頭取、取締役ハ、当府下第四大区小一区住民渋沢栄一ヲ其銀行へ雇入レ、之ヲ銀行総監役ニ任スルニ付、右頭取、取締役等ト渋沢氏トノ間ニ於テ、協議結約シタル条々左ノ如シ。

を冒頭にして、第一条に期間を定め、

明治六年（一八七三）癸酉《みずのと》七月一日ヨリ十二月三十日迄、六ヶ月間。

とし、第二条に重任のことを定め、第三条において、

銀行申合規則増補第四十条ヨリ第四十九条マデニ掲載スル権任ヲ充分ニ践行スヘシ。

と規定し、ついで総監役たるによって株主権を拘束されざることを明らかにし、第五条において、

渋沢氏ハ右総監役勤仕中ハ、銀行取締役議長ノ任ヲ有シ、其衆議ノ席ニ於テ之ヲ判決スルノ権アルヘシ。

と明記し、第六条には、

渋沢氏ヲ此総監役ニ任スル上ハ、銀行頭取、取締役等ハ、向後銀行処務ノ際ニ於テ、同氏ヨリ忠告懇請セラルル時ハ、能ク公正ノ理ヲ体シテ其告諭ニ従イ、漫《みだり》ニ之ヲ拒ミ、又ハ之ト抗スベカラズ。

と規定してある。しこうして、第九条に、

渋沢氏ハ当職務勤仕中、銀行最寄ニ来往シ、銀行ヲ以テ我居宅ト心得、銀行事務取扱時限外ノ事マテモ、其取締向万端ノ事ニ配慮スヘシ。

と定めてある。けだし、この規定があったため、翁の兜町居住ということが生じたのであって、翁の生涯に特殊の意義を付したのであった。

全文は十二条より成るものであるが、そのいちいちを記すの煩に堪えないからこれくらいで打ち切るが、翁は実業界へのスタートに際し、これほどの尊敬と期待とを受けた。翁のスタートの見事さを想い、やがて来るべきトラックにおける活躍を偲び、ゴールでの成績を楽しみにして待つこととする。ただ一つ記しておきたいことがある。当時翁は、「御用滞在」で縛られていたことはすでに記した通りである。よしや、主観的には再び官界に入らぬつもりであるから、純然たる一野人《いちやじん》の気であっても、規則で縛られている以上、思う通りにもならぬはずである。しかるにこれほどの契約をしたのは随分徹

底している。今の世の若き人々には解しあたわぬであろうほどの大胆さがある。たとえ再び身をおくことはないにしても、縁が切れぬ以上掣肘《せいちゅう》を受くべき「御用滞在」である。思うところは、慣習も法律も無視して振る舞う人ならば、かかることも考えられぬ訳ではないが、翁ほど事理明晰にして秩序を重んじ規則を尊ぶ人が、これをあえてしたのは何ゆえであろうか。自信もあり抱負もあったであろう。鬱勃《うつぼつ》たる（意気盛んな）野心もあったであろう。しかし、いかなる理由があったにしても、不条理と思うところをあえて行う翁ではない。極めて律義な翁が、あえて行う訳がない。何らかの処置がなくてはならぬ。それは何か。この理由を語るものに契約の奥書がある。

本文各結約調印スト雖《いえど》モ、渋沢氏ハ即今太政官ヨリ御用滞在ノ命アル者ニ付、当分ノ処《トコロ》全ク内約トシテ、仮ニ此約束ヲ以テ其職務ヲ取リ、追テ御用滞在御免ノ日ニ於テ、本約定ノ通リ践行スヘシ。

但シ渋沢氏若シ別ニ太政官ノ命アリテ、此約定ヲ践行ノコトヲ得サレハ、仮ニ其職務ヲ取リタル日数ノ給料ヲ渡シテ此約定ヲ廃スヘシ。

この用意があればこそである。この条件があればこそである。これによりてこれを観《み》れば、この契約全般は条件付きのそれであって、奥書の方に重要さがあるとさえ見られるほどである。かくて翁は、第一国立銀行の総指揮者となり、理想実現の第一歩は踏み出されんとしているのである。

最初のテスト

明治六年（一八七三）七月二十日、最初の国立銀行条例に遵拠《じゅんきょ》して営業を開始してより、およそ三年間における本行の業務は、官金出納事務と一般銀行事務とに分る。官金出納事務は明治六年六月、大蔵省金銀取扱規則によって規定せられたるものなり。これによれば銀行と大蔵省出納寮と公衆との関係は、およそ次のごとし。

一　公衆より大蔵省に現金を納入する場合、納主は現金を銀行に納入し、銀行より預り手形を受け取り、その手形に納証書を添えて、出納寮へ本納の手続きをなす。出納寮は受け入れたる預り手形を銀行に送致し、これと引き換えに出納寮宛の預り手形を銀行より受け取り、ここに収入の手続きを完了す。

一　大蔵省より公衆に現金を払い渡す場合、出納寮は受取主に支払い切符を交付す。受取主はこの切符を銀行に提出して支払いを請求し現金を受け取る。銀行は切符と引き換えに現金を支払い、毎月二回ずつ諸払い計算表を出納寮に提出し、残金は出納寮の命によりて上納す。なお銀行の預り金は百五十万円及至二百万円を極度となし、これに対する担保として、その半額に相当する公債証書または確実なる証書類を大蔵省に差し出す規定なりき。

この金銀取扱規則に基き、本行は預り金の担保として、差し当たり実額七十五万円の証書類を大蔵省出納寮に提供し、官金部には大蔵省金銭出納取扱所という看板を掲げて、租税その他の官金を取り扱いたり。その後政府の命を受けて駅逓寮の官金出納事務を取り扱い、また金札引換公債証書交換事務、各種の政府紙幣および兌換証券の破損敗裂せるもの、整理新旧公債証書の買い入れおよび内務省の官金出納事務などをも取り扱いたり。

一般銀行業務としては、国立銀行紙幣の発行、預金、貸付、公債、および地金銀買い入れ、為替取組等を営みたり。明治七年（一八七四）一月、資本金を増加して二百五十万円となせしをもって、国立銀行紙幣は総額百五十万円を政府より受け取り、東京本店と大阪支店とにおいて引換事務を取り扱い、その流通高は一時百二十五万円に上りしことありしも、その後金貨の価格騰貴し、兌換希望者激増するをもって、再びこれを発行するあたわず、次第に発行高を収縮するのやむなきに至れり。

預金、貸付、公債、および地金銀買い入れ、為替取組などについては、明治六年（一八七三）八月、東京、横浜の諸新聞紙にこれら営業の開始を広告し、これと前後して定期預金証書、当座預金通帳、為替手形、預金手形、当座預り金約則、品物抵当貸付金略則、当座貸越借用金銀証文などの制を定め、諸方面に向かって取引の開始を勧誘し、保護預り事務をも始め、明治七年一月の株主総会において、第一回半季（明治六年下半季）実際考課状を報告し、ついで営業報告を新聞紙上に広告し、また荷為替取扱規則を制定し、「コルレスポンデンス」を開始したり。これらの事項は今日より見れば尋常普通のことにして、何ら注意をひくべきものにあらざれども、当時にありては総て新規に創案せられ、熟慮の上、試みられたる事柄なりき。

かく『第一銀行五十年小史』に記したように、着々その形を整えつつあった明治七年（一八七四）十一月、三井と対等に権利を主張し来った小野組が、突如として破綻した。同書はこれについて、こう記している。

小野組の破綻は、本行にほとんど致命的の打撃を与えたるものなりき。けだし、本行は名は株式組織なれども、実は三井組と小野組との協同経営によりて成立せるものなるのみならず、本行

一、実業的活動の総本部

より小野組に貸付けたる金額は百三十八万余円の多額に上りたりしがゆえなり。
当時本行経営の任に当れる渋沢総監役は、ことの壊裂に先だち、つとに形勢の不安なるを洞察して、百方苦心の結果、小野組諸氏の所有する本行株券八十四万円をはじめ、米四万九千七百五十六石余、新公債一万三千五百円、阿仁、院内、両鉱山、ならびに諸建築物、諸機械、銅などを提供せしめたりしをもって、本行は小野組貸付金に関する一切の証書を大蔵省に提出し、その指令を仰げるのち、株券は抵当の流込となし、米、公債、銅などは、売却処分に付し、ついに本行の蒙《こうむ》れる損失金をして、わずかに一万九千三百余円に止《とど》まらしめ、これによりて幸いにこの危機を免るるを得たり。

記述はきわめて簡単であるが、内容はなかなか重大であった。真に第一国立銀行にとっては、「致命的」の大打撃であった。巣立ったばかりの雛鳥の風雪に打たれて気息《きそく》（呼吸、息づかい）もたえだえの様《さま》も思わるるではないか。高遠なる理想と豊富な経綸を持して、実業界に乗り出した翁が、劈頭《へきとう》（まっさきに）まずこの痛棒を喫した。

普通ならば、呆然としてなすところを知らざるべきはずである。このごろの人ならばさっさと足を洗って、元の古巣、官界へ舞い戻るはずである。しかるに、翁はそうではない。意地でも何とかせねばならぬと努力した。頑張った。容易にあきらめぬ。頑張りと粘りの強さは、若くして一橋藩のため歩兵取立の用務を帯び、備中に出張したときにテスト済みである。齢《よわい》を重ね経験をつんだあとであるから一層強い。その才と智と用意とはまた加わっている。これらを極度に働かせて、第一国立銀行のために善後の処置をなした。『古河市兵衛翁伝』には、前大蔵卿井上馨氏は、小野組に対する政府の態度峻酷なるべきを第一銀行に告げて、あらかじめこれに備えんことを注意した。

とあるが、翁に確かめたところ、かかる事実はなく、ぜんぜん青天《せいてん》の霹靂《へきれき》のごとく、この難関を生じたのであった。

よしや、『古河市兵衛翁伝』の記するごとく井上の予告があったとしても、その善後の処置は容易でない。いわんや、突然であり、予告がなければなおさらである。翁ほどの人が、敢然起こって始末をしなければどうにもならぬ。翁の強烈なる責任感と「千万人といえども我ゆかん」の意気がなければ仕方がない。翁は平穏無事の日に処するに十分な資質を備えているが、かのごとき苦境に直面しても、また適切なる徳性を有する人である。

このごろのいわゆる財界不安の事情を概観すれば、容易にその例を見得るごとく、ただ途方に暮れ、泣き言を並べ、手も足も出ず、対策としては政府に泣きつくか、銀行に縋《すが》るほかないのが普通の重役の行き方である。そして仕方がなければ、お辞儀をしてさっさと逃げ出すのみである。これらの人々が、このときの翁の立場にあったと仮定すれば、その態度も察せられるではないか。この点だけでも、翁、他日雄飛の理由があるといえるではないか。

翁なればこそ、創立日なお浅きこのとき、この「致命的」の打撃を受けた第一国立銀行を育て上げることが出来たのである。銀行そのものが、いわば海のものとも山のものとも分からず、その根本が定まらぬ間に、この痛打を受けたのである。当然一たまりもないはずのものを、身をもって保護した翁の、肉体的苦痛と精神的負担は、察するに余りがある。が、おそらく「憂きことのなおこの上に積もれかし、限りある身の力試さん」の意気に燃えたであろう翁は、たいして苦痛とも負担とも思わなかったであろう。

性来《せいらい》の粘りと負けじ魂と、何ものにも代えがたき若さとをもって、測るべからざる頭脳と徹底周到の用意と、比類なき才腕とを働かせ、存分に活躍したであろう。かくてこの大試練を優秀の成績をもって突破し、大実業家たる資格を得たのであった。

翁は自ら幸運であるという。真に翁の身の変化を観来《みきた》れば、幸運なりといわざるを得ない。しかし、その幸運は山路愛山の記したように、民部大輔に随って西欧の空気を吸いつつある間に、維新の騒ぎを期せずして逃れ、帰れば新知識として重く用いられたというごとき、翁の関知せざる間に経た普通にいう「運の良さ」のみでなく、自らの力と自らの腕によって造った「運の良さ」が多い。歩兵取立の用務をもって働いたときのごときは、正に自ら開拓した運の例である。これを幸運というならば――自らの力を示すべき機会に恵まれたことを幸運というならば、翁は実に幸運である。翁九十余年の経過を見て、「果報は寝て待つ」ことのなかりしことを驚くと共に、期せずして苦境難関を突破し、一事を成し一事を遂ぐる毎《ごと》に、常に見事なる成績を挙げ来りしことを知るのである。消極的の果報を待つことなく、積極的に運を迎えることの多きに驚嘆するものである。僥倖《ぎょうこう》を望むべからずと説く翁の言に千鈞《せんきん》（きわめて価値の高いこと）の重味あるは、これがためである。運は自ら捉えるものであって、拱手《きょうしゅ》（何もせずにいること）して待つべきものにあらざることが泌々《しみじみ》分かるではないか。かくて小野組破綻は、翁が実業界の人となって第一歩に捉えた積極的の運の動機をなしたといえよう。

古河市兵衛

小野組の破綻によって、翁は大実業家たるの一大試練を経《へ》たのみでなく、他日我が国鉱業界に雄飛せし怪傑、古河市兵衛と相知るに至った。翁は大蔵省出仕当時より古河と面識はあった。しかし、翁が第一国立銀行総監役となるに至って、その交誼《こうぎ》はいっそう深厚の度を加えた。小野組破綻当時、第一国立銀行の同組に対する貸出金は、前に記したごとく百三十八万余円であった。そのうち古河市兵衛名義の分が約七十万円あった。小野組全般の貸出金の始末については、第一国立銀行の重役たりし小野善右衛門、行岡庄兵衛、および小野組糸店主管たりし古河市兵衛に対し、翁より銀行の立場を子細に説明し、整理の方法を懇談した結果、小野善右衛門らは累を銀行におよぼさざるべきことを誓った。その翌夕さらに古河を招いて、翁は懇談した。そのときの模様は、翁の談話に悉《つまびらか》にしている。

たしか、それは前の晩に小野組元方の連中と相談した話の続きでした。私は古河君に対して、数年の懇親でお互いに力をあわせてやって来たが、残念ながら今は小野の経営ではいけなくなった。いかに君が糸店を維持するつもりでも、根本の小野組が潰れれば共に潰《つぶ》れざるを得ぬ。第一国立銀行も担保が十分でないので維持しがたいかも知れぬが、どういうようにしてくれるかと打ち明けて話したときに、古河君は、小野組が倒れて私の信用がなくなった以上は、貴君から金を借りている訳にもいかない。私も覚悟しましょう、銀行には決して迷惑をかけますまい。私もここまでやって来て、今倒れるのはいかにも残念であるが、いたしかたないと真に嘆息《たんそく》されて、男泣きに泣かれた。

これまでの古河君の期するところは、渋沢が第一国立銀行にいる、これに相当の信用を得ているゆえ、自分が発展していくだけの財源はある、それを利用して、鉱山であれ商売であれ、各方面に無限に力を張ろうとするにあった。それが、こと志と違って、自分の翼を収めなければならぬのですから、古河君としてもこれほどの失望落胆はない。私もそれに感じて、声は放たなかったが、共に落涙した。

理性的ではあるが、また人一倍感受性の強い翁のことである。古河市兵衛のために涙を流したことは想像に難くない。翁の特に断っている通り、声こそ出さなかったであろうが、滂沱《ぼうだ》たる（とめどない）落涙、拭いもあえぬものがあったであろう。古河はかくして覚悟をきめ、男らしく総てをさらけ出した。これについて、別の機会に翁はこう話している。

小野組に百数十万円を貸しておった第一国立銀行は、ために非常な影響を受けて、大損害を蒙《こうむ》らんとしたのである。ことに米穀部および鉱山部、糸店の事業に対しては、私が古河氏を信ずるの余り、無抵当の貸付であったので、もし古河氏が少し不正直な人間で、抵当を銀行に提供しておらぬのを奇貨《きか》とし踏み倒されでもしてしまったら、第一国立銀行もまた小野組と一緒に倒れてしまわねばならなかったのだが、そこは古河氏が誠実な人間であったものだから、小野組の各倉庫に当時現存せる米穀全部、および小野組所有の鉱山悉《ことごと》くを挙げて第一国立銀行に提供し、いささかも隠匿《いんとく》するようなことをしなかったのである。これによって第一国立銀行は毫《ごう》も損害を蒙らず、幸いに無事なるを得たが、小野組の破産したときに、古河氏は自分の給料も多年拮据《きっきょ》（骨をおり、苦労すること）して溜めた貯金も、総てこれを主家の負債償却資金のなかに繰り入れ、一銭一厘も私《わたくし》するようなことなく、一枚の着替えさえなき着のみ着のままで主家と別れて出たものである。ここが古河氏の豪《えら》かったところで、また私もそこを見込んで古河氏を信用するに至ったのである……。

古河市兵衛は、元来学問のない人であったから、余り高い見識のなかったもので、何ごとを観るにも低い立場に立って観るを例とし、官尊民卑の思想が浸み込んで、死ぬまでこの思想が抜けきらず、官吏に対してはお辞儀ばかりして暮らしてたものである。この点は、私なぞと大いに所見を異にしたものだが、珍しく誠実なところのあった人だから、部下にも孝弟《こうてい》の心（父母に孝行をつくし、よく兄につかえること）の厚い人々を寄せ集めて使用したものである。今日でもなお古河家に残っている者は、みな孝弟の心の厚い人々で、勝手気儘《かってきまま》に無茶苦茶なことをするような者は一人もない。これらの人々とは、私も今もってなお引き続き交際している。

無学なれども才腕一世に優れ、稀に見るシンセリティー（誠実、誠意）を有する古河市兵衛の真骨頂を発見することを得たことは、翁にとって真にまたなき喜びであったであろう。しかし、小野組破綻による打撃という問題は閑却《かんきゃく》（なおざりにすること）出来ない。これに対して翁はいかに処置したであろうか。大実業家たるべき検定試験の難問題にいかなる答案を書いたであろうか。明治八年（一八七五）一月一日付をもって紙幣頭の指令を仰いだ次の改革案がそれである。

一、資本金二百五十万円のうち百万円を減少すること。
二、当季損益勘定のうち滞貸抵当として七万円を引き去ること。
三、銀行と三井組との取り引きを一般の方法に改むること。

四、銀行貸付金の方法を改めること。
五、銀行支店を減少すること。
六、銀行諸役員を転免し申し合わせ規則を改正すること。
七、大蔵省よりの預り金規則の改正を請うこと。
八、定期預金、当座預金の定度を立つること。
九、発行紙幣の準備制度を減少すること。

これには、明治七年（一八七四）十二月三十一日付の翁の名をもってせる長文の理由書がある。改革案には一々註がある。第一、第二項は、小野組破綻の直接の結果である。第三項の三井組の関係については かく記している。

従来三井組は、銀行の大株主なるがゆえに、特別の待遇を与え、貸金は無抵当にして、かつ預り金には利息を増し、（一般は年二歩四厘、三井組は年三分六厘）またその振出手形も、正金《しょうきん》としてこれを受け取り、五日ないし十日は取り付けを猶予《ゆうよ》したれども、今後その貸し出しはすべて抵当を要し、預り金の利息は一般の規定にしたがい、振出手形は即日または翌日にはこれを取り付けることと為すべし。

第四項貸付金方法の改正は、従来無担保貸付があったけれども、これを廃し、かつ一人に対する貸出高を十五万円までに制限した。第五項以下はこの事件に直接関係がないから省略する。

かくのごとく、事情を詳悉《しょうしつ》した改革案の通らぬはずはない。条理整然たる主張は通るべきものである。これを受けた紙幣頭は、翁在朝の日、簿記のことで争った得能《とくのう》良介であった。そのため皮肉った訳ではもちろんないが、理由書の中に特に簿記計算に付いてかく記している。

客歳《かくさい》（去年のこと）官途ヲ辞スルヤ、直ニ此銀行ノ業ニ従事シ黽勉《びんべん》茲《これ》ニ三季、幸ニ閣下ノ勧奨誘導ト、条理、成規、及ヒ簿記精法ノ法アルトニヨリテ、聊《いささ》カ其ノ事務ニ習熟シ、簿記ノ法、計算ノ事モ、亦《また》少シク以テ観ル所アルニ至ル。

翁も当てつけがましく書いたのではなく、得能も問題にしなかったろう。もちろん得能としても江戸の敵を長崎で討つようなことをするはずもないが、よしや、感情に触るるものがあったとしても、これほどの筋立った建議が採用されぬ訳はない。得能は、翁の上申を諒として大蔵卿大隈重信に進達し、かつ翁を第一銀行頭取たらしめ、名実共にその主宰者たらしむべき旨を添えて上申した。かくて、政府は事の重大なるに鑑《かんが》み、特に紙幣寮の吏員を派して、その実際を精査せしめたるのち、明治八年（一八七五）六月、

「姑息《こそく》の陋弊《ろうへい》を脱却し、条例成規の本旨に則りて営業の目的を確立すべし」

と指令した。これにおいて、同年八月一日臨時株主総会を開き、重役の改選を行い、

「旧情に拘泥《こうでい》せずして名実相適うの取締役」

を選定し、翁は株主大多数の推挙によって取締役に就任し、さらに新取締役の互選により頭取になった。名実とも翁が、第一国立銀行を統率するに至ったのは、実にこのときであった。

二、社会人としての活躍の基礎

東京市養育院の誕生

明治七年（一八七四）十一月、翁は東京府知事から共有金の取り締まりを依託された。けだし、翁が慈善救済、今のいわゆる社会事業に関係するに至った最初である。

共有金は松平定信、致仕《ちし》（官職を辞すること）して白河楽翁と称《とな》えた賢宰相の遺したものである。江戸の町政を改革し、町費を節約してその剰余を積み立て、さらに官金を下付して備荒貯蓄資金とし、永久に増殖を図らせたいわゆる七分金の後身であって、維新後東京府の保管に属し、府は共有金として管理し、これを利用して各般の公益事業、すなわち東京市内の橋梁修理、共同墓地の経営、ガス事業の施設などを行った。その一つとして、東京市養育院の事業があった。翁と養育院との関係は、このときからである。

翁が実業界への花々しきスタートを切ったと同時に、社会事業にも手を染め、近世日本の興隆のため各般の会社事業に鋭意努力せる間、常に平行線的に尽力し来った社会事業に対する貢献の第一歩を、東京市養育院に印したことだけでも意味深きものがある。いわんや、爾来《じらい》六十年、実業界の関係を絶ってより二十数年後も、なおかつ院長として直接指導の任にあったことを考えると、翁の述懐せる通り、「決して尋常一様のものではなく」その因縁の容易ならざることをしみじみ感ずるのである。少しく遡《さかのぼ》って、養育院の起源から記してみよう。

明治三年(一八七〇)ロシア皇族の来遊について、当時東京市中に徘徊《はいかい》した乞食を処分することになり、車善七に取り締まりを命じたが、多数の乞食を任せて捨てておくわけにもいかず、東京府は共有金から費用を出して、一時を糊塗《こと》したのであった。明治五年(一八七二)に新たに営繕会議所を設け、共有金の残部をこれに交付し、市内諸修繕費の基本となし、ついで名称を東京会議所とあらため、その規模を拡張して、もって他の市務におよびたるにつき、同年九月東京府知事大久保一翁は、東京会議所に命じて、市内における窮民救助の方法を諮詢《しじゅん》(他の機関に意見を求めること)した。種々協議の結果、窮民救助のため職を与えることとなり、

「新たに工場を起こし、窮民を雇い入れる事。この工場に一時に全部を働かせることは困難であるから、別に会社を起こし人夫供給の道を講ずる事。不具癈疾《はいしっ》、老幼などの全然働くことの出来ぬ者のために収容所を設くる事」

の三ヶ条を決議して府知事に答申したのである。この三ヶ条は、いずれも採用されることとなり、とりあえず旧加州藩邸に収容所を設け、市内に彷徨《ほうこう》する百四十余名の老若男女および不具癈疾者を収容したが、ついで上野の護国院の建物を購入してこれに修繕を加え、全部をここに移した。しこうして、東京府養育院と命名し、経営は東京会議所の資金をもって支弁することとなり、かつその事務一切を管理するに至り、いよいよ養育院の萌芽を見た。かくてその規範ようやく整い、一般の注意を惹くに至った明治七年(一八七四)晩秋、翁は共有金取締を命ぜられたため、これに関係するに至ったのであ

る。ついで明治八年（一八七五）四月東京会議所委員に推挙された。

……その後営繕会議所は、その名を東京会議所と改め、その議員は府より任命せられて府知事の諮問《しもん》機関となった。しかし、前に申した各種の直営事業はやはりこの新会議所に属しておったから、諮問機関であると同時に執行機関でもあるという奇観を呈したのである。当時余はその頃新設せられたる第一国立銀行の頭取を勤めていたが、本業の傍らときどき会議所にも出席していたのである。しこうして、議員らは、かねて会議所が諮問機関でありながら、執行機関であることを不可なりとして、ついに知事の同意を得て、執行に関する実務は東京府の管理に属せしめ、会議所は単に知事の諮問に応ずることに改正した。しこうして、余一人だけは、一方議員として会議に与《あずか》ると同時に、他方には養育院の院長、ガス局の局長、商法講習所の評議員に東京府知事から任ぜられて、その実務に鞅掌《おうしょう》（忙しく働く意）したのである。明治十二年（一八七九）に府県会の制度が設けられ、また商法会議所なるものが出来て、講習所の仕事は商法会議所において監督し、ガス局は東京府の事務に移り、養育院も東京会議所の手を離れて府知事の管理となり、特に院長を置きてその事務を担当することとなったのであるが、しかも、これに要する経費はやはり共有金から支出していたのである。

と翁が、『回顧五十年』で述べているごとく、東京会議所と翁の関係は特別であった。議員として決議に加わると共に、大臣として執行に任ずるというような関係であったらしい。

翁の挙げた東京会議所関係の事業が三つある。養育院とガス局と商法講習所である。

明治八年（一八七五）八月、森有礼《ありのり》を助けて商法講習所の創立に尽力し、その商議員となり、同九年（一八七六）一月、東京会議所会頭兼行務科長に選挙せられ、同年五月、養育院およびガス局事務長とランプ現華灯事務兼務を申し付けられたことがこれである。養育院はその初め東京府養育院として世に出で、中途翁の独力経営となり、さらに東京市の経営に移り、今日の東京市養育院となった。ガス局は東京ガス株式会社の濫觴《らんしょう》であり、商法講習所は東京商業学校、東京高等商業学校を経て、今日の東京商科大学（後の一橋大学）になったものである。かくて、社会事業とパブリック・ユーティリティーと教育との各部門の代表的事業の萌芽を同時に育て、爾来、六十年に亘《わた》って常に指導後援し来ったのである。ここにはこの事実を明記するにとどめ、養育院の変遷を辿ることとしたい。

養育院の経費は、共有金のみによって賄《まかな》ったことは繰り返して記したところであるが、十分にその機能を発揮することを得ず、明治十二年（一八七九）、東京府会開設と同時に府から経費の支出をすることに決した。当時の府知事は楠本正隆で、議員としては福沢諭吉、福地源一郎などがあった。爾来の経過は、翁の追懐談をもって説明することとする。

かくて、明治十五年（一八八二）頃であったと思いますが、養育院の維持に関して強い反対論が起こりました。それは、当時府会議員であった沼間守一などが、

「元来人たるものは、他人から援助を受くべきでない。誰かどうかしてくれるであろうというような考えであっては、自彊《じきょう》して息《や》まず（自らつとめ励んで怠らないこと）でなく、息《や》んでしまう結果になる。このようなことではいかぬ。救済されたいというような考えを持つことのないようにせねばならぬ。救済するからそのようなつまらぬ考えを出すのである。であるから救済などしては

ならぬ。ゆえに他人には冷酷でなければならぬ」と主張し、この考え方が一般を風靡《ふうび》しました。しかし、私はそうは思わず、救助しなければならぬ、また他人に冷酷であってはいけないとして、大いに論じましたけれども、力およばず、ついに府の軽費支出は中止せられることになったのであります。但し、沼間氏らとは反対の意見を持っていたとはいえ、私交上《しこうじょう》（個人としての交際の上では）には相変わらず親しくしていましたし、その兄の須藤時一郎氏のごとき、第一国立銀行の重役であって常に懇親でありました。

かくて、府会から見離された養育院としては、せんかたなく、新たに収容することを中止し、自然に減少閉鎖する方針をとるに至ったのでありますが、私としてはこれを維持するのは、頭の上にふりかかった責任であり、職分であると考えて、大いに努力したのであります。すなわち、十八年（一八八五）に至り府の手から全然離れて独立し、その経費は私が同志の者または家内などに相談して組織した婦人慈善会などの寄附金によって、二十二年（一八八九）まで五ヶ年間維持しました。当時本院は本所の長岡町に在ったのであります。ところが、二十二年に地方制度が布《し》かれ、東京市に自治制が採用されましたが、その間時世の変化が相当に激しいものがあり、養育院に対する一般の考えも変わり、沼間氏らの唱えた冷酷論は世の容《い》れないところとなり、反対に、社会における必要なものとして維持しなければならぬが、将来をどうするかということが問題になったのであります。ところが、市の方で、必要があり適当な施設であると思うならば、引き受けてもよいという内務省令がありましたから、ここに養育院を東京市で引き受けることに決定しました。このときの東京市制は特別市制で、その市長は府知事が兼任しておりました。しかし、これらの制度はここに詳しく論ずる要はありませんから省略いたしますが、要するに、養育院は個人経営から地方制度の実施と共に東京市に移され、爾来《じらい》市設の事業として維持せられつつあります。

伸び行く養老院

本郷の加州邸にはじまった養老院は、まもなく上野護国院に移り、さらに明治十二年（一八七九）十月、神田和泉橋旧藤堂邸跡に転じ、明治十八年（一八八五）七月、本所長岡町に移転した。あたかも府営廃止後、翁ら同志がその経営を引き受けてから間もない時代で、収容人員も三百人に足らなかったが、その後間もなく行旅病者《こうりょびょうしゃ》（旅行中に病気にかかり、救護する人のない者）や棄児の入院増加し、ついに明治二十三年（一九〇〇）末には、四百人を突破し、収容力の不足を感ずるに至った。これに加えて、元来古家《ふるや》を修繕した家屋は、この頃に至って腐朽破損はなはだしく、かつ構造極めて不完全なりし上、低地のため降雨に際しては下水氾濫し、晴れれば臭気鼻をつく有様であったから、ついに移転拡張と決し、明治二十四年（一九〇一）五月、常設委員会において、「高燥（土地が高所にあり、乾燥していること）にして人家稠密《ちゅうみつ》ならざる衛生的の地」を選ぶことになった。

爾来、東京市の内外に亘り土地を物色し、小石川区大塚辻町に好適地を得た。すなわち長く養育院本院を置き、現に大塚公園になっているところである。土地は出来たが、次は建築である。新築については衛生、教育などの見地から注意すべき点が多かったので、常設委員会において鋭意研究に努め、設計を翁と懇親であった工学博士妻木頼黄《つまきよりなか》に依頼し、明治二十七年（一九〇四）十二月、工を起こし、翌二十八年（一九〇五）六月竣工し、二十九年（一九〇六）三月移転した。

この頃——日清戦争前後にかけて、東京市内に浮浪少年が多くなり、養育院へ収容されるものを生じた。これら少年が入院し、従来収容せる孤児などと接触した結果、次第に悪化の傾向を生じた。これを見て深憂《しんゆう》を抱いた翁は、職員らと共にその防止を目的として、感化教育を計画し、資金の捻出に苦心した。かかる折柄、明治三十年（一九〇七）一月、英照《えいしょう》皇太后の崩御により、全国に慈善救済資金の御下賜があり、東京府もまたその恩典に浴した。

よって五月二十日、東京市参事会に対し、右御下賜金のうち東京市に属する分を、感化部設置のため基本財産として養育院へ特に交付されんことと、感化部の設置を承認ありたき旨を具申した。希望は容れられ、七月二十八日、知事より恩賜の慈善救済資金中一万六千余円を養育院基本財産として管理することを許され、十月二十五日、市会において感化部設置が可決された。かくて感化教育の端緒を得たが、なお資金が十分でなかったので、寄附金を募集し、七万余円を得、明治三十二年（一九〇九）、工を起こし、翌三十三年（一九一〇）竣工し、七月より事業を開始した。

しこうして、一年余の間感化教育を施したが、結果は全然失敗であった。それはたとえ居室を異にしても、同一構内に収容したためであって、感化の実を挙げ得ざるのみならず、かえって他の児童を悪化するに至った。この苦き経験は、感化部の移転を計画する原因となった。かくて感化部移転のため候補地を近郊にもとめて、井之頭御料地を物色し、宮内省との手続きを了し、明治三十七年（一九一四）十一月、工を起こし、翌三十八年（一九一五）三月竣工し、同年九月感化部を移し、名称を東京市養育院感化部井之頭学校と改め、翌十月開校式を挙げて今日におよんだ。

不良児の悪影響と共に考えざるを得ないのは、老いたる収容者の悪感化である。元来養育院では老人も壮者も棄児迷児も同一構内に収容していた。しかるに、年老いたる収容者は、概して肉体的にも精神的にも疲れ、すさみ、退廃した人々で、日常の動作にしても談話にしても、幼少年に悪影響をおよぼす恐れが多分にあったので、何とかしてこれを防ぐべきことを、しみじみ感じ、年と共に収容者の数を増やすにしたがい、いよいよ切実になり、種々考慮をめぐらした。

かくて、明治三十九年（一九〇六）、院資増殖会を組織して寄附金を募集し、約十万円の申し込みを得た折柄、市外西巣鴨にあった宏文学院が売却の希望あることを聞いた。実地について視ると、敷地約一万坪、建物は学校と寄宿舎とに分かれ、相当立派で、この目的に極めて適当のものであった。よって、買収の決意をなし、翁は市参事会に対し、幼少年別置の必要を縷述《るじゅつ》（こまごまと述べること）し、右土地建物買収の希望をいたし、資金の支出を求めたが、市参事会は資金の支出を拒んだため、院資増殖会に対する寄附金募集に努めることを条件とし、さしあたり既収の拠出金四万円以外の不足額は、基本財産の一部をもって充当すること、ならびにその結果減少すべき基金の利子に該当する金額を、市より補給せんことを懇願し、市参事会の同意を得て、市会に提案し、その議決を経てはじめて希望を達し、一切の設備を整え、児童を移したのは明治四十二年（一九〇九）三月で、養育院巣鴨分院と命名した。かくて、ようやく翁は、多年の希望であった老幼別置の実を挙げることが出来た。

つぎに考えたのは、児童の健康増進のことであった。由来、養育院に収容する孤児は、身体の発育が概して悪い。遺伝の関係もあろう。入院前の生活状態の影響もあろう。けだし、やむを得ないところである。しかし、そのまま捨て置くべきでない。さりとて、限られた経費をもってする養育院では、高い滋養物を与えることも出来ない。そこで、医長であった入沢達吉博士の意見により、病弱児童の転地療養を計画した。明治三十三年（一九〇〇）、地を房州（現在の千葉県）勝山町に相し《そう》（選ぶこと）、最初民家を借り、ついで寺院を借り入れて病弱児童を移した。しかるに、その効果いちじるしきものありたるにより、引き続き交替的に児童を転地せしめ、罹病率《りびょうりつ》を低下せしむることを得た。

かくて、数年の実験により、虚弱児童の健康恢復《かいふく》に顕著なる効果あるを確かめ、分院として臨海保養所を経営する計画を立て、明治三十九年（一九〇六）度の予算に土地買収費を計上し、好適地を船形町に相し、敷地一千五百坪を購入した。しこうして、養育院婦人慈善会は、隣地二百六十四坪を特に買い入れて寄附し、かつ約二万五千円を費やして敷地内に新築せる三百六十坪の建物を寄附し、さらに隣地六千九十三坪を購入して、拡張のため寄附するなど、不断の努力を続け、ついに今日の安房《あわ》分院が出来た。

かくのごとく、次第に内容充実を計りつつある間に、またしても本院の移転が問題になった。従来の本院所在地「大塚」は、明治二十九年（一八九六）、その開設の頃は、「不見人烟空見花」ともいうべき郊外閑寂の地であったが、交通機関の発達と都市膨張の趨勢《すうせい》により、いつしか殷賑熱鬧《いんしんねつどう》（大変にぎわって盛んなさま）の地と化し、救済事業経営地としては好適の場所といい難き状態となった。加うるに、収容者の増加、年とともに激しく、次第に設備の狭隘《きょうあい》（せまいこと）を感じ、かつ建物の腐朽はなはだしく、これが修繕に巨額の支出を要するものがあり、さらに東京市の人口激増に伴う住宅難の声高かりし折柄、宏大なる面積を有する救済場舎を、市内繁華の地域に置くことは当を得たるものにあらず、むしろ市民公共のために開放して、もって住宅難の緩和に資することの妥当なるを認めたるなど、幾多の事情総合して、ついに板橋に移転した。

これが現在の養育院本院である。板橋本院の敷地は二万七千十一坪、建物の総坪数五千四百九十坪、この新営費総額百四十六万千七百六十三円にのぼり、旧大塚本院敷地の一部を売却し、その代金をもって償還すべき借入金百万円、有志寄附金二十一万八千五百三十二円、基本財産繰入金十四万九千二百円および歳計剰余金九万四千三十一円をもって支弁した。

かくて、昭和六年（一九三一）には、所有土地総計八万七千二百十七坪、建物一万二百十一坪を有し、経費五十三万七千八百六十七円、入院者二千六百四十三人、出院者千六百八十人、年度末現在収容者二千三百六十九人という数字を示すに至った。養育院の渋沢翁か、渋沢翁の養育院かといわれた翁六十年の努力の結晶として、翁の生きたる記念碑として、さらに年と共に伸びゆくことであろう。

養育院が現状に達するまでには――来遊外人への接待のひとつとして、翁が養育院を誇りをもって見せ得るまでには、一再ならず皇室の御仁慈《ごじんじ》に浴している。かつて翁は、「戴恩の記」と題して、このことを謹記したことがあるから、掲げておこう。

大正六年（一九一七）一月十六日、皇后宮大夫男爵大森鐘一君、我が東京市養育院視察のために大塚本院に来臨あり。いわく当養育院のことについて、皇后陛下よりたびたび御下問を蒙れるにより、一応視察しおきたければ参りたりとの言なりき。よりて余は事務員と共にこれを迎えて、まず本院の各部および病室医局をはじめ、食堂炊事場に至るまで隈なく案内したるに、大夫は細心に調査せられ、つぎに巣鴨分院に到りて児童教養の実況をも熟覧せられたり。あたかも好しこの日は藪入りの日にて、当分院より出でて各商店工場などに勤仕《きんし》せる青年輩数十名、宿下《やどさ》がりとして来合わせおり、かつ在院の児童もさまざまの遊戯をなして、先輩と共に嬉々として楽しめるをも目撃せられしかば、大夫はいと興あることに思われしさまなりき。院内の一覧畢《おわ》りてのち、余は大夫に向かいて、本院創立以降今日に至るまでの沿革、現在の状態に加えて、将来の希望をも詳細に説明しければ、大夫はいちいち了承して帰られたり。皇后宮大夫の来観のみにても、本院の実況が、皇后陛下の御聴に達すべき機会なりと思いて、感謝に堪えざりしに、思いもかけずその十八日栄一に参内《さんだい》せよとの御召《おめし》あり、その日の午後謹みて宮中に伺候《しこう》せしに、大夫より思《おぼ》し召《め》しを伝えて、かしこくも、皇后陛下には、深く養育院の窮民および児童に叡念《えいねん》を垂れさせられ、一同に対して御菓子料金五百円の恩賜あらせらるる旨を宣せられ、かつかたじけなくも栄一に拝謁を賜わるとのことなりければ、栄一は御前に伏して恭しく御礼を言上し奉りたるに、皇后陛下には、養育院の設備の整えるを満足に思し召すとの御詞を賜わり、栄一が院務に従事せしより幾年になれりや、また栄一の年齢は幾歳なりやとの御下問あり、余は恐懼《きょうく》しつつも、勤務は四十三年間にて、馬齢《ばれい》は七十八と答え奉りしに、そは思いしよりも高齢なり、別して永年の尽力を感じ思し召す、見受くるところ老いて益々壮健なるらし、なお久しく健康を保ちて院務に精勤し、可憐《かりん》の者共（かわいそうな人たち）のために尽瘁《じんすい》せよ（力を尽くして労苦すること）との、かたじけなき慈訓を賜われり。余は令旨《りょうじ》の懇篤なると、慈恩の優渥《ゆうあく》なるとに感泣して、御前を退きたり。のち事務員とも相謀りて、このかたじけなき恩賜を、在院者一同二千五百四十五名に領給すると共に、中心に包みかねたる喜悦の情を記述し、この恩賜を拝受する人々に、皇后陛下の洪大なる坤徳《こんとく》を仰がしめんと欲するなり。

思わず筆が走って、明治、大正、昭和にわたる六十年の変遷を書いた。少しく先走った感はあるが、これから記さんとする翁の公生涯を、花々しき舞踊と見ることを得るならば、常に――絶ゆるときなく伴奏として鳴りつづけた社会事業の基調をなした東京市養育院の変遷を、まず知ることが必要であろうと思うため、あえて叙述の順序を乱して書き続けたのである。今は筆を返して明治初年における翁の活躍を辿《たど》るべきであろう。

三、実業界の基礎工事

第一国立銀行の成長

・アラン・シャンド　明治初年の翁活躍のメイン・ラインを記すに当たって、まず触れねばならぬのは、第一国立銀行とアラン・シャンドとの関係である。シャンドは、第一国立銀行の若き時代を叙するに当たって逸するあたわざる人であると共に、翁との交渉もまた容易ならぬものがある。シャンドについて翁の談話したものがある。

私が大蔵省の役人をしていたときに、新しく銀行条例を作り、新銀行の制度や組織の基礎を定めることに努力したことは、前にも話したと思いますが、当時は何分帳簿の付け方を知らないし、伝票の意味もいまだ明瞭でなかったのであります。また銀行の業務たる預金の取り扱いとか、割引手形の制度に至っては、ほとんど雲を掴むような有様であったので、こんなことでは困るというところから、大蔵大輔であった井上さんが主張し、銀行の実務に通じた外国人を雇うことになり、選ばれたのが、イギリス人シャンド氏でありました。たしか明治五年（一八七二）のことと記憶しております。誰の周旋であったか、どういう順序で大蔵省へ入ったのか、そのへんの事情は詳しく知りませんが、その時分横浜にあったオリエンタル・バンクの人で、学者とはいえないように思ったが、事務には熟練した人で、年齢は私より二つか三つか下でありました。そのような訳で、シャンド氏と私とは明治五年頃から直接の交渉があった。

翁の記憶するごとく、シャンド氏を大蔵省に招聘したのは、明治五年（一八七二）十月一日であった。当時翁が、国立銀行条例の起草に鋭意し、ついに成案を得て世に行うに当たり、大蔵省の官吏にして「銀行」について知る者なく、不安焦慮を禁じ得なかった。そこで種々協議ののち、シャンドを紙幣寮付属書記官に任命した。当初任期を三年としたが、明治十年（一八七七）一月まで在任した。

シャンドが我が国金融界創始の先導者として、いかに苦心したかは実に察するに余りがあるが、これについて翁はこう話しているのである。

そののち私が第一銀行の経営に任ずるようになってからも交渉があり、ことに簿記のこととか、貸借対照表や決算報告の作り方とか、また為替、割引などの実務について、銀行の若い人々に教授をして貰いました。第一銀行頭取佐々木勇之助君や長谷川一彦、熊谷辰太郎の諸君は、親しく教えを受けた人々であります。シャンド氏は簿記の普及に資するため、『銀行簿記精法』という書物を著しておりますが、その中に「銀行成規」という項があり、それには銀行業者に対する訓戒が多々ありました。これは英蘭銀行の重役であったギルバートという人のいったところだと書い

ておりますが、私などは誠に尤もであると思い遵奉したものであります。私の記憶にある三、四のものを挙げてみますと、

一、銀行業者は丁寧にして、しかも遅滞なく事務を採ることに注意すべし。

二、銀行業者は政治の有様を詳細に知って、しかも政治に立ち入るべからず。

三、銀行業者はその貸付たる資金の、使途を知る明識あるべし。

四、銀行業者は貸付を謝絶して、しかも相手方をして憤激せしめざる親切と雅量とを持つべし。

かのごとく何れも凡庸な言葉であるけれども、よく考えると、ことごとく意味深長で、いい得て妙と申さねばなりません。その他にもなおあったように思いますが、尤もな実践すべき訓戒のみでありました。

かつて或る会合で申したことでありますが、むかし私たちがシャンド氏から受けた銀行検査は実に厳格で、今日の大蔵省の検査などとは比較にならぬもので、ああまでしなくてもよかろうと思われるほどでありました。すなわち、「この取引はどうなっているか」「その貸金は心配はないか」「目的と違った方面へ金が使用されてはいないか」など、急所急所を問われる。しかも、答えを明細に書きつけておいて別の日に質問し、私の答えが前のときと相違していると、「この前には貴方はこういわれたではないか」という風で、意味が徹底しないと、幾度でも聞き返し、どこまでも綿密に調べました。

それから特筆しなければならぬと思うのは、シャンド氏の忠告により、第一銀行の上海支店設置計画を中止したことであります。明治九年（一八七六）、中国の奥地に飢饉があったので、左宗

棠という人から日本へ借金を申し込んで来ました。当時大蔵省の首脳であった大隈さんはそれについて、「金は政府から融通するから、名義だけ第一銀行が債権者になってくれぬか」と私に相談があって、いよいよ実行することになり、その交渉のため、私は三井の益田孝氏や大蔵省書記官の岩崎小二郎氏らと共に上海へ行った。しかし、この借款の件は、結局において実行に至らなかったのであります。私はこのとき海外発展の必要を考えついて、第一銀行上海支店設置の計画を進めようとした。

するとシャンド氏が反対を唱え、意見書を私の手許まで出しました。その大意は、

「新銀行の制度によって文明的にやろうとするには、その基礎を固める必要がある。しかるに、日本の銀行はまだ基礎が固まっているとはいえない。しかも、普通銀行と為替銀行とはぜんぜん趣を異にする。すなわち、普通銀行は手堅いけれど、為替銀行はときに暴利がある代わりに、非常な損失を醸《かも》すことがある。普通銀行が為替銀行を兼営することには困難が多い。しこうして、東洋の事態は銀価の変動がはなはだしく、その動きをあらかじめ知ることが難しいから、為替を取り扱うことは危険千万である。第一銀行は普通銀行であって、内地の金融に力を尽くすことを本分とする。いまここに為替の取り扱いを目的とする海外支店を上海に置くことは切にやめねばならぬ」

というのであった。

私はかつて、どうかして中国に手をつけたいと望んでいたのであるが、シャンド氏の意見は極めて妥当であったから、これにしたがって、第一銀行の上海支店設置のことは中止しました。も

しこのとき、第一銀行が上海に支店を開いたとし、変動の激しい海外為替の取り扱いをなしたと仮定したならば、果たしてどういう結果になっていたろうか。もちろん断定するかぎりではないけれども、あるいはおそらく、今日のごとき発展は不可能であったのではあるまいかと。ゆえに、この点は、シャンド氏のたまものであったと申しても過言ではありません。

翁の明らかに推称したように、典型的銀行家であり、のちに稀に見る名頭取となった佐々木勇之助氏をはじめ、熊谷、長谷川などの初期銀行界の俊秀に、銀行に関する理論を教え、実際を指導した点でも、シャンドは偉大なる貢献をなしている。いわんや、日本銀行なく、また他の特殊銀行も存在せず、銀行といえば国立銀行だけであり、その国立銀行も「第一」の他にわずかに横浜の「第二」あるのみという時代に、第一国立銀行における俊髦《しゅんぼう》（ぬきんでてすぐれた人）に対してなした指導が、広き範囲にわたる影響をおよぼしたであろうことは、蛇足を添えるまでもないであろう。

翁の挙げたシャンドの著作『銀行簿記精法』は、銀行の帳簿、仕訳など、記帳計算に関することより、一般銀行実務を記し、銀行業経営の真諦《しんたい》に触れている。シャンドは、また別に『銀行大意』を著して、いわゆる「銀行論」の範囲におよんでいる。幼稚なりし斯業のため、益するところ、けだし、尠《せん》少《しょう》ならざるものがあったであろうことは、想像に難くないのである。かくてシャンドは日本の銀行業の歴史と共に、少なくとも初期銀行業の歴史に逸するあたわざる偉大なる足跡を印したのである。

しこうしてシャンドは、銀行業務を教えるのみでなく、イギリス式銀行経営法を強調した。かくてアメリカの組織に則《のっと》って生まれた国立銀行が、その経営はイギリスの方法により、またのちに、国立銀行の組織改正され、いわゆる普通銀行となった後は、全然イギリス式商業銀行主義をもって経営されているのを見ても、シャンドの感化のおよぼすところの多いのを思わざるを得ないのである。上海支店設置についての議論は、シャンドのイギリス式商業銀行主義の固執の一例であり、また翁とシャンドとの人となりを知り得るものがある。

翁は、あらためていうまでもなく積極的である。猪突猛進はせぬが、躊躇逡巡しない。引っ込み思案でない。理詰めであるが、退嬰的《たいえいてき》でない。九十を過ぎたのちも、風流に隠れて余生を楽しむという方でなく、俗塵を浴びて、人のため、世のため、働かんことを期していた。足が弱く、身体が思うようでなくとも、とかく人の世の渦巻の中に飛び込んだ。けだし、進まんがためである。斃《たお》れてのち已《や》む気概があるためである。それがいまだ年若く気さかんなる明治初年には、輪をかけた勢いであったことはいうまでもない。いわんや、一世を指導し、これによって一国富強の基《もとい》を築かんとの概《がい》（人間の大きさ、器量）をもって、身を挺して陣頭に立つ気で第一国立銀行を率いたときである。出来るだけ手を延ばさんとしたことは当然である。日本の経済界では唯一の――第二国立銀行はあっても、比較にならぬほど小規模でもあり、力がなかった――第一国立銀行であってみれば、日本内地はもちろん、隣国中国に朝鮮に、手を染めんと考えたことは無理ではなかろう。ただ手を広げんためでなく、またもって、中国、朝鮮の金融流通に便し、善隣の実を具現せんためであり、そこに無理もなく、扞格《かんかく》（こばみとどめること）もないと考える以上、これを問題とするは当然であろう。

のちにアメリカ関係において具体化し、半世紀に近く努力しつつある国民外交主義の萌芽が、当時、朝鮮、中国を対照として発生しつつあったことは、注意すべきであろう。それはとにかく、理性的に吟味して無理がない以上、多分の危険はあるとしても、手を触れることを避けるようなことは、翁はしない。新たに事業をなし、または拡張せんとするに当たって、多少の危険を冒すことはやむを得ない。大趣意が公正であり、正々堂々と利益を計り得ると考えられる以上、躊躇するところはない。もし危険が予想されるならば、これを避ける用意をしてかかる。

このときもまたその覚悟であった。投機や「腰だめ」ではもとよりなかった。翁ほどの理性と智慧と道徳感を有する人が、そんなケチ臭いことをする必要はない。前に記したように、「運命」についても、自ら掴む運をこそ幸運とし、知らずして得た幸福は眼中にない翁である。万一を僥倖《ぎょうこう》（思いがけないしあわせ、偶然の幸運）せんことなどは、もちろん思うところではない。中国に支店を置き、朝鮮に勢力を張らんとするのは、金融機関の不備に乗じて利益を貪《むさぼ》ろうなどとの考えでは、毛頭ない。どこまでも条理によりて進まんとしたのである。

しかるにシャンドは正面から反対した。理由は実務の上からであった。商業銀行主義を強調し、為替銀行の範囲に立ち入ることの危険を切言《せつげん》（心をこめ、相手のために言うこと）した。シャンドとしては当然の反対である。シャンドは、商業銀行と為替銀行とを明確に区別して考える方である。しこうして、商業銀行はその範囲に局限され、堅実一点張りを信条とするものである。このイギリス流の経営法が商業銀行にとっては、唯一無二であると確信しているシャンドが、猛烈に反対したのは当然である。かくて翁の大局論はシャンドの実際説によって成立せず、ついに上海支店設置は沙汰やみとなった。

・官金引き上げ　第一国立銀行は、有力なる株主小野組の破綻によって、満喫した苦痛のなお去らざるとき、大蔵省官金出納事務取扱停止の命に接し、またしてもはなはだしき打撃を蒙った。

小野組、島田組の破綻によって、官金を民間銀行などに委託することの危険を感じた政府は、明治八年（一八七五）十一月、大蔵省出納寮内に納金局を置き、翌九年（一八七六）二月、さらに実金局を設け、ついで、納金、実金両局を合して現金納払局にあらため、大蔵省所轄の出納は総て同局において取り扱うこととした。しこうして、第一国立銀行に対し、預金残額全部の還納を命じた。

この命令は、第一国立銀行にとっては、痛烈なる打撃であった。その理由は、当時、第一国立銀行の預金の大部分は官金であった。これを一時に引き出さんとするのである。いわゆる、預金の取り付けを政府の命令で敢行せんとするのである。小口預金者が、取り付けのため店頭に雲集《うんしゅう》するのも苦痛であるが、一口で纏《まと》まった預金を、しかも、銀行の有する預金の大部分を、急に引き出されるはさらに痛い。いわんや、その大部分は運用しつつあり、貸し付けてある。急に回収出来ないことはもちろんである。一歩を誤れば取り返しがつかぬ。

そこで翁は、明治九年（一八七六）三月五日紙幣頭得能良介に対し、官金取扱方改正の急激になすべからざるを痛論した。形式は願書であるが、内容は論文である。紙幣頭の反省を促す大議論であり、その蒙《もう》を啓《ひら》かんとする講義である。この文章を読むと、翁が退官のとき名言した官尊民卑の弊風打破の意気が烈々として見えるようである。条理のあるところ紙幣頭何ものぞの概が明らかに見えるのが愉快である。翁はまた、大蔵卿大隈重信にも数回にわたって事情を陳《の》べた。もちろん同様の趣旨であったが、懇意であった大隈だけに、思う存分論じたに違いない。

かくて、政府も翁のいうところを容《い》れ、官金の完納を同年六月まで延期し、かつ特に金七十五万円を貸与することになった。これにおいて、銀行は辛うじて難関を突破し、六月三十日、官金を大蔵省に完納した。このとき大蔵省の分は返還したが、内務省、駅逓寮などの官金は引き続き第一国立銀行の取り扱うところであり、また新たに、東京その他地方庁の官金をも取り扱うことになったので、官金全部の引き上げではなかった。しかし、明治七年（一八七四）上半期に、九百九十万円台にあった預金が、明治九年（一八七六）下半期に二百二十万円台に激減したのは、大蔵省官金引き上げの結果である。いかに重大の関係があったかは察し得られるではないか。

・改正国立銀行条例　大蔵省の官金引き上げを記した以上、逸するあたわざるは、紙幣発行のことである。国立銀行設立の目的は、銀行本来の職能たる金融の流通にあったのはもちろんであるが、また維新当時からしきりに発行された不換紙幣の整理銷却《しょうきゃく》（けし去ること。消却）にあった。南北戦争後の不換紙幣に苦しんだアメリカが、国立銀行制度によって苦境を脱したのに随喜し、ほとんどそのまま取り入れたことによっても、不換紙幣の銷却を目的としたことは明らかである。

しかるに、政府の期待は全然裏切られた。国立銀行の数が増加すると共に、不換紙幣は回収され、漸次兌換券《だかんけん》がこれに代わるというわけにはいかなかった。それは、第一国立銀行の推移が雄弁に物語っている。第一国立銀行は、明治六年（一八七三）八月から同年十二月までに、前後三回に渉り百十八万二千二百円の銀行紙幣を大蔵省紙幣寮より受け取って発行した。当時太政官において、国立銀行の紙幣は、租税その他公私一切の取り引きに正貨同様に通用し、また随時正貨と交換出来るから、疑念なく使用すべき旨を布告し、翌明治七年（一八七四）、さらに三十一万七千八百円の銀行紙幣を下附された。かくて、前後六回で資本金の六割、百五十万円の紙幣を有するに至った。

しかるにこの頃より、紙幣濫発の弊ようやく現れ、正貨の流出多く、銀行は引き換え準備金欠乏のため、紙幣の発行を中止し、貧弱なる預金をもって辛うじて営業するより外に途なきに至った。よって、横浜第二、新潟第四、および大阪第五の三国立銀行と協議の上、正貨兌換によっては、政府紙幣を銷却し得ざるのみならず、却《かえ》って金貨の流出を促すから、むしろこれを改めて、政府紙幣兌換の制度とせんことを請願した。

越えて同年七月、翁は政府の諮問に応じて献策し、政府はこれを採用し、現に各銀行に下附せる紙幣総額の二分の一を限度とし、一ヶ年を限り政府紙幣を貸下げ、同額の銀行紙幣を納付せしむることに定め、同年十二月指令を発した。これより先、小野組の破綻によって資本金を百五十万円に減じ、減資額の六割、六十万円の銀行紙幣を返納した第一国立銀行が、貸下げを受けたのは四十五万円の政府紙幣であった。

これによって一時を凌《しの》ぐことが出来たが、爾来《じらい》金貨騰貴の趨勢益々《ますます》はなはだしく、金貨の流出、銀行紙幣の引き換えはいよいよ増加し、ついに残額を見返りとして、政府紙幣の貸下げを請願するのやむなきに至った。事情を諒としてこの請を許され、その結果銀行紙幣はことごとく政府紙幣に交換され、国立銀行条例制定の目的は水泡《すいほう》に帰し、ただに政府紙幣の銷却をなし得ざるのみならず、金融の流通を害するに至ったので、ついに明治九年（一八七六）八月改正国立銀行条例の公布を見るに至った。

この改正の重なる点は、資本金五万円以上であったのを十万円とし、紙幣抵当公債証書は資本金の十分の六であったのを十分の八とし、四朱以上の利付のものに制限し、また兌換準備金は資本金額の十分の四の正金《しょうきん》を保有し、発行紙幣の三分の二の割合をもってせしを資本金の十分の二に引き下げ、発行紙幣の四分の一の割合をもって政府紙幣を所有することにした。資本金の額を引き上げたのは、特にいうべき理由もないが、紙幣抵当公債の拡張は特別の事情によるものである。『財界ロマンス』によると、こうである。

かの廃藩置県は、旧来の禄制を永く維持することを許さぬ。そこで、これを捨てて禄高に応じ金禄公債を交付するに決したが、その公債金高は、一億七千四百万円と計上せられた。大正十五年（一九二六）の今日でさえ、交付公債が二、三千万円も出ては、すぐさま雑五分の値が崩れる。国民の富は、五十有余年の過去とは世を隔つるほどに膨張しているはずだが、緊縮方針の看板から、十五年度一般会計の公債新規発行を八千万円にとどめ、それすら公募出来かねる仕儀ではないか。

ここで「いわんや」といいたいところで、明治の初め、無慮一億七千四百万円という公債の大洪水に出くわしては、ものみな溺れる外はあるまい。公債の値は下がる、貰った華士族はみな困る、その結果はよく一国の安寧を維持し得ようか。それで為政者は金禄公債の相場維持に大いに頭を痛めた。考えついたのがこの公債を銀行紙幣の抵当に政府が収め、かくて公債運用の活路を開くの一策。その上、国立銀行の金貨兌換を、通貨――すなわち政府の不換紙幣――兌換に改め、その他の制限を緩和して、一は華士族の困難予防、一は銀行の徹底的救済を講ずることになった。

表現はだいぶ皮肉であるが、事実は違っていない。それはとにかく、この改正の結果、国立銀行の設立を誘起し、明治九年（一八七六）より十二年（一八七九）までの四年間に、実に百数十行におよび、その発行紙幣の総額は、三千四百四十二万円にのぼった。

国立銀行簇出《そうしゅつ》(むらがりあらわれる)し、銀行紙幣増加しつつある折柄、「西南戦争」の勃発によって、政府紙幣は激増した。かくて紙幣の価値は急落し、物価は騰貴し、変体的活況を現出した。この状勢に眉をひそめた翁は、勢いの赴くままに放置せんか、紙幣はいたずらに都会に集中し、地方にはその影をひそめ、しぜん銀行紙幣と政府紙幣との間に価格の差を生ずべきを憂い、明治十年(一八七七)、大蔵省に上申し、銀行紙幣の流通十分ならざる地方には、地方庁の予備金をもって引き換えの便を開くべしと建議して、容れられた。

これより先、政府は銀行紙幣の増発を恐れて、国立銀行の設立に制限を加え、明治十年(一八七七)十二月には、国立銀行資本金総額は、四千万円、その発行紙幣総額は、三千四百四十二万八百八十円を限度となすの内規を設け、同十二年(一八七九)十二月、京都第百五十三国立銀行の開業を最後として、爾後《じご》その設立を許さなかったが、明治十一年(一八七八)末の計算によれば、政府紙幣の発行高一億千九百八十万四百七十五円余、予備紙幣の発行高千九百六十一万八千百十六円、銀行紙幣の発行高二千六百二十七万九千六円、合計一億六千五百六十九万七千五百九十七円余の巨額にのぼり、不換紙幣の異常なる膨張によりて、政府の財政は困難となり、商工業は一時的に栄え、投機は流行し、奢侈《しゃし》の風潮起こり、明治十四年(一八八一)四月に至りては、紙幣の下落その極に達し、これをいかんともするあたわず、いわゆる「国立銀行の特権召し上げ」ということになった。翁は、事業経営については驚くべき執着を持っているが、利害については、――自己の損得については、またはなはだしく淡泊である。そこに、グランド・オールドマン・オブ・ジャパンたるゆえんがあると共に、前後五十年のあの華々しい実業界における活躍ののち、言うに足るほどの資産を残さなかった理由もある。

仕事は好きであるが欲がない、というのが「渋沢栄一」の特色である。事業に対する熱と執着を「欲」というならば、翁もまた「欲」のある人である。しかし、そこには「自己」がない。世のため、人のため、よかれかしと願う奉仕の念があるのみである。世の常の自己のためにする実業家と異なるところがある。

そもそもの出発が、一国経済界の興隆と実業家の地位の向上とを企図するにあって、『論語』をもって事業を経営しようというにあるから、何とかして儲けようという人とは根本的に違っている。ゆえに、実業家には縁の遠かるべき東京市養育院の事業を、六十年の長き歳月を親身になって、多大の犠牲を忍んで見て来たのである。この点だけでも、「自己」の利害を度外視することが明らかであろう。翁のごとき「自己」のない特殊の銀行家がおり、牛耳《ぎゅうじ》を執ったから、「国立銀行の特権召し上げ」が出来たのである。国立銀行紙幣二割減少のことにしても、また明治十六年（一八八三）の銀行紙幣発行年限を定めたことにしても、翁が「欲はないが仕事が好きである」ために主張したのである。目先の欲に拘泥《こうでい》するものが、その特権を制限し、もしくは放棄することをあえてしようか。

このときの松方大蔵卿の身命を賭しての大整理は、真に偉とするに躊躇しないが、国立銀行紙幣に関する限り、翁の功もまた没するあたわざるものがある。

・金融界の先達　第一国立銀行は銀行界の一先達であり、翁は「銀行」の生みの親であり、育ての親である。何かにつけて指導的地位に立った。いわんや、明治九年（一八七六）の国立銀行条例第一次改正後簇出《そうしゅつ》した国立銀行は、組織は出来ても、実際についてはほとんど知るところがなかった。

第一国立銀行は、当然その経験により指導に任ぜねばならず、また一面商工業者に対しては小切手の使用法から教えてかからねばならなかった。しこうして、第一国立銀行自体の活動としては、すでに記したように、中国へ目をつけたほどであるから、内地を閑却するようなことはなかった。すなわち東北地方への進出をなし、また朝鮮へ手を延ばした。各銀行の指導に関し、佐々木勇之助氏はこう記している。

明治五年（一八七二）の国立銀行条例は、先生によりて立案せられ、条例の発布と共に、三井、小野、島田などの富豪を勧誘して、第一国立銀行を創立せしめ、その銀行の創立せらるるや、先生はすでに退官しておられたために、ただちに第一国立銀行に入り、総監役として、頭取はじめ銀行の諸員を指導せられたのであります。

その後、明治九年（一八七六）、国立銀行条例の改正せらるるや、華士族の禄券すなわち金禄公債証書を資本として銀行の設立を企てるもの多く、政府もこれを奨励せられたるために、旧条例により創立せし四銀行（第一、第二、第四、第五）の外、同年より同十一年（一八七八）頃までに、第三、および第六以下百五十有余の銀行が開業することになったけれども、その頃には各地の銀行創立者は、銀行経営につき何らの知識なきため、先生の指導を求むるもの多く、門前市をなすの有様でありました。

佐々木氏の明らかに記したごとく、第一国立銀行というよりは、翁が指導の任に当たったのである。けだし、銀行の実務はもちろん、実業道徳の講義をしたことであろう。実業家の地位向上、官尊民卑の弊風打破を力説したことであろう。『明治銀行史論』は、ことに国立銀行は、広く全国各地に普及し、しこうして、これが経営の任に当たりたる者は、かつては農工商の上流に位し、彼らに一頭地を抜きし士族の輩が多数を占めるをもって、国立銀行がよく商工業振興の先覚者たる任務を尽くすを得たるならん。

誰か知らん、この事実は、また永く我が国立銀行業者の精神的方面に影響をおよぼし、銀行業者の道義的方面に貢献する大なるものあらんとは。これを彼の欧米の銀行業者が源をユダヤ人種に発し、動《やや》もすれば士人に指弾せらるるに比して、その地位に霄壌《しょうじょう》（天と地）の差異ある、よくよく宜《むべ》なりというべし。

として、銀行業者の精神的方面の優秀の理由をその人に期しておるけれども、翁の講義が――講義を通して表れた翁の人格の感化が、多大の貢献をなしたのではあるまいか。もちろん銀行業者の素質がよかったからであることは認める。その上に、指導者がよかったために一層効果があったといいたいのである。

商工業者の指導については、翁みずから述べたことがある。大正五年（一九一六）九月二十五日、今の東京銀行集会所――東京のビジネス・センターたる丸の内に、渋味と落ち着きとで異彩を放つ銀行クラブの新築落成式と共に、翁の喜寿記念寿像除幕式を挙行したとき、翁は謝辞のなかでこれに触れた。

銀行の数が殖《ふ》えるにしたがって、同業者公共の利益を保護するのみならず、銀行の必要および経営の方法を、商工業者、すなわち自家の顧客に伝習して、これを誘導し、ことに当時、手形小切手の取り扱い方においては、各商工業者の慣れぬのと、その風習の異なるところより、これを嫌うという二様の意味において、一般から大いに排斥せられたものである。これにも拘《かか》わらず、種々なる手順にてその便利を説き、公益を唱えて、欧米先進国の慣例などを講演し、ついに日一日、年一年と進んで、今日となったのであります。

しこうして、今日は却って手形小切手を濫用するものあるかのように承りますけれども、当時の苦心は実に容易ならぬものがあって、今申し上げることは、決して事実を誣《し》うる（あざむく）ものではございませぬ。

真に察するに余る苦心である。翁がかくのごとく啓蒙に努力しつつある間に、第一国立銀行自体としても大いに活躍している。その一方面として、東北と朝鮮への進出をあげよう。

第一国立銀行がつとに注目したのは、生糸の荷為替であった。かくて、まず上州（現在の群馬県）地方においてその取り扱いを開始し、ついで福島地方におよぼし、生糸商人の為金融の途を開き、あわせて輸出貿易に尽力したが、当初は出荷の期節に一時的に出張するのみにして、別に店舗を設けるに至らなかった。ついで明治九年（一八七六）十二月、陸羽地方の米穀荷為替の取り扱いを開始するにおよび、仙台と石巻とに出張所を置き、その発行する振出手形は、租税上納に使用し得ることを允許《いんきょ》（認め許すこと。認可）せられた。そののち岩手県庁より同県の為替方を命ぜらるるや、同十一年（一八七八）二月、盛岡支店を開設して、地方税の取り扱いと一般銀行事務とを営み、十二年（一八七九）三月には宮城県の為替方たりし三井銀行のあとをうけて、仙台、石巻両出張所を拡張して支店とし、十二年九月宮城、岩手両県の税取り扱いを命ぜられたので、古川、一関、宮古に出張所を設け、さらにその下に各郡出張所を置き、また同年七月秋田県九郡役所の為替方を命ぜられて、八ヶ所の出張所を設け、十三年四月、さらに他の五郡の為替方をも引き受け、県下全部の為替方となり、翌五月秋田に出張所を置き、十四年（一八八一）四月支店に改め、国税の取り扱いもなすに至った。

かくのごとく、仙台、石巻、盛岡、秋田の四支店設置され、東北地方の金融界の進展に資し、さらに明治十四年七月、仙台支店所轄の下に福島出張所を置き、十六年（一八八三）一月支店とし、従来よりの生糸荷為替の外、国税、地方税の収納に従事せしめた。越えて明治十七年（一八八四）春、秋田県の要地たる花輪、湯沢、横手、大曲の四ヶ所に出張所を置き、また酒田の人々の希望と、山形県よりの為替方引き受けの命を受けたので、山形に出張所を設け、二十年（一八八七）三月宇都宮に出張所を置き、同年九月支店とした。これら支店出張所は、のちに各地の発展により、地方銀行設立されるにおよび、それぞれ整理したが、明治初年いまだその力なきに当たり、多大の犠牲を払って金融などの模範を示した第一国立銀行の功績は、記録すべきものであろう。

しこうしてこれらの活動が、翁の主張と熱心によることを思うとき、東北地方と翁の関係の容易ならぬことを感ずるのである。

眼を転じて朝鮮の関係を見よう。朝鮮における経営は、明治十一年（一八七八）六月、釜山に支店を設けたのがその第一歩であった。これより先、明治九年（一八七六）二月、朝鮮との修好条約成立するや、我が政府はこれと通商を開始し、我が国の通貨を流通せしめ、朝鮮産出の金を買収せんことを企図した。よって第一国立銀行は政府に出願してその資金の貸与を受け、釜山支店設置後、明治十三年（一八八〇）五月、砂金の集散地元山に出張所を設け、海関税取り扱いのため、十五年（一八八二）十一月仁川に出張所を置いた。これら支店出張所の開設を最初とし、爾来《じらい》しだいに各地におよぼし、ついに朝鮮全部に支店網を完成し、普通銀行業務はもちろん、海関税の取り扱い、地金銀の買い入れ、貨幣の整理、政府への貸与金、銀行券の発行、国庫金の取り扱い、ならびに中央銀行としての業務などを営むに至り、翁の主張——金融業による日鮮融和——は実現されたのであった。

王子製紙会社

大蔵省時代までにも、翁の経歴は変化もあり曲折もあったが、要するにただ一筋であった。明治六年（一八七三）官を退いてよりは関係するところにわかに多きを加えた。東京市養育院の関係をアンダー・カレント（底流）とし、第一国立銀行の関係をメイン・ライン（本流、幹流）とすれば、幾多の傍流が四方八方に派生したのであった。メイン・ラインを辿ってここまで来たが、今しばらくこれを離れ、傍流に添って展望してみたい。

第一に映ずるのは製紙事業である。在官当時抄紙会社の設立について配慮したことは記したが、実業界の人となるにおよんで親しくその経営に携わることになった。明治七年（一八七四）一月、株主総会の決議をもって事務担任を委託されたからである。

抄紙会社（紙料《しりょう》を抄《す》き紙を製造する企業）も第一国立銀行の場合と同じく、当時の財閥、三井、小野、島田のトリオで組織され、資本金十五万円であった。明治七年（一八七四）七月、谷敬三を支配人として迎え、同年九月「北豊島郡王子村」に地をトし《ぼく》（うらない定め）、工場の建築に着手した。この敷地選定については、翁はじめ当局者の苦心したところで、東京近郊をしきりに踏査した結果、水質が良く水利の便ある飛鳥山下《あすかやました》に、畑や水田を埋め榛莽《しんぼう》（草木の茂ったところ）を開き、明治八年（一八七五）

六月、工事は竣成した。城北の一寒村「王子」が、この工場設置によって工場地帯としてのスタートを切り、昭和の今日東京市王子区の中心をなすに至った原因をなした。しこうして、また翁がこの会社に関係し、この工場敷地を選定したため、飛鳥山に住宅を設け、その後半生をこの地に送る因縁となったのであった。

支配人を迎え、工場を営み、着々として基礎を固めつつある間に、重大なショックを受けた。それは何か。資本構成の急変である。抄紙会社が第一国立銀行と同じく、三井、小野、島田の出資によって成立した関係上、小野、島田の没落によって、第一国立銀行の受けたと同様の打撃を受け、創業日なお浅き明治七年（一八七四）、瀕死の境に追い込まれた。

「もしその際、会社の中心人物が青淵先生でなかったならば、抄紙会社は半途《はんと》にして挫折していたかも知れない。ひいては我が国製紙事業も今日の発達を遂げ得なかったかも知れない」

と、大川平三郎氏の記したのは尤《もっと》もである。資本的の苦痛は、翁の努力によって凌《しの》ぎ得たが、製紙の実際についてさらに容易ならぬ苦心をした。

専門技師に日本の相当な人たちを付随させて紙の抄《す》き（漉《す》き）を試みてみますと、とんと出ない。たまに少々ずつ出ても、じきに切れてしまう。今日少し出たと思うと、また翌日は切れる。はじめの間は、私もほとんど隔日ぐらいに出張してみました。ところが、まず切れるのみで、俗にいう気の引けるくらい、これはどうしたものであろうか、将来は見込みある事業に違いないが、こういう塩梅《あんばい》ではしかたがないと思いまして、技師として雇い入れたポットムリーという人に詰問しました。

お前は経験のある外国の紙漉《かみすき》技師である。お前の就任に当たって、私が言ったことを覚えているであろう。この機械は横浜の「亜米一《あめいち》」、ウォルシュ・ホール・カンパニーから買ったもので、フォーゾニア・マシーンという最新のものであると承知しているが、果たしてさようかと尋ねたところ、その通り完全であるとの答えであった。機械は自分で完全と保証するものを使い、原料も、水も、薬品も、お前の注文通りのものを具備してある。

しかるに、この紙が出来ぬというのは、お前の技術が不十分であるということを自ら証明することではないか、と彼を責めましたら、どうぞ一週間待ってくれ、それでいよいよ具合いよく出来ないなら、よんどころないから会社を退く、放逐されてもあえて怨みとは思いませぬとまで、とうとういいました。そのためであったか、または時期が来たか、そのうちにようやく紙が少し延び出すようになりました。しかし決して完全ではなかった。種々なる苦しみをして漉き上げた紙は、ようやく荷包みをするようなものでありました。渋紙のごときものを製造するために、この苦心をしました。とても計算して引き合うものではありません。

それで明治八年（一八七五）の末頃までに、だんだん営業費、試験費などの損失が、四万円以上になりました。出来たものは時好に適う品ではなく、しかもその間の浪費四万円以上となりました。これでは、この会社の将来とうてい覚束《おぼつか》ないことは想像されるであろうと思います。根が私の発起です。株主諸君は、私が多くお勧めしたのであります。自分が担当して、ほとんど三年を経過した暁にかくのごとき結果となったのですから、ほとんど赤面千万《せきめんせんばん》といおうか、慚愧《ざんき》に堪えぬといおうか、ことに事業は小なりといえども、日本にほとんどはじめてという有様である。この際の私の苦心はお察し願いたいのであります。

さりとて、屈撓《くっとう》（屈服すること）すべからず、止める訳にいかないのです。どうしてもやり遂げねばならぬ。宜しい。決して屈するにおよばぬ。今は損を重ねても、機械はある、原料はある、需要は進むに違いない。一時の困難をもって、この事業の目的が悪かったということはできないと決心しましたが、それにつけても、外国人を使って、この事業を将来利益あるようにやり遂げる訳にはいかぬ。一歩進んで、日本人だけでどうしても経営せねばならぬと思いました。

しこうして、種々苦心の末、どうやら日本人だけで出来得る見込みが、曲がりなりにもつきましたので、外国人を解雇し、日本人だけでやりました。かくのごとく紙の抄出に苦しむと共に、販路の開拓に勉めねばなりませんでした。ゆえになお一層研究せねばならぬ。欧米の有様を知らねばならぬというところから、外国に人を派遣するということになりました。ところが、ただ学理上の研究だけではいかず、実際の手業《てわざ》（手作業、手仕事）が利《き》かねば、本当の目的を達するを得ないという訳で、適当の人を得るために大いに困りました。

大川平三郎氏、この人がいまだ若年でありましたが、明治十二年（一八七九）八、九月の頃、アメリカへ修行のため派出することに定めました。


と、翁が述懐したのは、この当時のことである。

大川氏は、抄紙会社時代から製紙業に関係し、このときの洋行によって、後日この界の権威者たるべき素地を作った人で、抄紙会社の創設当時の事情を知悉《ちしつ》（知りつくすこと）している。

同氏が、当時のことをこう記している。

抄紙会社は、まず人を作らずして、工場を急いだ。ここに間違いがあった。ために、青淵先生が、創立者として第一の困難を嘗《な》められたのであった。事業は、経験家がなければモノにならぬ。資本の力ばかりでは何ごともできぬということは、至極簡単であるけれども、人は容易にここに思いおよばぬのが常である。私も十数年前に、ようやく簡単なるこの原理を、深刻に悟り得た次第である。このようなことを申して、先生の事業を後世より批判するのは、はばかり多きことであるが、あの当時においては、いかなる賢《けん》といえども、外《ほか》に踏むべき途《みち》がなかったのである。しかもそれが、全然やむを得ざる事実であったとすれば、その事理を明らかにしておくことが、興味ある事柄ではあるまいか。

大川氏の洋行は、抄紙会社の事業を根本的に改革せしめた。従来の機械ぜんぶを解体して、その幹体を残すにとどめ、部分的組織を一新して、改めて作業を開始し、一日三千ポンドの生産高はたちまち一万二千ポンドに躍進した。このとき稲藁《いなわら》を原料として使用しはじめたことは注意すべきである。さらに明治十七年（一八八四）に大川氏を海外に派遣した。当時はパルプの発明により製紙業にとっては画期的のときであった。絶対秘密としてとうてい伺い得ずとせられたパルプについて、幾多の難苦を嘗《な》め、研究体得して帰朝した大川氏によりて、これを実施し、種々の技術を加味し、ことに「煮釜」のごとき、同社独特の新装置を案出するに至った。本邦における木材原料使用のはじめである。

かくのごとく、製法に新機軸を加えつつある間に、需要もまた増加した。明治十八（一八八五）、九年（一八八六）の交《こう》（変わり目）、新聞、雑誌、小説の発行あいつぎ、洋紙の使用盛んとなり、供給不足の有様となった。かくて明治九年（一八七六）、四十三万六千ポンドに過ぎなかった販売高は、明治十四年（一八八一）、百五十八万九千ポンドにのぼり、明治二十年（一八八七）には、三百十四万ポンドを超え、明治三十年（一八九七）には、千二百三十九万四千ポンドになった。この間多少の消長はあったが、だいたいにおいて、向上の一路を辿った。最初の資本金十五万円は、工場竣成までに不足を告げて二十五万円に増資し、明治九年（一八七六）五月、名称を製紙会社とあらため、明治二十年（一八八七）、さらに増資して五十万円とし、明治二十六年（一八九三）、商法の施行されるにおよび、三度その社名をあらためて、「王子製紙会社」とした。

かくて、順調に発展しつつあった折柄、明治三十一年（一八九八）春、重役のあいだに紛議を生じ、当時専務取締役として努力経営していた大川氏、辞表を提出し、ついで職工の大ストライキが勃発し、翁は苦心して仲裁調停したが、ついに目的を達することを得なかった。よって、重役以下の大更迭を断行し、翁もまた取締役会長を辞した。

択善会と銀行集会所

明治九年（一八七六）、国立銀行条例改正後、国立銀行の設立あいつぎ、翁がこれらの指導に任じたことは、すでに記した。そこで翁は、銀行業者の親睦を厚くし、あわせて事業上の商議を容易ならしめんとし、第二国立銀行頭取、原善三郎、第三国立銀行頭取、安田善次郎、三井銀行の三野村利左衛門などの賛同を得、さらに他の人々の参加を得て、「択善会」を設立した。けだし、『論語』の「択其善者而従之（其の善なる者を択《えら》びて之《これ》に従う）」から採ったのである。

択善会の第一回の会合は、明治十年（一八七七）七月二日、第一国立銀行で催された。第一、第二、第三、第四、第五、第六、第十五、第二十の諸国立銀行、および三井銀行の重役十六名が出席した。翁はまず趣旨を述べた。その大網はこうであった。

本会の設立は、予の首唱せるところであるが、幸いに諸君の賛同を得て、今日の集会を開くに至れるは、欣喜《きんき》に堪えざるところである。

いったい銀行の業務としては預金、貸付、為替などをもっぱらとし、かつ厳正なる銀行条例を遵奉するものであるから、常に自重堅実を旨とし、軽佻浮薄《けいちょうふはく》を避けて世の信用を受けることに注意せねばならない。しかしいたずらに例規にのみ拘泥《こうでい》して、活用の妙機を失することもまた、採らざるところである。予は金融業につきて多少の経験があるといい得るかと思うけれども、なおいまだ熟達洽通《こうつう》せざることが多い。思うに、諸君もまた予と同じ憾《うらみ》を抱いておることと思われる。よって、ときどき相会して懇談し、互いに研究討議して、宜にしたがうことにしたいと考えた次第である。ここに、愚衷《ぐちゅう》を吐露して、諸君の注意を促す次第である。

つぎに「章程」案を議題として、

択善会の本旨は、相互に親睦して、業務の興隆を図るに在るをもって、討議の範囲は、銀行業務、ならびに商工業事情、海外金融事情、貿易状況、およびエクスチェンジ（為替）の高低などに限り、政治、法律、学術におよぶことを禁ずる。また銀行業務に関し、政府に稟請《りんせい》すべきものあるときは、案を具して会員に諮《はか》り、異議なきときは連署して建議する。会員は国立銀行に限らず、普通銀行をも加えることとし、本支店を東京に有する銀行とし、集会を毎月一回、各銀行輪番幹事の任に当たる。

ことに決定した。

かくて、択善会は成立したが、爾来《じらい》、参加するものしだいに多きを加え明治十一年（一八七八）末には会員十九行となり、会務漸次繁忙になったので、同年十二月の集会において、翁は「章程」の修正を提議した。その主なるものを挙げると、

「幹事三名を選挙すること。毎回、談話、演説、会議などがあって煩雑であるから、これを区別すること。積立金を設けること」

であった。翁の提案は、翌明治十二年（一八七九）四月の例会において具体化し、「択善会章程」および「択善会議事小則」として決議せられた。

新章程によって幹事銀行を選び、第一、第十五の二国立銀行および三井銀行が当選し、会場は東京商法会議所をもってこれに充《あ》てること、会同を分かちて、演説、議事、談論の三科とすること、積立金の制を設けることを決議した。議事小則は、政府に対する稟請、公務に係る諸約款《やっかん》などについて催される会議に関する規定であった。この規定によって会頭を選挙し、翁が当選した。

択善会の活動として特筆すべきものは、銀行業務に関する海外における著書の紹介、論文訳述刊行のことである。起業公債の募集、手形の普及奨励も記さねばならぬ。敗裂銀行紙幣交換の方法を立案し、その取り扱いを画一にしたこと、不換紙幣の整理を主張したこともまた逸することは出来ない。

択善会はまた、明治十年（一八七七）十月から、『択善会録事』を公刊頒布した。翌明治十一年（一八七八）五月、翁がその会頭となったのち改題して、『理財新報』と称した。当時大蔵省で発行していた『銀行雑誌』は、明治十年（一八七七）十二月の創刊にかかり、田口卯吉が、大蔵省御用掛としてそ

の編集を担当していた。田口はかつて、イギリスの週刊『エコノミスト』のようなものを発行せんことを希望していた。翁は、択善会の関係から田口の志をなさしむるを適当とし、大蔵省銀行課長岩崎小二郎に謀り、『理財新報』と『銀行雑誌』を合併し、新たに田口個人の経営に移し、『東京経済雑誌』を発行せしめることにした。択善会は、毎月若干の補助をなし、『東京経済雑誌』は一部を割いて、択善会の記事を掲載することになった。かくて翌明治十二年（一八七九）一月、その第一号が発行されたのである。

明治十二、三年の交は、政府が紙幣整理に着手したときである。ときの大蔵卿大隈重信は、紙幣の下落は銀貨騰貴のためなりと信じ、その騰昂《とうこう》を防ごうとした。翁はこれに反し、その原因、紙幣増発にありとし、紙幣を銷却《しょうきゃく》し、兌換制度を確立せねばならぬと信じ、明治十三年（一八八〇）六月、択善会を率いて政府に建議した。田口も同論であった。田口は理論から、翁は実際から、同じ結論を得た。かくて田口は、『東京経済雑誌』において痛論した。

これが大隈の忌諱《きい》にふれ、猛烈に怒ってしまった。のちに伊藤の仲裁で氷解はしたといえ、氷解するまで大隈は、そのままにしておかなかった。翁の第一国立銀行頭取をやめさせようとしたのも、その一つである。これは具体化しなかったが、実際に行われたものがある。それは何か。択善会に対する弾圧である。翁の紙幣銷却に関する活動を目して、択善会を率いて政府に反抗するものであると考えた大隈は、猛然として択善会および銀行業者に威圧を加えた。大蔵卿の露骨な態度に驚いた銀行業者は、にわかに態度を変じ、第十五国立銀行の重役、肥田昭作は択善会の解散を唱えた。

かくて、明治十三年（一八八〇）八月三日、ついに銀行懇親会に併合するという形式で、択善会は解散し、新たに東京銀行集会所が組織せられた。

東京銀行集会所は、明治十三年(一八八〇)九月一日をもって生まれた。成立とともに、択善会の事務を引き継いだが、この組織変更は、政府——具体的にいうと大隈の干渉によるものであるから、創立委員長に選ばれた翁もしばらく自重して、積極的行動に出なかったため、停頓の状態であった。しかしやがて、政府の誤解もとけ、会員もまた翁の指導を希望するに至り、翁も進んでことを見るようになった。東京銀行集会所は、最初事務所を日本橋区万町の第百国立銀行内に置いたが、のちに日本橋区坂本町に移り、さらに丸の内の現在の場所に移った。

手形交換所

翁は、第一国立銀行の関係から、手形の使用を力説した。一般商工業者に教えるのみでなく、政府に対してこれに関する法律制定のことを建議した。明治十四年(一八八一)七月、東京銀行集会所の決議により、会員一同連署して手形法規制定の請願書を大蔵省に出した。たまたま日本銀行の関係で、政府も手形に関する条例草案調査中であったため、この請願により、とりいそぎ制定の必要を認め、翌明治十五年(一八八二)十二月はじめて為替手形約束手形条例を公布するに至った。この条例によって、一般に手形に関する注意が喚起されたが、翁はこれを見て、東京銀行集会所内に手形売買所を設け、また金融会社を興し、倉荷証券割引の途《みち》を開き、手形の普及に関し種々苦心した。

明治十七年(一八八四)二月、手形取引拡張の方法について、政府は東京商工会議所の前身、東京商工会に諮問した。東京商工会会頭たる翁は、同会の協議をまとめ、かつ銀行集会所にも諮《はか》り、同年九月大蔵卿松方正義に答申した。

本年二月一日付をもって、御諮問これ有り候手形取引の儀については、その後数回の会議を開き、篤《とく》と審議を遂げ候ところ、従来手形取引の拡張せざるものは、実に御下諭のごとく、各商売が充分これを通用するの手続きに慣熟せざるに基づき候儀に付、本会においては、まずもって各商売を指導して、その方法ならびに手続きを会得せしめ、しかるのち、その成績いかんを観察致すべきことに議決し候。

よって爾後《じご》、会員一同この意を体し、せいぜい心配いたし候上、なお銀行の儀は元来金融を媒介するの業を営み、本件については、その関係とくに重大なるにつき、さらに銀行集会所へも協議を遂げ、これが拡充方共々尽力し候ところ、何ぶん方今商況不振の折柄にして、各商売が手形の必要を感ずるの機会に乏しく、したがっていまだ著名なる進歩の実跡相見ず候えども、現に本会加盟の組合、または会社中、石灰蠣灰商会のごときは、そののち石灰蠣灰製造人に対する支払いに向けて約束手形を振り出したるに、近頃に至りて、その製造人もややその取り扱い方に慣熟し、この手形をもって、さらに他の支払いに転用いたし候もの間々これ有り候趣、また洋糸商、薬種問屋、その他の組合においては、そののち新たに約束手形を使用して、取引仲間に対する帳簿上の貸借を決済いたし候者これ有り候趣にござ候えば、要するに各商売が実際取引上において、やや手形の便利を相感じ候姿これ有り候。

ことに今般銀行集会所において、試みにその同盟銀行中における、昨年下半季および本年上半季の手形割引高を調査いたし候ところ、その増減の次第は別表の通りにこれ有り、すなわち昨年下半季割引合計は、七百五十三万九百六十八円四十三銭二厘、口数合計は、四千四百九十三口にして、本年上半季割引合計は、八百九十五万七千八百六十四円二十九銭、口数合計は、五千二百九十口なれば、今年上半季をもって昨年下半季に比するに、金額においては、百四十二万六千八百九十五円八十五銭八厘、口数においては、七百九十七口を増加いたし候。

尤も、この内第二項のごとき、金額においては、十七万七千五百三十六円十二銭三厘を減少いたし候えども、口数においては、かえって、百二口増加いたし候えば、とにかく各商売が手形の便利を感ずるの度を拡めたるは、さらに疑いなきの事実にござ候。

これを観るによって、手形取引の儀は、過般本会がご趣意を奉体してこれが拡充方に尽力し候以来、今日に至るまで、ただに実際取引上においてその進度を提出したるのみならず、統計上においても、また同一の傾向を表示したりと申すべく存じ奉り候。

よくよく今日商況不振の折柄にして、その進歩の実跡なおかのごときを見れば、こののち一旦商況回復して、市場一般資本の補充に汲々たるの日に至らば、さらに一層著名なる形跡を現出すべきことと確信し候。

けだし、手形取引の行わるると否とは、大いに約束売買の慣習の消長に関係し候ことは、改めて申し上げ候までにもこれなき儀にして、当府下のごときは、元来商売上より成立たる都城にあらずして、したがって約束売買の慣習いまだ充分成立せず、現に各商売の取引するところは、おおむね現金売りにして、たまたま貸売りをなすことあるも、その期限を確定することなく、あたかも取引上手形の必要を感ずることあたわざるの情況にござ候えば、本会においては、向後この約束売買の方法成立いたし候よう、せいぜい尽力すべく候えども、何とぞその御筋においても、このあたりに深くご注念あらせられ、しぜん相当の御方案もこれ有り候わば、まずもって約束売買の慣習を助長せられ、ついに各商売をして、適切に手形の必要を感ずるの位置に立たしめられ候よう、徐々にご計画相成りたく希望つかまつり候。

まずはこの段復た申し、旁々《かたがた》あわせて具申つかまつり候也。

爾来、「この約束売買の方法成立いたし候よう、せいぜい尽力」した。あるいは、有力実業家を集めて、翁自ら手形の使用、信用取引の方法を説き、あるいは田尻稲次郎を聘《へい》して講義せしめた。しかし当時、深刻なる不況によって、商工業萎縮の極にあったため、容易にその数は現れなかったが、明治十九年（一八八六）末より、漸次《ぜんじ》経済界回復に向かい、明治二十年（一八八七）、反動的に好況を呈し、はじめて翁積年誘導の結果現れ、手形、小切手の流通は、大いに増加するに至った。かくて、いよいよ組織的に手形交換を行う必要を認め、銀行集会所組合中有志の銀行十六行の申し合わせにより、ニューヨーク手形交換所の規定を参酌《さんしゃく》して、手形交換を開始するに決し、明治二十年（一八八七）十二月一日、東京交換所創立され、翁は委員長に推された。

商業会議所

・東京商法会議所　明治初年の日本には、数多き重大問題があった。就中《なかんずく》、上下の心を悩ましたのは、条約の改正であった。岩倉具視、大久保利通らが大挙海外に使《つかい》し、これがため、多大の苦心と努力をしたことは、すでに記したところである。

岩倉の果断と大久保の智謀をもってしても、好果を得ることが出来ず、交渉は続いていた。外務卿寺島宗則は、税権の回復を主として談判を開き、明治十一年（一八七八）に至り、ようやくアメリカ政府の同意を得たが、イギリス公使パークスは、強硬に反対して議いまだ熟するに至らなかった。日本側としては、条約改正は日本の輿《よ》（世）論《ろん》であり、税権の回復は国民の一致切望するところである旨を、しきりに主張した。ところが、パークスは、

「諸君はしきりに税率の高下を論ずるが、それは諸君の見るところであり、希望されるところではあろう。しかし、諸君のいわれるごとく日本国民の意志とは思われない。というのは日本には失礼ながら輿論をきくべき機関がない。広く国民の意志をきく機関がないのはいうまでもないが、商工業者の意志をまとめる機関もないではないか。かかる有様であるにかかわらず、諸君が輿論を代表されるとは認め得ないではないか」

と逆襲した。パークスは、あるいは冗談半分であったかも知れないが、政府当局を刺激したことは、おそらくパークスの予想外であったろうと思われるほどであった。そして、参議兼大蔵卿、大隈重信、参議兼工部卿、伊藤博文は、しきりに苦慮し、結局、かねて懇意であった翁に相談した。

翁は、欧米の商業会議所に倣《なら》って、一つの団体を組織せんことをもってし、明治十一年（一八七八）三月、東京府知事の許可を得、内務省勧商局は、当分の間毎年一千円ずつを補助することになり、東京府はまた京橋区木挽町十丁目の新築家屋を提供した。かくして、商法会議所は成立し、同年八月一日、役員の選挙を行い、翁は会頭に、福地源一郎、益田孝は副会頭に当選した。

「……楠本知事は、京橋木挽町に詰所、休息所、応接所、湯呑み所までついた議事堂を新築し、会議

所に下附するという有様で、お上のお声がかりだけに、会議所は今の帝国議会ぐらいの権勢ぶり……」と、『財界ロマンス』の「一夜漬の輿論製造所」の項に書いてあるが、おそらくたいした勢いであったろう。かくて堂々たる態容をもって生まれ出でた商法会議所の最初の活動は、まったく予期せざる方面のものであった。それは、前アメリカ大統領グラント将軍の歓迎であった。当時のことを、翁はこう話している。

明治十二年（一八七九）の夏、グラント将軍は欧州各国を巡遊の上、中国を経て日本へ立ち寄られたのであって、アメリカへの帰途であったと思います。将軍の人となりはよく知らぬが、なんでもリンカーンが大統領のときの南北戦争にて功を立てた人で、平和克復ののち大統領に選ばれ、二期も続けたということで、アメリカ人中の第一人者であったようであります。

私は日本とアメリカとの将来の関係、太平洋における両国の接触、また特に中国に対してお互いに力を入れているから、その間に行き違いの起こらぬようにしたいと、かねて思っていたので、グラント将軍のごときアメリカの有名な人には、国民として親しくしておいたほうが、日本の将来のためにもよいと考え、福地源一郎氏、益田孝氏など、実業界の有力な人々に相談して、大歓迎会の計画をしたのであります。そしてそれは、ちょうど商法会議所の組織された時分で、福地、益田の両氏がその副会頭であり、私が会頭であったからでありました。

……福地、益田両氏などと打ち寄って、いろいろのことを相談する関係になりまして、グラント将軍を歓迎するについても、これらの人々と協議して、これを実行することになったのでありますます。で、歓迎会を開催すれば金が必要であるところから、寄附金を三万何千円か集め、特にこれという計画も立たなかったが、明治天皇の御臨幸を仰ぎ、あわせて将軍を歓迎する大規模の会を、東京府民が主催して上野で開き、日本の古武術をご覧にいれることにしました。

また、それだけでは満足でないからというので、工部大学で夜会を催し、さらに福地氏の発意であったと思うが、

「芝居をご覧に入れよう。それには、新しく建築した新富座で、脚本をグラント将軍に因んで新しく書き下ろして演ずるのがよいであろう」

というので、もっぱら福地氏がその方の心配（準備、手配）をしました。

また、私がかつて徳川民部公子に随ってフランスへ赴き、かつ西洋の各地を訪問したとき、特に記憶に残っているのは、ドーバー海峡を渡ったとき、ドーバーの市民の総代が、日本の貴人を迎えるというので、いちはやく町の入口で歓迎文を読んだことであります。

なんでも、西洋のこの風習は、町の入口で、その入って来る人に敬意を表し、町を自由に視察するための鍵を与えるというような意味で、貴い人に礼儀を尽くすものだそうでありますが、地方団体として有名な人を接待するのに、よい仕方である、けっこうな風習である、と感じていましたから、当時グラント将軍を歓迎するについて、これを行いたいというので、益田、福地などの人々に諮《はか》ったところ、同意を得ましたので、まず新橋駅へ着かれたとき、この方法を採って歓迎文を読んだのであります。

さきに、翁が徳川民部大輔に随って、西欧に在りし日のことを記した際に、このことに触れて、「ドーバーに着くと、例の二十一発の祝砲があり、文武官多数出迎え、歓迎の辞を呈した。これが翁

の脳裡に印せられ、十数年後に利用せられた」

と記した。十数年後とは明治十二年（一八七九）であり、このグラント将軍来遊のときに実現したのであった。

「街頭レセプション」を、いかに「文明開化」にあこがれた当時とはいえ、明治十二年に実行するについては、なかなか容易ならぬ支障があった。翁が主張し、益田、福地のごとき、当時の尖端を行った人々が共鳴し、幹部としてリードしたからこそ行われたであろう。今から考えても、とてもモダンである。当時一般の好奇心を刺激したことは想像に余りがある。そんな関係から、だいぶ猛烈な非難が起こった。もちろん、福地に対する個人的な感情も大いに勢いを添えたことは否定し得ないが、翁などの行き方が思い切ってバタ臭かったためであったことも、看過《かんか》することは出来ないであろう。これに対して翁は、こういっている。

「東京府民の大歓迎会というので、一般の人気も引き立ちました。しかし、私たちが東京府民の代表であるといったについて、報知新聞関係の人々から、福地氏が東京日々新聞を経営していたためか、『渋沢、福地らは、庶民の代表と称するのはけしからぬ』などと論じて問題となりました」

「代表」といわぬことにして、その問題はおさまったが、ついで、より重大な根本的の故障が生じた。それは何か。翁の談話をもって、説明に充《あ》てよう。

ところで、このとき、上野へ、陛下の御臨幸のことが定《きま》っていたのに、おりわるく、コレラが流行しましたので、反対する人があり、その日が近づいてから、御中止になりかけたことがありました。そのときは、私ども実に弱りまして、ほとんど寝食を安んぜぬどころではない。いかに相成るかというような切羽詰まった場合に至りました。もし御臨幸が止《や》むと、将軍に対して申し訳がないことになる。さればといって、それを強いて願う訳にはいかず、非常に苦心をいたしました。

もちろん、その企ては、民間の企てではございますが、ときの東京府知事楠本正隆君は、最初から相談に応じて下さったから、ともども商業会議所で、ぜひ御臨幸を御決行になるように、御願いしようという相談の会を開きました。そのときに、私は主唱者であったものですから、

「吾々は、アメリカに対する国交上、かかる機会にかようにいたしたらよろしかろうと思ったが、結局かくのごとくになった。もし御臨幸が御中止となったなら、吾々の面目はほとんど失われると思う。実際こんな機会は何だか再び得られないような気がするから、何とかして御臨幸を御願いしたいものである」

ということを、真に心配の余り憂鬱に陥って、そこで一言の心事を吐露したのであります。そのときに楠本君が酷《ひど》く私の苦衷を買って下さって、

「国民として、そう両国の国交に心を用いるのは、実に感心なことだ。そうあってこそ、日本国民は大いに頼もしい」

といって、喜んでくれました。

「自分は役人の方であるが、あくまでも懸念されるならば、そこは多少踏み切って下さったらよろしかろうと思う。政府の方々に、自分がそれこそ一身を賭しても尽力するから、お前は心配するな。余り気の毒に感ずるから、私がぜひ力を添える。気を大きく持って、もっと勇気を出せ」

といわれた。今も当時のことを顧み、楠本さんが私に勇気を付けて下さったことを思い起こします。

かくのごとく故障は相ついだが、翁の熱と努力とで、予定の通りこの記念すべき歓迎を終え、翁の日米国民外交史の第一頁を見事に飾った。

翁が、日米問題について、献身的努力をなしたことは、ここに贅《ぜい》するまでもないが、さきに、フランス旅行の途次、田辺、杉浦などの説によって、アメリカに親愛を感じた翁が、その衷心の声を具体的に表現したのは、このときが最初であった。

後年、日米親善の大先達として、グランド・オールドマン・オブ・ジャパンと敬愛されるに至った翁の、対米感情の具体的表現は、実にこのときからである。この点だけでも、グラント将軍歓迎は、逸するあたわざる事実である。さらに広く考えて、ただにアメリカといわず、フランスといわず、イギリスといわず、欧米各国との親交、進んでは国際平和の維持確保に努力するに至った、最初の証左《しょうさ》として重要である。

商法会議所としても、誕生まもなくこの大事業をなしたことによって、その存在の意義を一般に知らしめたことを思えば、その歴史にも重大な意義を持たせたといわねばならない。

・東京商工会　商法会議所設立当初の計画は、「欧米諸国の商業会議所に倣い、およそ商業に関する利害得失の調査、審議、答申、建議はいうにおよばず、商売間の論議、仲裁までも担当せん」としたが、全部を達成するには至らなかった。これに加え、調査、統計などのごときに至っては、全然実行の望みがなかったので、外国の組織に比して遜色《そんしょく》あるを免れなかった。しかし、会員は非常な意気込みで鋭意したから、審議、答申のごとき、または建議のごときは、すこぶる適切のものがあったので、政府当局の方針に資し、また一般の商工業の発展に貢献するところ少なくなかった。かくして、漸次内容充実の歩を進めていたが、明治十四年（一八八一）五月、太政官布告をもって農商工諮問会規則が頒布され、農商工業議会の制を定められたので、商法会議所はその発達を阻害され、一般の信用を失うに至り、にわかに打撃を受け、さらに同年七月、補助金を廃止されたので、ついに存立を危ぶまれるに至った。

かくして明治十一年（一八七八）以来、東京の商工業界に重きをなした商法会議所も、デフレーションと、これによる政府当局の方針変更のため、しだいに影うすれ、明治十五年（一八八二）には、わずかに形を存するもその実なく、ほとんど中止閉鎖の有様になった。現今のいわゆる「開店休業」以上に、無為《むい》停頓《ていとん》の状態であった。

しからば、新たに設けられた農工商諮問会はいかがであったかというと、一般商工業の利益を代表するものでなく、当初の大目的たる「輿論の製造所」とは縁の遠いものであったから、翁その他の商法会議所の委員などは、百方商法会議所の更生を計るに至った。そして、

「農商工諮問会規則は、従来、商法会議所の設立なき地方にのみ、実施すべき旨の再布告を請い、東京商法会議所は特別扱いとして、該規則の外に独立せしむるか」

「農商工諮問会規則中、実際に即せざる条項の改正を求むるか」

の二案につき、種々議を練った末、第二案に賛する者が多かったので、農商工諮問会規則第二章の改

正私案を提げて運動を開始し、一度は元老院の反対で不成功に終わったが、ついに政府を動かし、明治十六年（一八八三）五月、目的を達した。

かくて、同年九月二十日、東京府知事は東京の主なる会社、組合の代表者百二十名を、京橋区木挽町明治会堂に召集し、東京商工会を組織することを決し、翁、小室信夫、荘田平五郎、益田克徳、梅浦精一、渡辺治左衛門を創立委員に挙げた。

かくて、委員の配慮により、二ヶ月後の同年十一月二十日に創立を了した。新たに組織された東京商工会は、東京の主なる会社、組合の代表者を会員とし、経費は各会社、組合において、分担拠出《きょしゅつ》する制度であって、実に当時の東京における商工業者を、打って一丸とした組織であった。発会式当日は、大蔵卿松方正義、農商務卿西郷従道、警視総監樺山資紀、東京府知事芳川彰正をはじめ、大蔵、農商務両省、ならびに東京府の書記官など臨席し、農商務卿、府知事の祝辞があり、答弁は会頭として翁が陳《の》べた。

これより先、東京商工会の創立とともに、形のみ存していた東京商法会議所は解散し、使用していた家屋は東京府に返還し、什器、図書、ならびに手許金を東京商工会に引き継ぎ、名実ともに東京商法会議所は東京商工会として更生した。

東京商工会の事務は、議事、調査、報告の三項に分かたれた。さきに記した手形に関する東京商工会の答申は、議事の成績の一つとして見ることが出来る。かくて、東京商工会は、相当の成績を挙げたけれども、またしても存立を疑われるようになった。それは何ゆえか。

東京商工会としては、やや成績を挙げたが、もちろん十分でなかった。各地の商工会議所に至っては問題にならなかった。農商務大臣は、この状態を見て大いに遺憾とし、むしろ一新して欧米の商業会議所と同一程度のものとせんとの望みをもって、明治二十二年（一八八九）、商業会議所条例を起草し、全国各地商業会議所の意見を徴したるのち、閣議にかけ、元老院に回付《かいふ》したが、またしても元老院は否決した。そこで東京商工会は、明治二十三年（一八九〇）八月、

商業会議所条例制定ノ議ハ、昨年九月中農商務省ニオイテ、各地商工会議所ノ役員ヲ招集シテ、ソノ意見ヲ諮問シタルコトアリシガ、キクトコロニヨレバ、ソノ後同省ニオイテ、コレラノ意見ヲ参酌シテ条例案ヲ草定シ、今般内閣ヨリコレヲ元老院ノ会議ニ附シタルニ、同院ニオイテハ、ツイニコレヲ否定シタリト。シカルニ元来法律ヲモッテ商業会議所ノ独立ヲ公認シ、コレヲシテ商業自治機関タラシムルハ、商業上ニ利益アリト認ムルニツキ、本会ハ大体ニオイテ、該条例ヲ全国商業者ノ輿《よ》（世）論《ろん》ニシタガイ、コノサイ断然発布アランコトヲ望ム。

と議決し、これを農商務大臣に建議した。

越えて同年九月、法律第八十一号をもって商業会議所条例は公布され、農商務省令第十二号をもって商業会議所施行規則を定められた。よって東京商工会は、一切の建物、財産を新設の東京商業会議所へ寄附して解散した。

明治二十四年（一八九一）十一月、江東中村楼に開催された東京商工会終局の招宴において、翁は、職務整理委員総代として開会の趣旨を述べ、梅浦精一は、正副会頭に対する感謝状を朗読し、翁および益田孝氏は、正副会頭として、それぞれ答辞を陳べた。最後に東京会議所役員中野武営は所感を披瀝したが、その中でこういっている。

明治二十四年の本月十日は、これいかなるときぞ、東京商工会が天寿をまっとうして終焉を告ぐるの日なり。余輩は本月本日をもって、最も貴重なる記念日として永くこれを記憶に存せん。けだし、東京商工会が八年間に在って公利公益を経営せられし成績は、枚挙にいとまあらずといえども、中につき商業者団結の基礎を強固《きょうこ》にし、その商権を拡張せんがため、法律の制定を促し、唱道に力を尽くしたるは明らかなる事実なり。

土屋喬雄氏は、『渋沢栄一伝』において、このことに触れ、

誠にそれは進み行く新興資本家階級の勝利の歌声であった。彼らはすでに二十二年憲法を獲得し、最初の議会は二十三年十一月開かれた。政治上における地位を確立した資本家階級は、経済上においてもまた、ここに確乎たる一歩を得た。

と記しているが、当時の商工業者は、資本家と称するには余りに無自覚ではなかったろうか。マルキシストがいうところの資本家――労働者を対象として見る資本家とは、あらゆる点において趣を異にするものではなかったろうか。ゆえに、このときのステートメントは、むしろ封建時代の殻を脱ぎ捨てて、ようやく資本主義経済の域に進みはじめた最初の掛け声であったといいたい。憲法の制定によって身分の確保を得、合本主義の洗礼を受けて、近代商工業者たる資格を得たに過ぎないといっても過言ではあるまい。いかに模倣性に富む日本人でも、開国以来二十余年で、当時の欧米におけると同様の意味において、資本家が凱歌《がいか》を挙げるまでに至らなかったことは、あらためていうまでもない。資本家が呪詛され敵視されるのは、絶大の力をもって他を圧するからである。力なき商工業者は、いうところの資本家ではない。大多数は、今のいわゆるプチ・ブルジョアの域にも達せざりし当時の商工

業者に、資本家の名を冠するのはどうであろうか。

「資本家」であったか、なかったかは、とにかく、当時の商工業者が「新興」勢力であったことは認める。これら「新興」勢力の先達は、いうまでもなく渋沢翁であった。翁が明治初年、洋々たる前途ある官場生活を自らなげうって、進んで商工業者に伍《ご》した理由は、わずらわしきまでに繰り返し記したように、自己の利益を望んだためでもなく、栄達を期するためでもなかった。ただ一国富強の基礎たる商工業の興隆と、これに携わる人々の地位向上とを実現せんためであり、かつこれらを達成せんため、合本組織の普及発達を計ることを目的とし、身をもって範を示さんとしたのであった。

爾来、本拠たる第一国立銀行において、金融界ならびに金融業者の啓蒙に努め、商法会議所および東京商工会によって、一般商工業者の自覚発達を促したことは、あらためて記すまでもない。これらの方面における翁の努力が、ようやく報いられ、各部門においてしだいにその希望が実現しかけたのが、このときである。翁としてはもちろん、なおいまだ不満が多かったに相違ない。銀行といい、会社といい、いずれもその規模において、その活動において、いうに足らなかった。人材にしても、また数において十分でなかったことはいうまでもない。商工業者の地位に至っては、おそらく旧幕時代の「町人」の域を脱したに過ぎず、その差はほとんど指摘出来なかったであろう。これらの人々のようやく結成を見るに至りたるを指して、「資本家階級の勝利の歌声」と言うを得るであろうか。けだし翁は、それどころではなく、明治十一年（一八七八）に大隈と伊藤から慫慂された、いわゆる「輿論《よろん》製造所」がようやく出来たので、ホッとしたくらいではなかったろうか。

「合本組織」の主張

・その根拠　翁と合本主義――株式会社による事業経営主義は、繰り返して記すまでもなく、維新

前フランス在留当時からのことである。明治元年（一八六八）帰朝して、静岡において謹慎恭順中の故主慶喜に謁《えつ》し、新たな感激を得て同地に滞在し、まず手始めとして経営した商法会所――常平倉は、合本主義の最初の試みであった。翁の最初の試みであったのみでなく、我が国における最初のそれであった。大蔵省に在ってその条例の起草に努力し、官を退いて親しく経営の任につき、当時主として力をいたした第一国立銀行は、さらに一歩を進めた合本主義の標本であった。株式によって資本を得た最初の会社であった。王子製紙会社もまたその一つであった。翁が事業を経営するとなると、必ず合本組織であった。翁のかくまで合本主義を固執したゆえんはどこにあったであろうか。一国の富強の基礎として商工業の興隆を念とし、これが達成のため必要なりとするにあることはもちろんであるが、他にもまた考えねばならぬところがある。それは何か。上田貞次郎博士は『株式会社の現代経済生活に及ぼす影響』の中に、こう記している。

渋沢さんがどうしてそんなに、株式会社に対して熱心になったかと申しますというと、これは同氏みずから書いたものであって、大隈伯（伯爵）――その当時は伯爵であった――が編集された『開国五十年史』というものがあります。その中に、会社に関係したことを渋沢さんが受け持って書いてある。

その言うところを申しますというと、昔から日本にあるところの町人という者は、見識も卑しく知識も乏しくて、とうてい新時代の商業を営むに足りない。そういう人間では、とてもヨーロ

ッパ人と競争して行くことは出来ない。しかるに、幸いにも我が国には士族という者があって、知識においても胆力においても、すこぶる優れた立派な人間である。しかしながら、そういう人が今日どういう仕事に趨《はし》って行くかというと、みな軍人になったり、役人になったりするのである。それは、軍人になり役人になる方が実業に従事するより名誉であるとの考えであろう。彼らはみずから膝を折って金持の町人の番頭になることを潔《いさぎよ》しとしない。けれども、もし公共的事業すなわち株式事業であったならば、その人は個人の番頭でなくして、比較的公な位置を得ることになり、多少の名誉がこれに伴っている。これによって吾々は、士族の力を実業界に伸ばさしむることが出来るであろうということをいっている。そういう意味でもって、株式制度を非常に主張したのであります。もちろん渋沢さんの頭の中には、資本が大きくなくてはいけないから、広く天下の財を集めて仕事をさせるということもあったでしょう。しかしながら、それとともに広く天下の人材を集めて仕事をさせるということは、あるいは一層重要視されていたかも知れない。

これは、アダム・スミスの考えたことと正反対である。アダム・スミスは、他人の財産を忠実に運用するような、そんな人間はとてもないから、株式会社というものはうまく行かないと考え、渋沢さんは、そういう人間が現に有るから、これを使うには株式会社にかぎると考えた。どっちが正しかったかといえば、少なくとも日本においては、渋沢さんがアダム・スミスよりも偉かった。事実において士族の商売ということは、落語家の噺の種になるような失敗ばかりではなかった。現に、株式会社の濫觴《らんしょう》たる国立銀行の大部分は士族が携わった。

明治初年（一八六八）に、士族はその禄を政府に没収されてしまったが、その代わりには政府からして金禄公債というものが出たから、その金禄公債を元にして銀行営業によって立って行こうとした。そういう訳で出来たのが国立銀行である。それだからして、国立銀行はたいてい三百諸侯の城下に出来た。小さい藩でも、城下があるというと、すぐ一つの国立銀行が出来るというような状態であったことは、つまり士族の力である。すなわち、渋沢さんのいったことが実現されたのであった。その国立銀行の或るものは、むろん失敗してしまって、のちに町人がそれを買い取って本当のものにしたというようなこともありましょう。しかしながら、ともかく銀行というものを日本に導き入れたのは、士族の力である。それでいっぺん失敗したところの士族も、またのちには起き返って来て実業界に入ったのであります。つまり、この実業界に旧士族の脳髄なり精神なりというものを引き入れたのは、それはいろいろの事情もありましょうが――たとえば大学教育などということもその一つであろうと思いますが――株式会社がそれをなさしめたということは、まったく誤りでなかろうと思う。士族はつまり、昔から役人であった。人の財産を預る人であった。封建時代に士族は殿様の財産を預っていた。それはすなわち、アダム・スミスにいわせれば、最も不忠実なる財産の管理者であるべきはずであるけれども、明治の日本には少なくともこれほどの人物は外になかった。それがこの時代になってから、株式会社の財産を忠実に預るところの人間になるということは、無理ではないのであります。

翁は、しばしば自らいった通り、「百姓の息子」ではあっても、一度は「武士」となり、幕府に仕えたこともあり、明治政府で鳴らしたこともある。実業界において活躍するのは、いわゆる「士族の商法」たるを免れなかった。しかし、形は「士族の商法」であっても、落語のそれではあり得なかった。

そして、翁自身が「士族の商法」を行って、「士族らしからぬ」成績を上げるとともに、滅びゆく運命にあった「士族」階級のために新天地を拓《ひら》いたのであった。「士族」の伝統と廉潔《れんけつ》（心が清く、私欲がなく、行いが正しいこと）と意地をもって、近代的商工業の経営に任じたことは、また翁の理想たる商工業者の地位の向上に資するところがあった。

かくて、新興勢力として漸次基礎を固め、年とともにスケールを増し、事実欝然《うつぜん》たる勢力をなし来るにおよんで、当初の「士族」の精神は瀰漫浸潤《びまんしんじゅん》（気分や風潮が広がり、しみこむこと）し、商工業者の覚悟は、旧幕時代の「町人」根性とは概念的にも趣を異にするに至った。少なくともいわゆるキャプテン・オブ・インダストリーは、武士の気魄をもって経営に任ずるに至った。

かくていつしか「士族」「平民」の区別が撤廃され、ともに等しく「市民」として立つまでに時代が移るにつれ、実業界の「気風」がうち立てられ、同時に実業界はしだいに重視されるに至った。

かくのごとく重視されるに至った理由としては、もちろん時勢の変遷による実業界そのものの発達も考えねばならない。従事する人の数の多くなったことも逸することは出来ない。しかし、その精神気魄、その識見手腕が、断然趣を異にするに至ったことには比すべくもない。かくまで顕著な結果を得るに至ったのは、指導者として翁が在ったからであるといいたい。

明治初年、翁が、おそらく欧米でも稀であろうところの、優秀なる材幹《ざいかん》（物事を処理する能力、腕まえ）と国士的精神、理想——極端にいえば宗教家に近い、強い信念をもって、指導の任に当たり、しかもその指導を受けた人が「士族」であり、「サムライ」の伝統と強い責任感とを持っていたからではなかろうか。

かく考えてくると、日本の実業界は翁があったればこそ、あれほどの発達をしたということが出来よう。さきに記したように、時代の変化ということが至大《しだい》（この上もなく大きいこと）の関係を持つことはもちろんである。日本の国そのものの進歩発達のためでもある。しかし、時代の変化に応じ日本の進展につれていくことの出来たのは、翁の指導があったからであるといいたい。

翁が、実業界の指導精神を『論語』に求め、経営者に「士族」を充《あ》てたことは、どう考えても日本実業界の感謝せねばならぬところであろう。我が国実業界——玉石混淆《ぎょくせきこんこう》、ともすれば「利」に趨《はし》り、「義」を忘れるものの多い我が国実業界の有様を見ては、翁の理想も崩れつつありと嘆ぜざるを得ないけれども、翁の置いた礎石《そせき》がかくのごとく確かであってもなおこの有様であるのに、もし根本の精神が確かでなかったら、どこまで行ったか想像も出来ないほどであったろう。

多くの人の中には、「親の心子知らず」もあろう、「売り家と唐様《からよう》で書く」者もあろう、容貌の千差万別であるとともに、その行動もまた趣を異にするはやむを得ない。いかに画一的の教育を施しても、卒業生は同一であり得ないと同様、翁のいうところ、行うところは終始一貫していても、実業界に従事する人は千姿万態《せんしまんたい》であるのはやむを得ない。よしや株式組織の根本精神を忘れて個人的の勢力をふるう者が出ようと、株式会社を悪用してついに資本主義経済呪詛《じゅそ》の口実を与える者が出ようと、またやむを得ない。こんなことで、翁の所期を批評する資料とするものありとすれば、誤れりといわねばならない。

礎石をしっかりと据え、指導精神を与えたる翁の功は没すべきではない。しかもどこまでも身をもって——言行一致、いささかの狂いなく実行し来れる翁の功は、永久に滅びるものでない。翁の『論語』、翁の経済道徳合一説は、永世不変の光輝《こうき》を放つものである。これらの精神――指導原理を実地に表現したのが、いわゆる合本組織である。翁は、合本組織に執着すること根強く、観方《みかた》によっては信仰とまでいいたいほどである。

・主義の固執　合本主義に対する翁の執着を語るものがある。それは、三井、三菱との関係である。三井とはすでに記したところによって明らかなように、そうとう関係が深かった。三井では翁が官界を去るようなことがあれば、当然迎えるつもりであったらしい。翁が大蔵省をやめると、この問題が具体化してきた。翁の追懐に、

三井の三野村利左衛門という人は、この世の中は新知識が必要であるとして、私を自分の後任にしようとし、三井の紋服をくれたりしたが、私は三井の相談相手にはなるが、番頭にはならぬ。しかし、三井のためには尽くしてやろうと思った。これが、私と三井とを親しくした原因である。

と記している。

三野村利左衛門は、当時三井の中心人物として、斎藤、西村、中井など、従来の番頭連とはまったくその質を異にし、三井は三野村によって、維新、ひいて明治初年の幾多の危険と困難とを凌《しの》いで、今日あるを得たといわれている。のちに、三井銀行の創立と同時に副頭取となり、また死ぬまで井上馨に深く信任されたことによって、三井家における地位が想像出来よう。その三野村が自分の後任に迎えようというのである。いうまでもなく、全三井の支配を托さんというのである。普通であれば二つ返事で承諾しても不思議でないほどの交渉である。しかるに、翁は受けなかった。三井のためには尽

くすが、番頭にはならぬと答えた。

何ゆえであろう。当時は、商工業振作《しんさく》（ふるいおこすの意）と商工業者の地位向上のため、身を挺《てい》して商工業者たらんとしたときである。独立自営の意気に燃えていた。いち三井何ものぞの鼻息でもあったろう。しかしそれよりも、翁の脳裡を支配したのは、かねて苦心して成案を得、合本組織の最初の試みとして出来た第一国立銀行の経営に任ぜんとすることであった。

三井は旧幕以来の勢力を持し、三野村の苦心によって明治初年の危機を切り抜け、新興三菱をのぞいては、対抗するものなき偉大なる存在であった。翁が三井に入るということは、さらに三井の大をなすゆえんであろう。が、しかし、翁年来の主張たる一般大衆の福利増進、一国商工業界の向上に、何の資するところがあろうか。ことにいわんや、合本組織の発達に対して何ら関係がないではないか。これでは断らざるを得ない。翁のいうところは簡単であるが、けだし、無限の感慨をこめておることであろうと想像する。つぎには、新興三菱の総帥、一世の風雲児、岩崎弥太郎から同様の勧誘を受けた。三菱は、「征台の役《えき》」ならびに「西南戦争」によって、一躍日本海運界に絶対優越の地歩を占め、動《やや》もすれば旧勢力三井を圧倒せん勢いであった。弥太郎はその苦心と活動とによってこの勢力を得ただけに、自ら信じること厚く、事業はただ一人を中心にして、その専断に任すことによりてのみ発達するもので、多くの人々の金を集め、これらに口を利《き》かせ、いわゆる「船頭多くして船山に登る」の有様では、事業の成績は挙がるはずがないとするものであった。

合本組織を固執する翁が秀吉の流儀であり、その秀吉が天下の英才に釆邑《さいゆう》（領地。知行地）を分かちたると同様に株式を分かち、これらとともに事業を経営せんとしたるに反し、岩崎は徳川家康で、一家をもって天下を経営し、徹底的に独裁主義を行わんとするものであった。主義において、相容れざる二人は、事業上においても常に扞格《かんかく》（互いに相容れぬこと）していた。しかし、翁の人物、識見、才腕は、人材主義の岩崎の常に注意するところであった。かくて、岩崎の招請に応じ、会談することになった。

……三菱の方は、岩崎弥太郎氏が、私の主張する会社組織は駄目だぞといい、自分と二人でやれば日本の実業のことは何ごとでもやれると、共同を申し込んできた。あるとき、岩崎氏からお目にかかりたい、舟遊びの用意がしてあるからといってきた。私は柳橋の増田屋へ行っており、さっそくには行かずに戻ると、しばしば使いをよこすので、岩崎のいる向島の柏屋へ行くと、芸者を十四、五人も呼んでいる。二人で舟を出し、網打ちなどしたところ、岩崎氏は、

「実は少し話したいことがあるのだが、これからの実業はどうしたらよいだろうか」

というので、私は、

「当然、合本法でやらねばならぬ。今のようではいけない」

といった。それに対し岩崎は、

「合本法は成立せぬ。もすこし専制主義で、個人でやる必要がある」

と唱え、だいたい論として、

「合本法がよい」

「いや合本法はわるい」

と論じ合い、はては始末がつかぬので、私は芸者をつれて引き上げた。各《それぞれ》長ずるところでやろう

という程度であったが、先方は私を説得するつもりであったらしい。それが説得できなかったから、怒っていたということであった。

翁の懐旧談の一節であるが、極めて淡々と述べ去った中に、合本組織に対する翁の執着が現れている。かくて、三井、三菱の勧誘をしりぞけ、独立自営の意気鋭く、合本主義をふりかざして活躍することになった。

日本郵船会社

・海運業の黎明　維新当時、海運に従事した者の中には、洋式の船舶を用いる者もないではなかったけれども、概しては貧弱な和船によっていたから、組織ある海運業を経営することが出来ず、しぜん外国会社に牛耳《ぎゅうじ》られ、アメリカ太平洋汽船会社が、我が国の航海業を一手に引き受け、外国人の力に頼って、横浜、神戸、長崎より上海方面に至る定期航海をなすの状態であった。

明治政府成立後、当局においてもこれを遺憾とし、洋式船舶の所有を奨励し、保護干渉を加えて海運業の発達を促さんとし、明治二年（一八六九）十二月、旨を廻船問屋、飛脚問屋、運送問屋などに下して、回漕会社を起こさしめた。回漕会社は、大蔵省通商司の管轄にかかる半官半民の会社で、東京大阪間の定期航海に当たったが、明治四年（一八七一）八月、名称を日本国郵便蒸汽船会社とあらため、政府保護のもとに漸次航路を拡張した。当時翁は大蔵省に在って、その保護奨励に力をいたしたのであった。

これよりさき、高知藩少参事岩崎弥太郎は、藩の所有船を管理していたが、そのうち三隻を借り受けて、東京大阪高知間の定期航海を営み、有事の日には、藩のために運輸の任に当たるべき諒解のもとに、九十九《つくも》商会なる半官半民の会社を起こし、ほどなくこれを解散し、さらに同藩士川田小一郎らと共に三ツ川商会を起こし、九十九商会の事業を継承した。

廃藩ののち、同商会はさらに藩の所有船数隻を購《あがな》い、明治六年（一八七三）三月、三度その名をあらためて三菱商会と称し、本社を東京に置き、川田小一郎などとの共同経営を解きて、岩崎個人の経営に移した。かくて、岩崎の理想たる専制経営の第一歩を踏み出した。しかるに、明治七年（一八七四）、佐賀に江藤新平の乱があり、ついで台湾征討の役が起こり、政府は軍人、軍属、軍需品などの輸送のため、百五十六万六千八百ドルをもって、汽船十三隻を海外より買い入れたが、これが運用の任に当たるべき位置にあった郵便蒸汽船会社は、経営よろしきを得ずして衰頽《すいたい》を極め、とうていその任に堪えなかったので、政府はこれらの運用に当惑した。折から岩崎は、その経営にかかる三菱商会所有の船舶を挙げて、政府の用に供せんことを建議したから、参議兼内務卿大久保利通、参議兼大蔵卿大隈重信これを喜び、嚮《さき》に買い入れてその運用について苦心しつつあった十三隻の汽船を交付して運用せしめたところが、成績大いに見るべきものがあった。このとき、郵便蒸汽船会社もまた、政府の命によって一部の輸送に任じたけれども、その成績はほとんどいうに足らなかった。かくて、三菱商会の名、大いに現れたに反し、郵便蒸汽船会社は成績ますますふるわず、明治八年（一八七五）ついに解散のやむなきに至った。

征台の役終焉《しゅうえん》ののち、政府は深く海運業拡張の急務なるを感じ、三菱商会を援助して、斯業《しぎょう》の拡張につとめ、かつアメリカ太平洋汽船会社の航海権を、我が手におさめんと謀り、明治八年（一八七五）

九月、三菱商会に対し、第一命令書をもって、征台の役に購入せる汽船十三隻を無償で附与し、かつ航海助成金として年額二十五万円、海員養成の目的をもって、同商会附属の商船学校および水火夫取扱所助成金として、年額一万一千円を、むこう十五ヶ年間補助するの特典を与え、平時は上海および内地沿岸の定期航海に従事し、郵便無賃遞送《ていそう》の義務を負わしめ、戦時には随時徴発に応ぜしめることにした。

かくて、名称をさらにあらためて、郵便汽船三菱会社とし、政府より旧郵便蒸汽船会社の所有汽船のうち十二隻を下附したので、同会社の勢力は、帆船をのぞきて三十三隻、三万百五十トンに達し、事業の規模は大いにあらためられ、「三菱」をして、一躍、二百余年の門閥富豪たる、三井家の塁《るい》を摩《ま》し(地位などが同等の域に達すること)、日本財界の一半を支配し得るほどの勢力を、いたさしむる基《もとい》を開くに至った。

政府がかくのごとく、特別の保護を三菱会社へ加えたのは、アメリカ太平洋汽船会社と対抗せしめんがためであったから、三菱会社は明治八年(一八七五)五月頃より、同社に対し激烈なる競争を挑み、苦戦悪闘数ヶ月ののち、同社の疲弊に乗じ、その航路と汽船四隻を買収し、ここにはじめて我が国沿岸の航海権をその掌中におさめることが出来た。

しかるに、明治九年(一八七六)に至り、あらたに強敵が現れた。それは、イギリスのピー・オー会社の東洋進出であった。同社はこの年、上海、横浜間の航路をひらいたので、三菱会社は敢然これと対抗して圧倒し、ついで現れた清国招商局をも排除し、ついに外国汽船会社の勢力を、日本の沿岸よりまったく駆逐するに至った。よって政府は、さらに第二命令書をもって、航海助成金二十五万円を三菱会社の経営する六郵便航路に与え、その発展に資した。

かくて我が国沿岸はもちろん、清韓に至る航路もまた三菱会社の手に帰した。三菱会社は西南戦争の際も、兵馬輜重《へいばしちょう》の輸送を一手に引き受け、上海航路をのぞくの外、一切の船舶を挙げてその用に供したが、なお不十分であったから、政府の貸下金《かしさげきん》の外に自己の資金を加えて、あらたに汽船十隻を買い入れて、焦眉《しょうび》の急を凌《しの》ぎ、没後はますます拡張につとめ、明治十一年（一八七八）には小笠原諸島に、同十二年（一八七九）には沖縄に、同十三年（一八八〇）にはウラジオストクに定期航路をひらき、また北海道の各地および香港にも臨時航路をひらき、大いに勢力を張った。

三菱会社が政府から受けた保護金は、船舶元価、修繕費、助成金、貸与金などの名をもってしたものを合して、九百二十五万円の巨額にのぼった。三菱の大をなすに至ったのは、もとより岩崎弥太郎の非凡なる材幹《ざいかん》によることはいうまでもないが、政府のかくのごとき保護のあったこともまた、あずかって力あることを否定することは出来ない。岩崎はこの力をもって、さらに鉱山、銀行、海上保険、倉庫などを経営した。海運を根幹とし、各方面に手を染めるに至って、三菱会社の横暴は、その色を濃くしてきた。たとえば、いったん荷為替を取り組むと、その貨物の運送は必ず三菱会社の手を経《へ》、また必ずその海上保険を附せねばならない。

かくて、荷為替手数料、運賃、海上保険料、および倉敷料などを、ことごとくその手におさめた。これに加え、当時、紙幣の価格暴落して、銀紙のひらきがはなはだしかったので、賃金は銀貨によることとし、紙幣による納入を拒み、正金銀の輸送は、外国船においては、運賃、保険料をあわせてだいたい一万円に付き一円であったが、三菱会社は紙幣の輸送に対し、一万円に付き二十五円をむさぼった。これらはその一、二の例であるが、三菱会社がその資本の力と政府の保護をふりかざして、専恣《せんし》（ほしいままにすること）あくなきを見て、幼稚であった日本経済界一般に漸次危惧、不安の念を生じ、識者のこれを憂い、その専恣横暴を制せんとするものあるに至った。翁もまたその一人であった。

翁は、三菱会社がかくのごとき態度を持続すると、影響するところ広く、いかなる結果を見るべきか、逆睹《ぎゃくと》（物事の結末を見ること）しがたいものがあると憂えた。前に記したごとく、合本組織によって広く資本を募り、これを集成して商工業を経営することを主張し、常にこの主義をもって商工業者を指導し、翁自身もまた合本組織によって幾多の事業を経営してきたので、三菱会社の個人専制の経営とは、主義の上からも相容れることが出来なかった。かくて、向島における岩崎との会見となった。これでは、いかに岩崎が努力しても、翁を説得することは出来ない。

岩崎が説けば、翁は駁《ばく》し、翁が主張すれば、岩崎が反対する。論難駁撃《ろんなんばくげき》ついにものわかれとなったのは、当然の結果である。こんな経緯から、翁と岩崎とは疎隔《そかく》（親しみを失い、へたてができること）を生じ、感情さえ加わったから面倒になった。その結果であったか否かは知らないが、翁に対する悪評がしきりに流布された。

事実のいかんは、あえて蛇足を加えるまでもない。翁が寛容の資質でなかったならば、憤激して、どんな騒ぎになったかも知れない。しかし翁は、そんな馬鹿げたことはしない。むしろかかる陋作《ろうさく》（浅はかな行動）をあえてするものの心を憐れんだのである。また一面、喬木風《きょうぼくかぜ》に当たるの概《がい》（高い木に風が当たるほどの様子）をもって、自己の声望の裏書きと見、微笑を禁じ得ないものがあったであろう。

いわゆる赤新聞——アメリカでいえば、イエロー・ペーパーの行き方で、いかにもセンセーショナルな記事は、人それぞれの世間にいかに響いたかは想像に難くない。しかもあえて驚かなかったのは、翁の翁たるゆえんであろう。この新聞紙上のルーモア（風説、うわさ、流言）にとどまらず、じっさいにおいても、三菱会社側において策動するところがあったと伝えられている。華族の組合が、京浜鉄道払い下げを中止し、その資本金を第一国立銀行に定期預金となせるを知り、華族らを説きて一時引き出さしめ、もって翁を苦しめんとせるがごとき、前に銀行集会所の項に述べたる翁の紙幣整理に関し、大隈の悪感をそそりたるごときはその例であった。

・海の王者三菱との対抗　かくて翁は、事業の上で、三菱会社の横暴を制せんと決心した。三菱会社の本拠が海運業であるにより、この方面においてせんとしたことは、当然であった。その結果、東京風帆船会社の計画は生まれた。三井もまた、三菱会社と相容れざる関係であったから、翁の主張は、当時三井の幹部になっていた益田男爵の大いに賛するところとなり、相ともに伏木（富山県）の藤井純三、新潟の鍵富三作、伊勢の諸戸清六などの富豪を説き、明治十三年（一八八〇）、資本金三十万円をもって東京風帆船会社を設立し、さらに北海道運輸会社、越中風帆会社を合併し、三社の船舶を基礎として共同運輸会社を設立したのは、明治十五年（一八八二）七月十四日であった。

これより先、明治十四年（一八八一）、大隈は政府を去り、爾来政府は、三菱会社に対する保護をやめた。かくて海運業発展の上に一転機をきたした。この点から見ても、明治十四年の政変は注意すべきものであったが、また、とかく政権に離れがちであった大隈の不遇時代の最初としても、看過すべからざるものである。

大隈が去ったのち、政府が三菱会社に対して、いかなる態度を採ったかは想像に難くない。明治十五年（一八八二）二月、政府は第三命令書を発して、

「会社の本領は、海上運輸をもっぱらにし、決して物品売買の事業を営むべからず、船舶は堅牢安全にして、かつ迅速なるを要し、その登簿トン数は二万二千トンを下るべからず」

と命じ、かつ船舶の補充、修繕などに規定を設け、運賃額にも制限を加えた。

政府は、三菱会社に対して圧迫を加えるとともに、他方三菱に対抗すべき汽船会社の設立に力を貸した。共同運輸会社に対する保護は、その現れである。政府に在って、共同運輸会社の計画を助成し、三菱会社と対抗の実を挙げしめんとしたのは、後年内務を主宰し、極端に民論を圧迫し、「鬼」と呼ばれた品川弥二郎であった。品川は当時農商務大輔として、海運行政をつかさどり、三菱の暴戻《ぼうれい》（あらあらしく、道理にもとること）を憤っていたため、徹底的に三菱会社に干渉し、共同運輸会社に保護を加えた。

かくて政府は、共同運輸会社設立の認可を与えると同時に、命令書をも交付したが、これによると、

「戦時非常の際、供用するに足るべき船舶を政府にて製造し、漸次会社に交付すること。その総金額を百三十万円とし、これをもって政府の持株に充て、政府はこれに対して年二割の配当を受くること。会社の資本金は三百万円とし、このうち政府の所有株を差し引き、百七十万円を各地方より募集すること。社長は政府より特選すること」

の諸項があった。しこうして、会社の成立とともに、政府は海軍少将伊藤雋吉《しゅんきち》を退職させて社長となし、海軍大佐遠武秀行《とおたけひでゆき》を副社長に特選した。会社は出来、陣容も整ったが、規模なお十分でなく、三

菱と対抗することは困難であったから、さらに資本金を増加して六百万円となし、翌十六年（一八八三）四月、その手続きを完了した。

かくて、いよいよ三菱との競争は始まった。まず北海道と本州各地間、ならびに神戸上海間の定期航路において、火蓋を切った。一般に三菱の専横に苦しんできた際であったから、共同運輸会社の出現を歓迎したが、大隈の総理する改進党はこれを非難し、その機関新聞は筆をそろえて痛烈に攻撃した。これに対して、板垣の造った自由党は、

「共同運輸を攻撃して、三菱を弁護せんとする改進党の態度は、三菱との関係を告白するものなり。改進党と三菱を撲滅すべし」

と論じ、改進党を偽党、三菱を海坊主と称し、そのため偽党撲滅、海坊主退治の声、大いに起こった。三菱もむろん、黙止《もくし》した訳ではない。岩崎は弟弥之助をして、共同運輸会社の成立反対意見を政府に提出せしめ、また裏面より崩壊せしめんとした。政府の強腰はいうまでもなく、翁らの決心も固かったので、岩崎は目的を達することを得ず、ついに正面衝突のやむなきに至った。翁は、共同運輸会社の重役にはならなかった。三菱会社に対抗する決意は強かったが、第一国立銀行頭取たるに鑑み、あえて表面に出ず、内部において常にその経営について力を尽くした。三菱と共同運輸会社の争いは合本主義と個人主義との争いであったため、翁としては、傍観できぬものがあった。また事実において、翁と岩崎弥太郎との対抗でもあり、政治的にこれを観れば、政府対改進党、自由党対改進党の争いであった。

かくて両社の対抗は、約三年におよび、その最絶頂に達したのは、明治十七年（一八八四）の下半期

で、両社が最も力を入れたのは神戸横浜間の航路であったが、普通この区間の「下等船賃」は、五円五十銭であったのに、漸次低減して一円以下まで引き下げ、ついに賃金による競争不可能の程度に立ちいたり、さらに速力の競争となり、危険を感ずるまでになった。運賃で猛烈に競争し、それでも足らず、速力で張り合い、費用にかまわず石炭を焚《た》いたから、両社の損失は非常なる巨額にのぼり、ともにようやく弱ってきた。この間、自由党の三菱攻撃は依然として勢い強く、共同運輸会社のためには都合がよかったが、経営上の損失が余りに大きかったため、政府部内に議論が生じ、いつしか品川に対する非難となり、会社と政府との関係がしだいに具合が悪くなってきた。同時にその株価が払込額の三分の二に暴落したことによって明らかなように、経営の困難名状すべからざるに至った。三菱一族は、これに乗じて巧みに合併運動を開始して、政府の有力者に説き、また共同運輸会社の株式の過半数を買収したので、形勢はいよいよ、共同運輸会社に非なるものがあった。

明治十八年（一八八五）一月、政府は両社に命じて、運賃および速力を協定せしめ、これを調停せんと図ったけれども、両社は表面服従しながら、裏面の軋轢《あつれき》なおやまず、この年三月岩崎弥太郎は病没したが、その弟弥之助継承して、さらに競争をつづけ、運賃、速力の協定のごとき、まったく空文《くうぶん》に帰し去った。

競争熾烈を極むるとともに、共同運輸会社の損失がますます増大するに鑑み、政府も三菱会社を圧倒することの容易ならざるを知り、ようやく後悔しはじめた。そこへ、三菱の合併運動が起こった。しこうして、世論もまた、政府が前《さき》に三菱を助けて暴富をいたさしめ、その制禦《せいぎょ》に苦しむの余り、共同運輸会社を起こしたのであるけれども、もし三菱が倒れると、共同運輸会社はとって代わり、第二第三の三菱になるに相違ない。また三菱は容易に倒れず、競争いよいよ久しきにおよび、共倒れともならば、日本海運界の前途をどうするであろうと憂慮し、ついに政府の無方針を非難するものを生じた。この気運に乗じたのが、三菱の合同運動であり、これを援助したのが、政府における薩摩系統の諸星《しょせい》であった。

共同運輸会社創立に力をいたした品川は、農商務大輔であり、卿に西郷従道がいた。しかるに品川は、外務卿井上馨の意見によって動いた。井上は三井と関係の深い人である。いうまでもなく共同運輸会社は、三井の色濃きものがあった。共同運輸会社を守り立てることは、三井の勢力を張り、長閥の勢いをなさしむることである。薩派の傍観しようはずがない。もちろん大隈排斥については、薩長連合してクーデターを行った。この関係からは、大隈を援《たす》けた三菱をある程度までたたきつけることは、薩派も望むところであったに相違ない。しかし、あまりに薬が利きすぎて、三井が勢力を得、長閥がときを得ることは、もとより好むところではなかった。

かかる有様で、ことの推移を監視しつつある間に、合同運動が起こった。長閥はこれを好まなかったが、その好むところを主張するには、共同運輸会社の弱り方があまりにもはなはだしかった。一年の損失百万円にのぼり、疲弊困憊《ひへいこんぱい》の極に達した。しかるに三菱は、政府に対する年賦金二百万円を一時に返済したのち、所有汽船全部を品川沖に集めて、一炬《いっきょ》に付し去らん（いっぺんに焼くこと）とする決意をもって、政府を威嚇《いかく》し得るほどの余裕があった。これではさすがの井上にしても品川にしても、がんばりようがないので、薩派の巨頭にして当時農商務卿であった西郷従道の斡旋を傍観する外《ほか》はなかった。かくて合併の結果、出来たのが日本郵船会社であった。

・**日本郵船会社成る**　「……ここに、日本郵船株式会社と呼ぶ一大怪物が、大多数国民の疑惑と呪詛《じゅそ》とのうちに、その恐ろしい秘密に満ちた第一歩を、日本の財界に印することになった。これが実に、明治十八年（一八八五）十月一日のことであった。……政府はこのとき、三菱会社の新社長、岩崎弥之助に、日本郵船会社の社長たらんことを慫慂《しょうよう》したけれども、弥之助は固辞してうけなかったので、最初の社長には共同運輸の新社長、森岡昌純が就任した。

森岡が日本郵船最初の社長に就任したことは、合同に際して共同運輸が花を持たされたようであるが、実をいうとそれは岩崎弥之助が就任したと同じ筋合いであった。もし共同運輸が十分の強味を持って三菱と合同したならば、日本郵船初代の社長には品川弥二郎が官を辞して就任するか、しからざれば、渋沢栄一、益田孝両氏中、いずれかが社長に就任しなければならぬ筋合いであった……。

日本郵船会社成立当時の役員に、渋沢栄一氏の名の見えなかったことは、一方においては、合同運動の有力な尻押しであった政府部内の薩派が、三菱と暗黙の裡《うち》に提携して、いかに成立後の新会社から三井系統の勢力を駆除することにつとめつつあったかを語るものであるし、また他方においては、渋沢、益田の両氏が、その結果をいかに心外のことに思っていたかを想像する材料ともなる。しかし、三井の代表者である益田氏のことはともかくもとして、三井と最も親密な関係を持っていたとはいえ、その実業界における指導的地位は、まったく別格であった渋沢氏を役員として逸したことは、三菱の作戦からいっても、決して永遠の利というべきでなく、策の得たるものといわれなかった」

白柳秀湖氏の『財界太平記』の記すところであるが、けだし、妥当の見解であろうと思われる。かくて三菱においても、翁との関係が問題となり、かつ時勢の推移とともに翁の力を必要とするに至り、ついに翁に対する関係が転換することになった。

白柳氏は進んで三菱との和解を記しているが、事実の推移に焦点を置いて、翁の気持ちにはほとんど触れていない。従来の関係から観《み》て、にわかに和議の成立しがたいにかかわらず、この結果を見たのは、翁がいかに寛容であり、いかに国を愛するの念の強いかの説明になると思う。

白柳氏の指摘するごとく、形式はとにかく、共同運輸の実際的指導者は翁であること、また翁の実業界における声望の隆々たる点から観て、当然日本郵船の社長たるべきであった。しかるに、事実においてはどうか。薩派の反三井的感情と、三菱の横暴で、社長にならないのみならず、平重役にも加わらなかった。もとより翁も見るところがあり、これがため、固辞して受けなかったであろうことはいうまでもない。

しかるに、創立後七、八年も経ってのち、共同運輸のことなどは、健忘症の一般社会が忘れ去った頃になって、共同運輸との関係を持ち出して、翁に日本郵船への参加を交渉してきたのである。

「はなはだ人をバカにした申し分である」

といわねばならない。それを翁が憤りもせず、拒絶もしなかったのは何ゆえであろうか。旧恩を忘れないとともに、寛容洒脱《しゃだつ》、他を責めることなく、感情に執着しない先天的資質のためと、また、「朝鮮半島に対する清国の圧迫が、ようやくはなはだしきを加え、いつ彼との間に大事の爆発を見るも計られざる形勢にあった、当時の国情から推して考えると、何をおいても海上の輸送力を充実しておくことが、必要のように感ぜられた」

ためとであった。インド、オーストラリア、ひいては欧米に定期航路を開き、我が国産業の興隆に資し、一国富強の基を固めんことの必要を痛感したためであった。翁が、日本郵船をしてボンベイ航路を開くことを主張して実現せしめ、さらに東京商業会議所会頭として、ボンベイ航路保護の必要を当局に建議し、不断の努力をもって具体化させたのは、翁のこのときの心事を語るものであろう。

・ボンベイ航路開設　翁が三菱の請を容れて日本郵船の取締役となったのは、あたかもピー・オー会社（イギリスの船舶会社）とボンベイ線の競争を開始してまもなくであった。幾《いくばく》もなくピー・オー会社は、ボンベイより日本までの運賃一トン十七ルピーであったのを八ルピーとし、さらに進んで一ルピー半まで引き下げた。元来ボンベイ線は、ピー・オー会社の運賃が高かったために、紡績業者の連盟である大日本綿糸紡績同業会と、日本郵船とタタ商会（インドの企業グループ）との協議ではじめたものであるが、かくのごとく運賃が急に激落したことについて、もし紡績業者の連合が崩れるようなことがあると、はなはだしき困難に陥ることを憂い、翁は紡績連合会ならびに主なる紡績会社と協議を重ね、かつ連合会の臨時総会に臨み、親しく意見を開陳せんことを要求し、明治二十七年（一八九四）二月十三日、大阪において開催された同会臨時総会に、郵船会社取締役中上川彦次郎とともに出席し、だいたい次のように説いた。

ピー・オー会社が、運賃を急に一ルピー半まで引き下げたのは、連合会の結束を乱さんことを目的としておることは、皆様のつとに推察されるところであろうと思われます。

しかるに、これに対して郵船会社の運賃は、契約のごとく依然十二ルピーを持続しております。目下の状態のみを比較すると、ピー・オー会社の方が都合がよいのです。しかしこれは、郵船会社に対抗するためであって、もしピー・オー会社の好餌《こうじ》に幻惑し、単に運賃の安きゆえをもって、積荷を同社に託するがごときことがあると、その結果はあえて私が喋々《ちょうちょう》する（多くを語ること）までもありません。同社の待ち設けたところにはまる訳で、郵船会社は非常な、困難な立場になります。かくて、せっかく努力してきた海運の発展、紡績事業の進歩は、もはや望むことが出来ないことになります。

現在、連合会は、合計七万五千俵の輸送を郵船会社と契約し、一ヶ年期限になっていることはすでに御承知の通りでありますが、むしろこの際進んで契約を拡張し、輸入綿花の全部を挙げて郵船会社に託するの決心をして戴きたいのであります。さもないと、郵船会社はこの競争を継続して、ピー・オー会社を圧倒することは困難であります。今日なればこそピー・オー会社は破格の運賃に甘んじていますが、いったん競争がやみますと、航路を専有して、再び従前のごとく、否むしろ、従前よりも高き運賃を要求することは明らかであります。

私は郵船会社の重役たるがゆえに、会社の利益を図らんとして、かく申す訳ではありませぬ。航海権の拡張は、単に紡績会社と郵船会社との問題でなく、実に重大なる国家問題であります。何とぞ国家の利害休戚《きゅうせき》（喜びと悲しみ）を念とし、商工業の発達を期せんとする念慮を基礎として、静思し熟考され、現在の運賃をもって積荷の全部を郵船会社に契約され、期限をもさらになお一ヶ年延長されるよう希望します。

しこうしてまた、郵船会社に望むに、競争のやみたるのちも、依然十二ルピーの運賃を引き上げず、また国家が相当の保護を郵船会社に加うることあらば、そのときは、この運賃の幾分を値下げするようにしたいといわれるならば、私は郵船会社が必ず、皆様の御希望に応ずるであろうと確信します。

翁の切なる勧説は、連合会の容《い》れるところとなり、連合会と郵船会社との間に新契約書が調印された。かくて、紡績業者と郵船会社との結束を固くして、航路拡張の基礎を作ったが、翁はなお安んずることが出来ず、あるいは政府当局に、あるいは貴族院議員に、航海維持の必要を力説し、また東京商業会議所に航路拡張に関する調査委員を設け、さらに会議所の名によって、ボンベイ航路に対して相当の保護あらんことを当局に建議し、政府もまたこれを諒とし、航海奨励法を第六議会に提出したが、同議会は解散となり、議決をみるに至らなかった。

同年秋、星ヶ岡の茶寮において、貴族院の有志に同航路の沿革と現状を詳説して援助を求めた。翁の不断の努力により、いわば挙国一致でピー・オー会社に対したので、ついに同社もがんばりきれず、妥協を申し込んできた。日本郵船は、この大試練を経て、まもなく日清戦争に遭い、邦家のため多大の貢献をなしたのであった。

日本鉄道会社

翁は、つとに注意をおこたらなかった東北地方への鉄道敷設を計画したが、実現するに至らず、数年後、他の人々の尽力により成立した。日本鉄道会社がそれである。その首唱者は岩倉具視であった。岩倉がかく骨を折ったのは、さきに翁が計画したものを、西南戦争の関係から挫折せしめたことを後悔したからではなかったろうか。後悔するとせざるとにかかわらず、東北地方の鉄道の必要を痛感したによることはもちろんである。翁は、さきに自らこれを計画したことによって明らかなごとく、東北地方開発のため、鉄道の必要を痛切に感じていた一人である。日本鉄道会社の設立を見て喜んだことはもちろんである。

しかし、せっかく尽力して、やや具体的になったものを、岩倉の十五銀行急設によって、放棄のやむなきに至った経緯を考えると、必ずしも単純に喜ぶことを得なかったであろうし、また会社関係の人々は、翁に相談することを憚《はばか》ったであろうことを推察出来る。このへんの関係からであろうか、日本鉄道会社創立当時はその議によらなかったが、同社設立後まもなく、松平慶永《よしなが》（春嶽《しゅんがく》）の懇請により株主となり、かつ業務について意見を述べ、明治十八年（一八八五）七月から理事委員となって尽力した。けだし、自己の感情に拘泥《こうでい》せず、事業そのもの——事業の国家の盛衰に影響するところを重く見る翁の、面目躍如たるものがある。

しこうして、いったん関係したとなると、些々《ささ》（わずかな。すこし）たる感情は忘れ去り、一意専心その事業に没頭する翁は、日本鉄道会社においても十二分にその抱負を実行した。理事委員として尽力したことはもちろん、商法規定により組織変更後は取締役となり、明治三十八年（一九〇五）二月まで続いた。

日本鉄道会社のことを記したついでに、他の私設鉄道会社と翁の関係を記しておこう。

大隈が大蔵卿として西南戦争後の整理に尽瘁《じんすい》した時代は、大隈一派の積極政策を敢行し、不換紙幣をしきりに増発した。政府紙幣の増発と国立銀行濫立にもとづく銀行紙幣の氾濫は、紙幣価格の暴落を招き、明治十年（一八七七）まで略《ほぼ》平価を維持しきたりたる政府紙幣は、明治十一年（一八七八）以後漸落し、明治十四年（一八八一）四月に至って、ついに銀貨一円に対し紙幣一円八十銭になった。この間、翁が紙幣消却案をたて、田口卯吉とともに当局の反省を促し、大隈の怒りを買ったことは前に記した。かくのごとく紙幣価格の低下を見れば、物価は高騰せざるを得ない。物価の騰貴《とうき》はその原因のいかんを問わず、景気の上昇を促すものである。かくて通貨膨張による景気がきた。景気の進行とともに金融逼迫をきたし、金利は上がった。これに加えて需要の増大、消費の激増によって、輸入超過を増し、正貨《せいか》（本位貨幣）しきりに流出するに至った。折から、明治十四年（一八八一）のクーデターが行われ、大隈は政府を去り、松方正義《まさよし》が代わった。松方は、この景気を目して、

「紙幣の増発により、空虚の購買力を仮造せるによる」

ものとした。この見解を持する松方が、財政の当局として立つ以上、無為にして放任するはずがない。紙幣消却、正貨蓄積、中央銀行の設立、兌換銀行券の発行と、矢継ぎ早に整理案を立てて実行した。ところが、はなはだしい放漫のあとへ、徹底的の緊張がつづき、インフレーションから急にデフレーションへ変わったため、景気は転換し、不況につぐに不況をもってし、ついに明治十七年（一八八四）に至って、恐慌となった。しかしこの恐慌は、不可避の一段階であった。日本経済発展のため通らねばならぬ試練であった。この試練を突破してこそ日本経済界の基礎が固められることを明確に認識したのは、松方正義と我が渋沢翁の二人であった。松方が明治十四年（一八八一）までの景気を、

「空虚の購買力を仮造せるによる」と見たことは前に書いた。翁は、世をあげて好景気に酔っていた明治十三年（一八八〇）六月、京浜銀行業者の集会において紙幣整理処分案を示し、政府に建議せんことを発言している。翁の案は、結局において、大隈の感情を害するに過ぎなかったが、松方が大蔵卿となるや、翁の案と精神を一にする整理方針を断行したのであった。

もとより不況、不振は覚悟しておった。恐慌もまたやむを得ないと思っていた。かくて困難に堪え、試練を突破し、明治十九年（一八八六）一月以降、新兌換制度のもとに不換紙幣の平価引き換え開始とともに、銀紙の開きは消えて平価に復し、金融円滑となり、金利も漸落するに至り、長き不況に萎靡《いび》（衰えて弱ること）せし各種事業は、漸次活気を呈するに至った。けだし、安定した通貨制度に恵まれた堅実なる好景気であった。

かくて景気は向上の一路を辿《たど》り、明治二十一（一八八七）、二年（一八八八）に至って、その絶頂に達し、各種企業は続々新設され、幾多の泡沫会社の濫設《らんせつ》を見るに至った。しこうして、この期を代表する事業として、鉄道を中心とする国内運輸の発展と、紡績業を中心とする軽工業の躍進を挙げねばならない。鉄道業興隆の先鞭をつけたのは、先に記した日本鉄道会社であった。日本鉄道会社がその営業成績を公表して、私設鉄道の有利なるを示したので、鉄道熱は勃興すべきはずであったが、明治十四年（一八八一）以降のデフレーションに阻まれ、わずかに明治十七年（一八八四）に阪堺《はんかい》鉄道が出来たのみであった。

しかるに、明治十九年（一八八六）以降の好況に恵まれて、阻まれていた鉄道熱は一時に勃興した。

すなわち、十九年には伊予、二十年（一八八七）には両毛、水戸、二十一年（一八八八）には山陽、大阪、讃岐、関西、甲武、九州、二十二年（一八八九）には筑豊興業、甲信、北海道炭礦、総武、二十三年（一八九〇）には豊州、参宮、日光、二十五年（一八九二）には川越、青梅、釧路、二十六年（一八九三）には摂津、佐野、奈良、播但、南和、房総、太田、二十七年（一八九四）には道後、南予、浪速、両山、二十八年（一八九五）には京都、磐城、北越、掛川、近畿、京北、大社、南豊、二十九年（一八九六）には西成、函樽、三十年（一八九七）には岩越、三十二年（一八九九）には京阪などの各鉄道会社が組織され、漸次予定の建設工事を遂行した。

翁は、両毛、水戸、九州、北海道炭礦、総武、筑豊、参宮、日光、京都、両山、磐城、北越、掛川、近畿、京北、大社、南豊、岩越、京阪の各鉄道会社の発起にあずかり、あるいは重役として、あるいは相談役として経営に参与し、または大株主としてその発展に資した。我が国鉄道の誕生期における苦心を思い、これら会社関係を考えるとき、翁を我が国鉄道史における、主なる功労者の一人であるといっても過言ではないと信ずる。

東洋紡績会社

前に、翁のフランス旅行中のことを記して、

「この感慨と驚嘆は、やがて日本紡績業の創始、興隆となって現れたのである。長き伝統と優れたる経験をもって、紡績界を牛耳《ぎゅうじ》っていたマンチェスターの斯業《しぎょう》を圧して、全世界に覇を称える日本紡績業は、その源をフランスの一村落ルーアンに発している」

といったが、今やいかにしてそれが実現するに至ったかを考察すべきときになった。

紡績機械の使用は、慶応二年（一八六六）十一月鹿児島に千二百五十二錘《すい》のものを据え付けたのが最初であった。維新後、綿布、綿糸の輸入、年とともに増加し、明治二年（一八六九）以降同十三年に至る間の綿製品の輸入額千十一万余円にのぼり、輸入総額の六割五分を占めた。放置するには、あまりにはなはだしい勢いであったため、これが防遏《ぼうあつ》（防ぎとめること）につき、しきりに考えられた。

かくて政府は、明治十一年（一八七八）より明治十四年（一八八一）にわたり、数千台の紡績機械を輸入し、全国の綿産地に据え付け、無償で払い下げたため、紡績業はやや活気を呈した。しかし、いずれも規模大ならず、その成績を期待することが出来なかった。翁はこの事態を見て、憂慮おくあたわず、相当の規模をもって紡績業を経営し、滔々《とうとう》たる綿製品輸入の勢いを阻止せんと決心した。

折柄、大倉喜八郎来訪し、鹿児島の紡績所を買収せんことを提議した。そこで、調査してみたが、位置が悪く、とうてい経営の見込みが立たなかったので中止し、別に紡績会社を創立することになり、大倉、益田孝、藤田伝三郎らとともに発起し、松平慶永、伊達宗城などの華族を説き、先に起こした鉄道払い下げ関係の還付金の中を払い込ましめた。かくて出来たのが、大阪紡績会社の前身、「三軒家紡績」である。

いわゆる「大阪の三軒家紡績」は、明治十三年（一八八〇）十月資本金二十五万円をもって成立し、工業敷地を大阪市郊外三軒家に定め、翁は相談役となったが、明治十五年（一八八二）には二十八万円に増資した。これより先、翁は動力として水力を利用せんとし、矢矧《やはぎ》川、紀の川、宇治川、木曽川などについて、水量を実測調査せしめたが、適当のものがなかったので、水力利用を断念し、蒸気によることとした結果、この地を卜《ぼく》した（うらない定めた）のであった。翁が、当時の事情を追懐した談話がある。

……大阪の三軒家に紡績会社を立てようということになったが、その頃はなかなか資本を集めるのに骨が折れた。かねて懇意であった薩摩治兵衛、杉村甚兵衛、堀越角次郎、柿沼谷蔵という人々が参加してくれた。そのとき私は、どうしても木綿の事業を日本に起こしてみたい、これは会社にしなければならぬが、会社にするとき、貴方がたは株主になってもらいたい、ということを交渉したところが、柿沼氏や薩摩治兵衛氏が承諾して、はじめた。

こればかりでなく、別に一つの財源があった。それはまた、変わった方面からであった。昔のお大名、すなわち華族さんの資本が十数万円加わったのである。……ちょうど資本金は二十八万円と記憶している。ようやくそれによって、一つの事業を起こそうというのであったが、これからどうしたらよろしいか、動力は何を採るかということになった。それから、この事業を発起するのはよろしいが、会社を造っても、採算に合わぬようではなんにもならぬから、今申した薩摩治兵衛氏や柿沼谷蔵氏などに、いろいろ錘数《すいすう》などについて意見をきいたが、一万錘なければ計算が採れぬというので、その計算をしたのであった。

これより先、津田という英語のよく出来る人があったが、この人は、海上保険会社の外国係の方に働いておった一人である。この津田という人は、これまで会社経営には経験がなく、普通の学問でやってきているけれども、なかなか気性のしっかりした人であった。

この人が、あたかもロンドンに留学中であった親友山辺丈夫氏を推薦してくれた。山辺氏の人となりをきいてみると、相当の人物らしかったので、私はいまだ会わない人ではあるけれども、学友の推薦によって同意して、すこしは乱暴であったが、電報で当人の意向をきいてみたところが、異存はないということであったから、研究費として千五百円を出すことにした。その当時千五百円といえばたいしたもので、清水《きよみず》の舞台から飛び降りたように思われたのであるが、これを支出し、山辺氏はイギリスの紡績会社の実際を観て、十五年（一八八二）に帰朝し、爾来、技師として勉強することになった。ここにおいて、いよいよ本当に大阪の紡績会社が成立した訳である。

それから開業したのが、十五、六年頃であった。これが日本にこれまでなかった会社組織の紡績事業が成立った最初である……。

各般の準備成り、いよいよ操業を開始したのは、明治十六年（一八八三）七月であった。翌十七年（一八八四）六月、資本金を倍加して五十六万円とし、従来の一万五百錘の外に、二万八百二十錘を増加するに至った。かくて、紡績業の有利なることは、一般の知るところとなったが、折から、十九年（一八八六）以降の好況となり、紡績工場の設置あいついで起こった。のちに、大阪紡績と合併して、今の東洋紡績をつくりあげた三重紡績もまたその一つであった。三重紡績は伊藤伝七の創設したもので、政府の紡績機械を払い下げ、明治十三年（一八八〇）三重県三重郡川島に工場を設けたのがその起源であった。そののち伊藤が、四日市の有力者と謀り、拡張を企図するに至って、翁との交渉が生じた。

伊藤は従来、翁と会ったことはなかった。しかし、翁の盛名はつとに熟知し、多年憧憬していた。この拡張については、どうしても翁の力による外《ほか》はなかったので、人を介して助力を請い、また親しく上京して、翁の指導を仰いだ。そこで翁は、四日市に赴き、関係者と種々協議し、一同翁の意見にしたがい、新たに合本主義の一会社を組織し、本工場を四日市に置き、従来の工場を附属工場とすることに決し、創立されたのが三重紡績で、資本金二十二万円、操業開始は明治十九年（一八八六）七月であった。

翁はこれらの関係から三重紡績の事実上の相談役として尽力し、明治二十二年（一八八九）からは正式に相談役になったが、ここで記さねばならないのは、

「事業経営について最も考えねばならないのは、経営者のいかんである。工場について最も重きをおかねばならないのは、技師長の選択である。いかに多額の資本を擁しても、優秀な技師長がいなければ、成績があがるものでない」

と、翁が主張したことである。王子製紙会社における、苦き経験の教えるところとみることも出来よう。実業界に入ってのちの幾多の試練の結果とも考えることが出来よう。その原因はいずれにあっても、工業会社の経営について、技師に重きをおくことは翁の変わらざる信条であった。

さきに大阪紡績の創立に際して、特に山辺丈夫を採用したのも、実にこれがためであった。今、三重紡績の組織変更に携わるにおよんで、またこの方針によった。

しこうして、特に調査の上、選んだのが斎藤恒三氏であった。齋藤氏は、当時大阪造幣局の技師であったが、これを聘して技師長とし、部下の技師数名とともに欧米各国を視察研究せしめた。

伊藤、山辺、斎藤氏は、ともに、のちに大阪財界の巨頭となり、盛名を謳われた人々であって、あえてその人となりについて書き立てる必要はないと思うが、これらの人々を、あるいは抜き、あるいは援助し、十分その才腕を発揮せしめたのは、翁の力といわねばならぬ。

翁は、大阪紡績と三重紡績とを、ほとんど同様の気持ちで世話をしたが、大阪紡績の関係者は翁のこの態度を喜ばなかった。そして、

「大阪紡績といえども、成立早々で海のものとも山のものとも分からぬから、全力を注いで物にせねばならないのに、目と鼻の四日市に同じ紡績会社を起こして世話をするのは、大阪紡績の利益を無視するものである」

と非難するに至った。翁はこれに対して、

「自分は日本の紡績業全般の発達進歩を願うものであって、仮にこの大目的に扞格《かんかく》（互いに相容れぬこと）を生ずる場合は、個々の会社のことは忍ばねばならぬと思っております。大阪紡績が出来、三重紡績が成立したくらいでは決して満足しません。さらに幾多の紡績会社を起こさねばならぬと思っております。日本のため必要であると思っております。けだし、皆様もこの点には異論はありますまい。はたして、しからば私の三重紡績に関係することを、かれこれいわれるはずはないと考えます。あまりに眼前のことにとらわれすぎるではありませんか」

と逆襲したけれども、なかなかきかなかったが、やがて翁の誠意はとおった。

それはとにかく、大阪紡績にしてもようやく操業を開始し、やや前途の光明を望み得るに至って、原綿の問題で苦しんだ。もちろん両社とも国産綿を使用した。しかし、気候風土の関係から、その繊維粗く、価格も高かった。しかも、産額きわめて僅少であったため、紡績業の発達にともない、とうてい国産綿のみによることを得ず、これを海外に仰ぐ外なきに至った。そして翁の主張により、明治二十年（一八八七）大阪紡績会社は、社員川村利兵衛を中国に派遣し、江蘇《こうそ》省、揚子江《ようすこう》沿岸、浙江《せきこう》省など、

主なる綿産地を調査せしめて、中国綿花の輸入を謀ったが、さらに翌二十一年（一八八八）、サイゴン、カンボジア、シャム（タイ国の旧称）などに社員を派遣して、安南綿花輸入の途をひらいた。

しかるに、なおいまだ満足すべき結果を見ることが出来なかったので、翁はさらに遠くインドの綿花に着眼し、大日本綿糸紡績同業連合会を通じて目的を達した。けだし、同業連合会は大日本紡績連合会の前身であって、我が紡績業の発達に多大の貢献をなした団体である。我が紡績業発達史をひもとく者は、連合会が影の形に添うごとく動いていることを見逃すことは出来ない。

拡張また拡張のあとには必ず反動来たり、生産過剰となれば、連合会の団結力を謳って生産制限を断行し、その危機を脱せしめた。大日本綿糸紡績同業連合会は、明治十五年（一八八二）、農商務省愛知紡績所長心得、岡田令高《おかだのぶたか》の発議により、全国の綿糸紡績業者を大阪に招き、協議の結果出来たもので、毎年四月十五日を会期と定め、明治十六年（一八八三）一月、成立した。大阪、三重、鐘ヶ淵などの諸紡績会社みなこれに加盟した。翁は会員でなかったが、大阪紡績、三重紡績の事実上の支配者であり、かつ翁自身の地位と名誉とをもって臨んだため、自らその指導者たる位置におった。こんな関係から、翁はインド綿花輸入のことを連合会に諮《はか》り、連合会の名によって、インド事情視察のため、官吏を派遣せんことを政府に建議し、明治二十二年（一八八九）、政府は外務書記官佐野常樹をボンベイに派遣した。このとき翁の意見に基づき、大阪紡績の川村利兵衛、三重紡績の松村仙之助が同行した。

佐野はもちろん、官命によって出張したのだが、その費用はことごとく連合会が負担し、インドにおける綿花の産出ならびに販売の実況と、紡績事業の状況とを調査研究するを目的とした。いうまでもなく、翁の案によったのであった。かくて、佐野らはボンベイのタタ商会と契約を結び、綿花の直取り引きの途《みち》をひらき、川村利兵衛は五万余円の綿花を買って帰朝した。インド綿花の輸入は、このときをもってはじまったのであった。爾来、大阪紡績、三重紡績をはじめ、その他の紡績会社みなこれを使用し、成績すこぶるよく、紡績業の面目一新した。

しかし、綿花の使用ようやく盛んなるに至って、各社の苦しんだのは運賃の負担であった。その結果出来たのが、先に記したタタ、日本郵船、紡績連合会の三角同盟であり、日本郵船とピー・オー会社との対抗であった。そして、これがため、翁がいかに努力したか、また、したがって、日本の紡績業が、翁の偉大なる力と熱によって、いかに盛り立てられたかについては、記すことを省略し、大阪紡績と三重紡績の関係を記しておきたい。

大阪紡績は、明治二十年（一八八七）二月、百二十万円に増資し、さらに三万錘《すい》の増錘を断行し、明治二十三年（一八九〇）には、大阪織布会社を買収して、綿布製織を兼営した。この年は、明治十九年（一八八六）以来の好況が崩れ、恐慌の起こった年である。金融は逼迫《ひっぱく》し、実業界一般に萎靡《いび》不振に陥った年である。紡績業もまた打撃をこうむり、綿糸の販路閉塞し、しかも同業者の数は急激に増加し、産額ますます多きを加えたため、需給の調節ははなはだしく乱れ、糸価は暴落するに至った。

かくて、連合会の活躍となり、第一回の操業短縮が行われた。このとき、大阪紡績は、翁の先見によってインド原綿を使用し、インド糸と同質のものを織り出し、ボンベイ糸輸入防遏《ぼうあつ》の先鞭《せんべん》をつけ、数年ならずしてまったく駆逐することを得た。翁はさらに中国への輸出を計画し、その市場を詳細に調査し、その途をひらいた。

三重紡績は、明治二十五年（一八九二）頃から綿糸網、撚糸の製造を兼営した。もちろん翁の意見にもとづくもので、当時我が国漁業に使用した麻糸網は、品質脆弱《ぜいじゃく》なるのみならず、価格が高く、これを綿糸網に改善することによって、漁業者も会社も、ともに利益を得るからであった。はたして数年ならざるに、需要いちじるしく増加し、三重紡績は大いに成績をあげた。しこうして、本業の製糸もしだいに声価を博し、供給に不足を感ずるに至り、あるいは工場を増築し、分工場を設置するなど、施設ようやく増加するに至った。かくて、資本金も漸次増加し、明治二十七年（一八九四）には、百二十万円になった。

かくのごとく、紡績業の発展するにつけて考えたのは、紡績関係の輸出入税のことであった。しこうして、翁は、綿糸輸出税廃止論を首唱し、その絶えざる努力によって、ついに明治二十七年（一八九四）、法律第四号をもって廃止せらるるに至った。翁はまた綿花輸入税撤廃についても多大の努力をなし、明治二十九年（一八九六）法律第五十九号によって廃止せらるる因をなした。

かくて、爾後、一張一弛《いっちょういっし》（あるいは張り、あるいはゆるめること。盛衰）はあったが、多年の努力によって我が国紡績業は大成し、大阪、三重両紡績会社は合併して東洋紡績会社となった。

東京海上保険会社

東京海上保険会社は、資金関係からいうと、大阪紡績会社と同じく、華族組合の出資を基礎とするものである。かつて翁の首唱で東京横浜間の鉄道払い下げを策し、華族の賛成により、その払い下げ総額三百万円を七年賦として契約も成立し、翁のいったように、「華族の持つ金も働き、華族その人もしぜん活動することになるから、大いに経済な訳で」あった。しかるに、十五銀行の創立によって、華族の出資に障害起こり、中途にして挫折し、すでに払い込んだ資金の払い戻しということが起こり、転じて「紡績」と「保険」との資金となった。しこうして、事業経営については、沿革的には第一国立銀行が深い関係がある。

海上保険は、第一国立銀行において、荷為替取組の不安をのぞかんため、明治十八年（一八八五）八月以来、三万円の資金を割いて兼営したのを、その濫觴《らんしょう》と見ることが出来る。しこうして、その原因は租税制度改正のためであった。翁が大蔵省当局として努力した中に、租税の改正があったことは、あらためていうまでもない。しかし、当時、地価が定まらず、したがって租税の決定が困難であったため、改正租税制度は確立するに至らなかった。しかるに、翁の努力は報いられ、明治六年末（一八七三）から七年（一八七四）へかけて、金納に改正された。

そこで、貢租のため、穀物を金にかえることになり、米も全部売ることになった。ところで、地方では処分し得ないから、都会へ送らねばならぬ。かくて、この運送中の危険を保障する必要が起こった。しかるに、いまだその制度がなかったために、第一国立銀行は自家保険を営むに至った。この経験を有する翁は、しきりに海上保険会社設立の必要を説いた。翁の主張は、福沢諭吉、岩崎弥太郎など当時の有力者の反対に会ったが、華族諸氏の賛成を得て実現し、資本金五十万円をもって創立された。けだし、東京海上保険会社の第一歩であった。

右に記したところによって明らかなように、当初からの関係もあり、新規事業で見当がつかなかったので、翁に、総代理人として一切の業務を総理せんことを請うた。ところが、いよいよ実際経営をなすにいたって、有力な故障があった。それは、岩崎が海上保険業を尚早とし、これに参加することを拒んだことであった。しかし、当時、海上の覇権を掌握していた三菱を除外するのは、海上保険業のために採らぬところであったので、重ねて岩崎を説き、ついに参加を承諾させた。

かくて、資本金を六十万円とし、その五分の四を発起人において引き受け、五分の一を公募し、明治十二年（一八七九）八月一日開業し、翁は岩崎とともに相談役となった。当時一般に、保険の性質を了解せず、利用するものきわめて稀であった。そこで翁は、一般の蒙《もう》を啓《ひら》くため、保険の性質、職能を熱心に説いた。社運隆々、先進国の同業会社を圧倒しつつある、今の東京海上火災保険会社を見ては、想像もおよばぬ苦心のあったことを記しておきたい。創立時代にこの苦心をした、この翁が、その実際経営に参与したのは、明治二十七年（一八九四）十一月であって、爾来、いっそう密接な関係を有することになった。翁が取締役になってからのことは、同社現取締役社長各務《かがみ》鎌吉氏の記述を、引用することが適当であろうと思われる。

……その後、渋沢子爵《ししゃく》は、明治二十七年（一八九四）一月、推されて取締役となられたが、明治二十七年から同三十二年（一八九九）に至る六年間は、社業が紆余《うよ》曲折《きょくせつ》をきわめた時代である。すなわちイギリスにおいて、会社はロンドン、リバプール、およびグラスゴーに代理店を設けておったが、この代理店における営業の不首尾が、ひいては本店に重大な影響をおよぼしたのである。私は、明治二十四年（一八九一）九月に入社し、明治二十七年（一八九四）、研究の名義でイギリスに出張を命ぜられたが、かの地に渡ってみると、研究どころではなく、大変な事態に陥っておった次第で、ただちに整理に着手せざるを得なかった。あるいは、代理店に使用している外人社員を解雇するなど、種々の対策を講じたうえ、同三十一年（一八九八）、数ヶ月間帰朝したのである。

本社においては、毎週一回重役会を開き、しきりに挽回策《ばんかいさく》に腐心された。このとき私は、しばしば渋沢子爵を兜町の事務所に訪問した。子爵はよく若輩の意見に耳をかされ、述べる者をして所信を尽くして余蘊《ようん》（あますところ）なからしむまでに傾聴された。これに加えて、よくその言を用い、また人を用い、かつ人を激励された。子爵ほどの経験あり、かつ身分の高い人は、若い者の意見に耳を傾けることを好まぬものである。耳を傾けても、その言を容れて、これを用いるは稀である。ことに寛容の心をもって、激励鞭撻《べんたつ》するがごときは、まったく渋沢子爵にしてはじめて出来ることだと感じた。この会社危急存亡の秋《とき》に当たって、私ら若い者の心が動揺せず、確乎たる信念をもって難局に終始し得たゆえんは、まことに渋沢子爵が会社におられるという安心があったからである。私は、子爵が温容をもって私らの意見を聴かれるその様子を見て、東京海上保険会社には強固な大黒柱があることを感じて、大いに意を強うした。実際子爵がおられなかったなら、そのとき会社は倒れておったろうと思う。

払い込み資本金は、当初から六十万円であったが、損失整理などの目的で、明治三十年（一八九七）十二月に公称資本を三百万円とし、七十五万円の払い込み済みとした。しこうして、事態がいよいよ窮迫して、ついに明治三十二年（一八九九）の上季において、資本金を半額に切り捨て、公称資本百五十万円、払い込み三十七万五千円に減資したうえに、政府から二十七万円の借入金をしたのだから、差し引きほとんど資本金なしの会社になったのである。子爵はこの間に処して常に創立者たるの責任を脳裡に置かれ、相談役から取締役となり、逐一経営の相談に関与されたのである。減資が行われ、事業復興方針が確立したのは、明治三十二年末（一八九九）であった。

そして、この年は、東京海上保険会社の再興一新の年である。

話が昔に戻るが、会社創立とともに、政府は海上保険事業の必要なことを知り、自らその株主となった。創立当時、会社の払い込み資本金六十万円に対して、政府は四十万円の名義上の株主となり、損失補填の保証者の位置に立ったのであった。したがって、会社資本金は百万円となり、そのうち六十万円が払い込み済みとなっておったのである。しかるところ、明治二十三年（一八九〇）、帝国議会開設とともに、これが議会の問題となるのを慮《おもんぱか》り、名義上の株主は取り消されて、これに代わるに、保険命令の形において、会社の危険負担については、従前どおり十中四分までは政府において保証することになったのである。この保証があったため、会社は明治三十二年（一八九九）に、払い込み資本を三十七万五千円に減資した際、命令書に則り、上述のとおり政府から二十七万円の払い込みを受け、ようやく会社の存続をなすを得たのである。けれども、この政府より払い込みありたる金額は、利益をもって返還の義務あるものであるから、同三十七年（一九〇四）四月、この一時補助金を無利子の借入金に振り替え、その返済を二十ヶ年賦、一ヶ年の返済額一万三千五百円とするという契約を結んだ。

これから会社は、再興の気運に向かい、大正七年（一九一八）一月には、政府へ一時に八万一千円を返還し、年賦償還の期間を六ヶ年繰り上げて完済したのである。それ以前、明治四十二年（一九〇九）六月に、渋沢子爵は実業界引退のため、第一銀行、東京貯蓄銀行をのぞく外全部の会社を辞された。このときに当たり、東京海上保険会をもまた退かれたのである。会社としては、創立および経営の難に最も苦心され、しかも会社をついに富岳《ふがく》の安き（富士山のごとき安心）に置かれた、会社の大黒柱である子爵に去られたときは、いまさら愛別離苦《あいべつりく》の念、実に禁じ難きものがあった。

爾来、東京海上は渋沢子爵の築かれた基礎の上に順調に発展し、明治三十九年（一九〇六）四月には、さきに切り捨てたる半額の資本金を復旧し、公称資本三百万円、払い込み七十五万円、明治四十四年（一九一一）四月には、公称資本四百万円、払い込み一百万円、大正四年（一九一五）十月には、一躍して公称資本一千五百万円、払い込み三百七十五万円、大正六年（一九一六）四月には、払い込みを七百五十万円に増加し、大正十年（一九二一）四月には、さらに公称資本を三千万円として、払い込みを一千五百万円にあらため、なお翌年すなわち大正十一年（一九二二）四月に、金三千万円の全額払い込み済みとなったのである。

今日の東京海上火災保険会社は、その払い込み資本金額三千万円の外に、積立金その他の諸財産は、実に一億余円に達し、我が国における最古最大の会社であるのみならず、世界的にいっても屈指の大保険会社として世界の各方面に発展し、欧米の同業者その他一般からも至大《しだい》（この上もなく大きな）の尊敬信用を払わるるに至っている。しかし、現在の盛況のみを見て、その沿革もまた常に幸運と繁栄とに充たされておるもののごとく、万一皮相の観察をなすものあらば大なる誤りである。東京海上の建設者たる渋沢子爵、ことに数多き子爵の設立されたる会社中でも、ご自身の発意奔走によって創立され、かつ永年の波瀾に処して今日あるを得たる東京海上については、子爵においても、今昔の感はなはだ浅からざるものがあると思う。渋沢子爵が海上保険を創設し、かつこれを大成せしめられたることは、我が国経済史において、不滅の功績といわねばならぬ。

北海道炭礦鉄道会社・設立

北海道には、明治政府は伝統的に深い関心を持っていた。維新前からのロシアとの交渉から考えても、政府が北海道に至大の注意を払ったのは当然であるが、その注意関心の程度が、すこしいきすぎたきらいがないでもない。これがため、長官には藩閥の巨頭を据え、絶対的干渉主義で押し通してきた。かくて、薩派の巨星黒田清隆が北海道開拓使を主宰し、大臣並に暴威をふるったことは有名であった。先に記した明治十四年（一八八一）の政変――大隈排斥のクーデターの一因をなした北海道開拓使払い下げ問題は、黒田が北海道開拓使長官として計画を立て、農商務大臣になったのちに、実行に移さんとして無理があったため、ついに大隈一派の攻撃を買ったものであった。

黒田についで長官の任についた岩村通俊《みちとし》は、就任後まもなく芝紅葉館《しばこうようかん》に実業界の主なる人々を招き、北海道開拓に関する政府の方針について懇談した。その挨拶のなかに、こういう意味を述べている。

「従来、北海道開拓事業は、もっぱら官業主義を採ってきたのであるが、民間の事業も相当進んできたし、北海道における諸事業も一通りは手を染めて、今後は政府で直営しなくとも十分民間でやっていける見込みがたったから、従来の官営事業を漸次民間に払い下げて経営する方針を採ることとした。ついては、今夕お集りの諸君は、いずれも実業界屈指の方々であるから、北海道開拓のために進んで投資経営の衝《しょう》に当たられたい」

しこうして、

「従来は政府万能主義で経営したが、今後は事業本位で北海道開拓を計る方針であるから、実業家はふるって実際経営に任ぜられたい」と繰り返して希望した。これに対して、起こったのは翁であった。謝辞を兼ねて思うところを述べたが、その趣旨はこうであった。

ただいまのお話を深い感慨をもって承りました。私どもの多年主張している意見とも合致するものでありますから、非常に愉快に感じました。露骨に申しますと、政府の従来のやり方というものは、あたかも事業を玩具にしているような形で、朝三暮四《ちょうさんぼし》、その帰趨《きすう》するところを知らず、まるで駄々っ子のやり方に等しいものでありました。したがって、民間実業家も、政府の方針が猫の目玉のように変わるから、安心して事業を開始することが出来ませんでした。

幸いに、このたび政府が根本方針を変更して、経済本位で、北海道開拓の目的に進まれようということに決定されたということであるから、この点は衷心より賛成するところでありますが、さりとて、だいたいの方針をうけたまわったばかりで、この席においてじきに諾否をお答えすることは出来かねます。

だいたいにおいて、私どもの意見を申し述べてみますと、北海道の開拓については、根本方針として経済万能ということにし、政策の方向は、第二にしたいと思います。こう申せば、はなはだ得手勝手なことをいうようですが、未開地を開拓するについては、政府がいくら勤めても、ぜんぜん算盤《そろばん》のとれない仕事には誰も着手するはずがありません。また政府の方針が従来のように、ああでもない、こうでもないと、ご都合次第で変更されるようでは、安心して仕事を起こすことが出来ませんから、これでは開拓の目的を達するゆえんでないと思います。

ゆえに、政治上のことは第二とし、主として経済関係に即して考えられるように希望いたします。開拓の実際問題としては、交通の便を開くことが第一に必要でありますから、鉄道敷設ということをまず考えねばならないと思います。

もし民間で鉄道を計画するという場合には、政府においても特に便宜を計られるように願いたいのであります。従来の官営諸事業の全部とは申しませぬが、大部分を民業に移し、相当のご保護を与えられるよう特に希望いたします。と申しますのは、だいたいにおいて、事業経営の当初はなかなか困難なもので、利益などは望み得ないものであるからであります。いわんや、北海道のごとき、これから開拓しようという土地において事業を営まんとするには、相当の歳月は損失を重ねる覚悟でかからねばなりません。ゆえに、基礎のできるまでは、ある程度のご保護を願わねばならない次第であります。

この紅葉館における会合をスタートとして、爾来、しばしば意見の交換をなし、漸次北海道開発の具体的計画が熟し、諸種の事業が起こされた。これらのなかで翁の力を入れた主なるものは、北海道炭礦鉄道会社と札幌麦酒会社であった。

明治二十二年(一八八九)に、北海道炭礦鉄道会社を創立するについては、政府から補助金を受けることになっておりました。すると、ちょうどあのとき、炭価の暴落が起こりまして、九州の炭礦業者は、その原因が北海道炭礦鉄道会社の乱費のためだといい出しました。その翌年は、帝国議会がはじめて開かれた年でありましたが、九州の礦業団体は玄洋社と一緒になって、北海道炭礦鉄道会社に対する政府の補助金をやめさせようと陳情運動をやった訳です。ところが、北海道炭礦鉄道会社の重役は驚いてしまって、その対策を講ずることも出来ませんでした。

私は、あのとき子爵のところへ参りまして、

「いかがいたしたものでございましょうか」

とご相談申し上げました。すると子爵は、

「弁明書を書いて議会に出したがよかろう」

とのことでございましたから、さっそく私がそれを書いて、子爵にお見せしましたところ、

「これは文章がまずい。これではよし出したところで、見てくれる人はあるまい。福地源一郎氏に頼んで書き直してもらったがいい」

とのお話で、添書きをいただき、私は木挽町の裏長屋に住んでおられた福地さんの宅へ行って、事情を話して訂正してもらいました。そして出来たのが、「九州礦業団体の妄を弁ず」というのでございました。そこで、関係者はこの弁明書を持って、議員を歴訪いたした訳でございましたが、そのため九州礦業者の陳情が否決されてしまいました。この「九州礦業団体の妄を弁ず」という弁明書は非常な名文で、私はあのとき福地さんは実にえらい文章家だと思いました。それについて、こんな話がございます。ちょうどその時分、知人の植村正久という、これも文章が上手で、『福音新報』を出しておりましたが、この人が、ある日私のところへ来まして、

「『九州礦業団体の妄を弁ず』というのは、あれは大変うまく出来ているが、誰が書いたのか」

とききますので、私が、

「僕が書いたのだ」

というてやりました。すると、

「まさか、君には書けそうもない」

と本当にしないのです。それで私も、

「冗談いっちゃいけない、僕だってイザとなれば、あれぐらいは書けるサ」

とすましていたところが、植村氏が申しますには、

「あの文章は福地でないと書けない。民友社の徳富もいるが、徳富の文章とは違う。ことにこの一頁のところは――といって、中を開いて見せて――徳富にも書けない」

と、どうしても承知しませんでした。あとで原稿を出して、そこのところを見ますと、そこはまったく福地さんの筆で書かれたところでありました。


と、同社と深い関係のあった、植村澄三郎が述懐したように、創立当時はきわめて困難な事情があった。かくのごとく、苦しみつつ生まれ出でた北海道炭礦鉄道会社は、創立ののちもまた、順調な発達をなすことを得なかった。

•成長

「私が、青淵先生に初めてお目にかかったのは、明治三十二年（一八九九）の八、九月であると思うが、それはこの会社の発起人会がしばしば開かれたその中の、ある席上においてである。すなわち、私どもは堀基氏の事務員として、会社事務上の説明をするために同席したからであった。

当時は、我が商法実施前のこととて、株式会社とは称せず、有限責任何々といった時代とて、会

社をいかにして創立するかについて、実業家中くわしく知るものもない有様で、一般に銀行会社を創立するには、青淵先生のご指導を仰いでいたのである。ゆえに、同社の発起人中に青淵先生がおられたことは、会社の創立に非常な好都合であったから、会社の経営方針はもちろんのこと、その組織に当たっても万般の指導を受けたのであって、有限責任と無限責任との別を先生から講釈してもらったりした。

そののちに至り、青淵先生が明治の初年、大蔵省におられた当時、著述された『立会略則』を読み、また『会社弁』という同様の書物を見て、初めて会社に関するいろいろの知識を得たのであるから、先生は我が国において、小資本を集めて大事業を経営する方法を紹介された第一人者であったと思う。

さて、北海道炭礦鉄道会社が許可になってから、その披露の宴会が芝の紅葉館で行われたが、社長には官選で堀基氏が就任した。したがって、堀社長の名で発起者ならびに知名の士を招いたのであるが、席上堀氏は披露を兼ねて創立中の尽力を謝する旨を述べられ、引き続きあらためて私を、会社経理部支配人として出席の方々に紹介された。このとき、上席にいた人は、奈良原日本鉄道社長、吉田郵船副社長、青淵先生、矢野次郎氏などであった。この中、矢野次郎氏は東京高等商業学校の校長で、堀社長の知人であり、同氏の奥さんの親戚の人であったが、私が紹介されると、氏は私に対して、

「私は、堀とは親戚であるからよく知っておるが、彼は大山師《だいやまし》である。聞けば君は、逓信省で山内会計局長の部下にいたということだが、山内は実にきちょうめんな人である。だから、大山師

の下で会計事務を採るのは、山内の下で事務を採るのとは非常な相違があろうから、よほど確乎としなくてはならぬ。君はだいたいどこの学校を出たか」

といわれたので、

「私は小学校卒業後、小田信樹先生の私塾で漢学を学びました。そして小学校の教員を二年ばかりしたのみで、教育というものはそれだけしか受けていません」

と答えたところ、

「それで、この六百五十万という大資本の会社の経理部長が勤まるか」

と質問する。何ぶん当時における事業会社、銀行などの資本金はいずれも小額であったのだ。そこで私は、

「不肖ながら、社長のおめがねにより任を引き受けた以上は、どこまでもやる覚悟です」

と答えると、さらに、

「しからば君は、社長と何らかの縁故があるか」

ときくから、

「いや私は、社長とは何らの縁故もありませんが、今回この会社の発起さるるについて、私を紹介してくれましたので、もと開拓使にいた時分の上官（この人は松本烝治博士の父君で勅任《ちょくにん》技師松本荘一郎氏）で、その結果採用されたのであります。しかし私としては、北海道におけるこのたびの事業は、実に北海道の開拓上必要であり、かつ前途有望のものと思うから志願したので、社長との縁故があって従事したのではありません。いわば事業本位で仕事にかかっております」

と申したのであるが、それを青淵先生は臨席にあって黙々としてきいておられた。このときの言葉が、のちに青淵先生から私にもどってきたことがあるのである。

そののち、会社が開業してから第一の難関は、この事業にいよいよ着手してみると、決して予想通りに収支決算が出来ないということであった。このような風では、八朱《はっしゅ》（八％）の配当はとうてい難しいという訳であった。鉄道の方には五朱（五％）の補給が政府からあるが、炭山の採掘販売と鉄道の利益をもって、資本に対する平均八朱（八％）の配当は容易ならぬことであった。

したがって、社中大改革の議が、重役会で決せられたのである。この重役会で定められた節約方法たる、使用人俸給の三割減に対してははなはだ不満であったから、私どもが先に立ってただちに会社にそれを訴えたが、黙して答えなかった。重役も相手になってくれぬ。そこで、僭越《せんえつ》ではあるが、渋沢青淵先生を第一銀行に訪ねて不平を訴え、かつまた、

「社員の給料を減ずるならば、まず重役の無報酬を発表せられるのが順序であろう。その後において社員の給料を減ぜられたい。閣下は会社の常議委員（取締役といわなかった）として、総てをご承知であろうから訴えるのである」

と申したところ、非常に立腹されて、

「重役の報酬云々のごとき指図は受けぬ。それについては重役に考えがある。社長にも相当の考えがあろう。お前が社員全体の不平としていうてくるのは、心得違いである」

と叱られ、一言のもとにはねつけられてしまった。したがって私は、すこぶる不平をいだいて帰ってきた。ところが、ほどなく、常務に従事する重役は半額、高級社員は三割、その他一割ない

し五分まで給与の減額をするということになり、一同最初のごとき不平もなく、この整理対策が成就した。思うに、青淵先生が、その後社長と協議してかようにされたのであろう。これが私の、青淵先生から叱られた第一回であった。それから会社の経営も無事に経過していっていたところが、明治二十五年（一八九二）二月に至って、大事件が起こった。

というのは、堀社長が官命によって職を免ぜられたのである。この時分の補給会社は今日の特殊銀行会社のごとく、社長、常務などの重役を株主が選挙しても、官の許可がなくてはならなかったので、一種の官選であり、したがって任免権は官で持っていた。すなわち堀社長は職を免ぜられたから、臨時に社長代理として高島嘉右衛門氏が主宰することになったが、それがために社内ははなはだしく混乱した。社長罷免《ひめん》の表面の理由は、

「線路を濫《みだ》りに変更した」

というにある。

しかし、事実はそうでない。堀という人は、明治維新の際、薩摩の有志として国事に奔走し、のち北海道の開拓に心を用いていたから、いわゆる北海道開拓使廃止後、その地が他の府県と同様に取り扱われるようになったことを非常に遺憾とし、それでは開拓が十分に出来なくなるだろう、ゆえに北海道は特別の扱いとして総督府を置き、皇族を総裁に仰ぎ、そして開拓の規模を大きくする要がある、またそうしなければ聖旨に添うを得ないであろうということを常々論じていたが、ついにこれを、ときの山県総理大臣に建議したのである。

さて、当時の内務大臣は品川弥二郎であったが、このことをすこぶる憤慨し、

「北海道は内務大臣たる自分の監督下にあるものだ。しかるに、それに対し私立会社の社長ふぜいが嘴《くちばし》を出し、しかも一度廟議で定まった行政事項に関して、かれこれいうのは不都合である。よろしくかくのごとき人物はその職を免ずべし」

という訳で、官選重役の堀社長は免ぜられたので、

「濫《みだ》りに線路を変更した」

というのは、のちに至って理由に窮《きゅう》した結果の口実であった。

ただし、当時の鉄道行政のごときも、今日のごとく厳密なものでなく、たとえば北海道へ鉄道を敷設するについての出願のごときも、簡単なる図面に朱線をもって線路の予定を書き込む程度のもので、ただその位置を示すに過ぎなかった。山、川、沼などの位置のごときも、ほとんど判らぬ。単に起点を示し、直線でもって終点を表した。それで十分許可されていたのである。そして北海道炭礦鉄道も同様の形式を採ったに過ぎないが、その監督官は松本勅任技師で、この人の指揮によって工事を進めて施行していった。しかるところ、夕張炭山に赴くには、馬追山の西側を通るように、線路の出願図面は成っていたが、実際では東側を通るのが便利であったから、東側を監督官の指揮を受けて通らせた。だから、線路を濫りに変更した訳ではないが、内務省ではこれを口実としたのである。

かくのごとくであるから、堀社長の免職とともに世論はやかましくなり、社長、重役には罪はない、また北海道開発の建議は国民として行ったとて決して不都合ではない、いかに官選とはいえ、「濫りに」免職する内務省のやり方がよろしくないと議論され、なかにも、『時事新報』にて

は、福沢諭吉氏がこの問題で政府を手痛く攻撃したのであった。されば政府としては、どうしても会社の不始末を摘発しなければならぬ。でないと、免職の理由を証拠だてることが出来ない羽目になった。

そこで二月中旬、北海道庁の官吏、内務省の官吏などが手分けして、北海道の本社および東京出張所、各炭山などへ一斉に赴き、金庫ならびに帳簿などを取り調べ出した。したがって、最も困難したのは私の担当していた経理事務で、さし向きの会計検査には何ら不都合はなかったが、ただ一つ、重役の供託株一人当たり百株宛《ずつ》を、会社へ提出しておかねばならなかったものが提供してなかったので、命令違反の行為であると宣告され、毎年下附していた二十五万円の補助金を停止するという命令書を受けるような始末になった。まったく私の不行届きからかくのごとき事態を惹起《じゃっき》したので、ただちに高島社長代理に自分の不注意を謝し、いかにすべきかを相談したところ、ただ単に驚くばかりで思案がない。しかも他の重役は免ぜられたあととていたしかたなく、私は青淵先生のところへ出掛けて、ことの詳細をお話し申し、自分の不注意を謝するとともに、いかにすべきかの処置についてのご意見を求めたところ、先生はいわく、

「供託株の提供をしなかったことは、会社からこれを要求しなかったのもよくないが、提出しなかった我々にも責任がある。それがため二十五万円の補給が停止されたことは問題である。他に特に不都合な点があるのではないか。もし他に顧みて、やましい点がないとすれば、この命令は無理であるから、心配することはない。不肖ながら私が引き受けましょう」

と断然といわれた。

私はかねて、青淵先生の実業界における盛名をきき、かつまたしばしば謦咳《けいがい》にも接してはいたが、この日のごとき感銘を受けたことはなかった。実に会社危急の場合に際し、ことを一身に引き受け、その困難を救おうとするがごときは、凡庸《ぼんよう》の徒《と》のよくするところではない。私ははじめてその志のある点を知り、心中まず驚き、敬慕の念に堪えなかった。したがって、この方に頼っていったならば、何ごとも成就することが出来るであろうと感じた次第である。

この時代の会社の状態いかんといえば、開業以来いまだ二ヶ年余に過ぎず、鉄道の敷設も、炭山の開発も完成に至らず、信用も薄く、多額の借入金なども出来ぬ有様であり、かつ社長の免職から会社の信用は地に墜ち、経営最も困難な際であるから、私らは日夜いかにすべきかに苦慮していた。そのとき右のごとき先生の一言を承ったのは、真に一大福音を得た心地がしたのであって、また困難の際にかくのごとき言葉を吐かれる先生は、なるほど偉い人だと感じた。

その話があってからのち、十日ばかりして、会計検査官から、

「さきに出した利子補給金中止の命令書は、都合があるから返してくれ」

といってきたが、けだし内務省のこの命令書の撤回は、青淵先生が内務大臣なり総理大臣なりへ直接談合された結果であると思うが、先生は少しも自分の尽力の結果であるというようなことをいわれなかった。いや今に至るまでいわれない。他の重役も、先生の力であると悟り、かついっていたが、かくしてことなく事件も落着するを得た。

しかるに世論は、なお政府を攻撃してやまなかったので、松本荘一郎氏のごときは、

「自分が監督の任にあり、線路の変更を許可したのは自分であるから、私を免職せよ」

と申し出るなど、内務大臣は非常な窮地に陥っていった。したがって、ますます会計上の検査を厳重にし、何とか少しでも欠点を探り出そうとしたらしく、会社創立当初からの証書類を出させ、三月頃から六、七月頃までかかって調べあげた。しかしそれでも、別に不都合と認められることはなかったのであるが、一つ困ったことがあった。というのは、創立費であった。このいわゆる創業費の内容は、宴会費だとか、進物のごときもの、すなわち世話になった人に贈物をした、なかには、ある官吏に熊の皮を贈ったものがあったりしたのである。

何ぶん当時は官吏に対して、たとえ菓子折一個を届けても、一夕の宴会に招待しても、やかましい時代であったから、この弁解には私も大いに窮してしまった。実際創業費は二万八千円ばかり使っていたのである。そこで私は、この費用は一切創立委員長に一任ということに総会でなっていると弁じたが、それでは内容を示さなくてもよいという決議がないから意味をなさぬ、と検査官がいうので、会計検査の結果がこの一点に問題が残されることになった。したがって、やむなく臨時総会を開いて、創立費用は総てこれを創立委員長に一任し、内容いかんはあえて問わないという決議を、あらためてすることにした。

そして、六月末であったか、七月に入ってか、場所は築地の厚生館（のちに明治会堂といった）にて開いた。しかるに内務省では、この総会へいわゆる一株株主を多数こしらえて出席せしめ、内容を示せと迫った。その数は株式全体としては多くはないが、頭数が多く、内務省の御用を勤めたから、御用株主と称した。しかし、今日のごとき会社の御用株主ではなく、会社反対の政府の御用株主であったが、これらが原案を否決しようとの計画であったから、議場は騒然として整理すべくもなく、高島議長ではどうにもならなかった。

そこでまたも、先生に議長をお願いした。先生は議長席につかれると、会社の成立の由来、事業の性質、その進捗《しんちょく》の有様などを説明され、議事を進めていかれ、会計上いささかも不正はないことを説明したので、たちまち多数の賛成を得て、原案は成立したのである。

実にかくのごとく、先生が会社のために責任を持って尽くされる行為は、他のものとは違っていた。また社長が免職されるとともに、会社の株式の相場は払い込み以下となり、かつ払い込みの通告をなしても払い込みに応じないので、金融は日に逼迫し、工事も中止せねばならず、あるいは、支払いさえも停止しなければならぬというような有様になった。このときもまた、先生のお世話になったのである。それはそれとして、そののち九月頃と思うが、鉄道局長の井上勝氏が会社の線路を自ら視察せられて、

「現在の会社の線路は適当なものである」

と復命されたので、会社としては責を受けず、松本技師も不都合なしということになったが、なお社長の復職は不可能であった。しかしそれがため、内務大臣および北海道長官ともに更迭《こうてつ》して、事件は無事に落着したのであった。

さて事件解決後、井上馨氏が内務大臣に就任されたので、この会社は井上さんの監督を受けることになった。青淵先生は、井上さんとはもとから懇親であられたから、

「会社のことは十分頼んでやる。社長にはどういう人がよいか」

などと、しきりに心配して下さっていたのに、井上さんはああいう人であるから、その一流の筆

法で先生に無断でもって、社長、専務の配置をしてしまった。専務に井上角五郎氏を据え、雨宮敬次郎氏などが重役となり、すこしのちに、内務省土木局長であった西村捨三氏を社長に据えるという風であった。そして平重役も更迭があるといわれたのに際し、まっさきに先生は辞表を提出された。何ぶんこの重役選任が突然であったことが、先生のこの会社と関係を絶たれた原因であったように思う。

とにかく、その年の秋であったか暮れになってからか、先生は辞めてしまわれたし、私としては会計の検査騒ぎも済んで、新重役も定まったとすれば、前途はなはだ面白くなかったので、同じく辞表を、まだそのときは社長であった高島嘉右衛門氏に提出して会社を去ろうとした。かつまた、私をこの会社へ推薦してくれた恩人松本荘一郎氏も内務省の処置に憤慨され、私に対し、

「君も再び官吏にならぬか。井上（勝）局長も君のことはよく知っておるから、書記官に任用してもらってやる」

といわれるので、私としては渡りに船と考え、

「お願いします」

といっておいた。青淵先生はもはや会社の重役ではないが、今までに何かの場合の救世主であったから、私は何ごとも一応報告しておかねばならぬと考え、もとの第一銀行の建物へ、ある日の午後三時頃お訪ねして、つぶさに会社の成り行きなり、私個人のことなりを申し上げたところ、先生は私の辞職に不同意を唱えられ、

「君は会社の創立宴会のとき、芝の紅葉館で、矢野次郎に何といわれた。よもや、あのときの言

葉は忘れないであろう。私は堀社長に縁故はない、ただ、会社の事業が国家に有益なものであるから従事するのだ、と答えたではないか。社長が代わっても事業は変わらぬはずだ。いま辞職するのは心得違いだ。かつ官吏にもどるとは、これまた心得違いだ。君は旧幕臣の子であると聞く。明治維新後すでに二十余年も経つのに、官辺においては維新当時の余弊《よへい》が残っていて、旧幕臣といえば亡国の臣のごとく考え、可哀そうだから使ってやるという風がある。私ももと、わずかではあるが、慶喜公の下に幕臣となっていたこともあるから、同情に堪えぬ。であるのに、再び官吏になるというのは残念と思わぬか。どうしても炭礦鉄道が嫌なら、他に実業界に道を求める方法もある。吉川（郵便副社長）のごときも、このたびの炭礦鉄道の改革で、植村がもし解職にでもなるなら、俺の方にも使い道はあると言っておられたから、郵船へ行くことも出来、また他の事業方面へ従事することも出来よう。しかし自分としては、現在の炭礦鉄道会社のためにも、君は必要な人物と思う。私が同社の重役を退いたからとて、君も辞さねばならぬはずはない。君が誠実に勉励するならば、天下は広いから、しぜんに認められて、己の志を達することも出来るだろう。そんな再び官吏にもどろうというような、いくじのない考えは起こさない方がよい」

と、こんこんと利害得失を説かれ、ついに点灯時刻に至るも、なお私の辞職に同意されなかったので、私は先生の好意に感涙をもよおし、

「まことに私の心得違いでした。では、閣下のお申し聞かせにしたがいましょう。しかし、辞表をすでに高島社長の手許に提出してありますから、いまさら取り戻すことも男子として出来難いところです。ゆえに、よし官吏になることは中止しても、辞職のみはやむを得ないとしてご承認

を願います」

と答えたところ、

「高島社長に対することは心配におよばぬ。私が必ずその処置はするから、安心していた方がよい」

とのお言葉であったので、ここに私はその辞表を撤回する考えになり、社長にも軽率を詫びることになったのである。まことに、青淵先生はかくまで親切な方であって、普通の人とは異《ちが》うと感じながら、点灯後退出したのであった。

それから私は、明治二十六年（一八九三）になって、炭礦鉄道の常務監査役となり、宇野鶴太という人に経理部長の職を譲った。したがって、監査役として常勤はしていたが、前に比較して閑散の身柄になった訳である。

「私」とあるは、植村澄三郎氏である。植村氏は、北海道炭礦鉄道会社において、翁に認められ、のちに札幌麦酒会社の経営に任じ、さらに大日本麦酒会社の常務取締役となり、かたわら各種事業に接触し、明治、大正、昭和を通じ、実業界に顕著な足跡を印した人である。近頃、老齢のためとやや健康を害したため、第一線からは退いたが、なお営々として社会福利増進のため尽瘁《じんすい》していることは、あらためて記すまでもない。

大日本麦酒会社

北海道炭礦鉄道会社のことを記せば、札幌麦酒会社のことを記さねばならない。その濫觴《らんしょう》は、開拓使において、明治九年（一八七六）九月札幌区北二条東四丁目に設け、中川清兵衛をして経営せしめた醸造所である。当初醸造高わずかに二百石に過ぎなかったが、漸次増加し、明治十三年（一八八〇）には五百石を醸造するに至った。きわめて徐々に発達しつつある折から、明治十九年（一八八六）北海道庁の所管に移し、同年十二月旧開拓使の遺業ことごとく民間の経営に移さるるに当たり、この醸造所もまた運命をともにし、大蔵組の引き受けるところとなった。

当時翁も、麦酒醸造のことを考えていた。それは事業欲に燃ゆる浅野総一郎の主張によってであった。浅野は麦酒醸造の前途多望なるべきを思い、東京に大規模の醸造所を建設せんとして種々研究したが、当時麦酒の需要さして多くなかったので、別に会社を設立せず、大倉組経営の醸造所に合流するの賢明なるを思い、明治二十一年（一八八八）、翁ならびに浅野などは、大倉組の主宰者大倉喜八郎と協議し、札幌麦酒会社を組織した。

翁は、委員長となって社務を総理し、大倉、浅野は委員として経営に参与し、札幌醸造所の常務は委員総代鈴木恒吉が担当した。かく更生の手続き順調に進みつつある折から、同年九月、さきに北海道庁が雇い入れたドイツ人、マックス・ポールマンが赴任したので、醸造改良の指導者として嘱託した。

札幌麦酒会社は、資本金七万円をもって創立されたが、明治二十三年（一八九〇）増資して十万円となし、増資額三万円をもって機械を買い入れ、工場を新築した。かくて規模あらたまり、設備も整い、年産額二千五百石に達した。明治二十七年（一八九四）五月、商法によって株式会社となし、取締役に翁、大倉、浅野当選し、植村澄三郎氏もまたあらたに加わってその一員となり、鈴木恒吉および大川平三郎氏は監査役になった。

しこうして、取締役互選の結果、翁は取締役会長に、植村氏は専務取締役になった。同年、ポールマンの任期満ち帰国したのを機とし、外国人に頼ることをやめ、学理の応用、品質の改善は、農学士矢木久太郎氏に、その他のことは林源次郎氏に担当せしめた。

かくて、日清戦争後の好況にめぐまれ、明治二十九年（一八九六）、資本金を三十万円に増加し、さらに明治三十二年（一八九九）、六十万円に増資し、別に社債二十万円を募集して、吾妻橋《あずまばし》橋畔（東京都墨田区）に大規模の分工場を建設することになった。

起工にさきだち、植村氏および技師長矢木氏を欧米に派し、醸造所の構造設備などを視察研究せしめ、その齎《もた》らす結果によって工を起こし、明治三十六年（一九〇三）竣工し、爾来、本社を札幌に、支店を東京に置いた。かくて漸次発達し、明治三十七年（一九〇四）、百万円に増資し、明治三十九年（一九〇六）三月、「日本麦酒」、「大阪麦酒」両社と合併し、「大日本麦酒会社」となった。

さて、ビールもその後におよんで、だんだん売れ行きが多くなり、東京へも工場を建てねばならぬことになった。明治二十二、三年の頃であった。東京で工場の位置を定めるについて、二つの候補地があったのである。一つは、取締役の一人であった浅野総一郎氏が芝の田町に土地を持っておられた。すなわち今の浅野邸である。当時浅野氏は、永代橋の脇に住んでおられたのだが、田町にも土地を持たれ、ここは交通の要路に当たり、市内として利便の場所であり、かつ運搬の都合もよく、エビス麦酒に対抗するのによい位置にあった。いま一つは、吾妻橋東詰の現在の場所で、私としては、広告の出来る水運の便のある吾妻橋の方をよいと考えたが、とにかくこの二つを選定して、取締役であった大倉喜八郎氏にはかったところ、氏はいわく、

「自分のものとしては、どちらがよろしいか。君はどちらを買いますか」

と。私は即座に、

「私自分のものなら、浅野さんの田町の方を買います」

と答えたところ、

「君はどうもけしからん。自分のものなら田町を買い、会社のものだからとて吾妻橋の傍《かたわら》を推薦する。何かためにするところがあるのだろう」

と、非常に立腹された。私はここで、考えざるを得なかった。というのは、この地面を紹介したのは大倉さんである。私としては、交通の便もよく工場の位置として最も適当と認めたから、それを推薦したのに、大倉さんが立腹するとは、その意あるところを判断するに苦しむ。私はこれを、はなはだ不満として別れて帰ったが、さらに、かくのごとき重役と同じ仕事をするのは、前途すこぶる心もとないとして、またまた青淵先生にこのことを訴え、先生のご判断をわずらわした。そして双方の主張をお話ししたところ、先生は手を打って笑われた。

「それは、お前が大倉の考えを誤解している。私の察するところ、両人とも会社のためを考えておる結果、相互に立腹したのだ。とくに大倉に事情を尋ねるまでもない」

と。要するに、植村は大倉と交際して日が浅いため、大倉の真意を了解せず、大倉も植村をよく承知しないための誤解であると、一笑に付せられた。

しかし私にはなお、その意味がいかにも諒解出来なかったが、そののち、よくよくきくと、大倉さんは自分の立場からモノを考えているから、私が会社本位の立場から、会社のものは自分のものより大切であると考えておるにかかわらず、私の返事を自分流に解釈して、自分のものなら買うが、会社のものだから有利な田町の方を買わぬというものと思ったのだ。そこが双方誤解のもとである、といわれるのであった。たぶん大倉さんも、そののち、青淵先生から話をきいて諒解されたことと思う。

かくてこの問題は、両人の目のつけどころが相違していたというので、いったん出した辞表は撤回したのである。けだし、先生が人を見るの明あるのに感ぜしめられた。

植村氏の追懐談で、札幌麦酒会社時代のエピソードであるが、大倉、浅野などの面目を語って興味が深い。これらの全然根本観念を異にする人々を導いて、条理による経営をつづけてきた翁の精神力は偉《い》とせざるを得ない。

大日本人造肥料会社

青年時代、故郷に在るとき、農業に従事したことのある翁は、「肥料」について知っていたのみでなく、相当苦心したこともあった。当時一般の農家では、普通の下肥《しもごえ》の外に、鯡《にしん》や鰯《いわし》の粕《かす》などを用いたから、翁も父晩香の命により、血洗島に近い関宿《せきやど》まで肥料の買い入れのために出かけたことも少なくなく、その質の良否を弁じ、施肥の季節を定むることなどについては、早くから知っていた。さらに静岡藩で商法会所を経営した際にも、肥料には意を用い、御用商人に命じて、房州（現在の千葉県）の干鰯《ほしか》、〆粕《しめかす》を買い入れしめ、これを貸し付けたこともあるから、爾来、しばらく関係はなかったけれども、その改良には常に意を用いてきたのであった。

かくて、明治十九年（一八八六）、関西に旅行したとき、後年「タカジアスターゼ」その他の発明によって世界的学者になった、高峰譲吉と神戸において款談して、肥料のことにおよび、高峰の力説により、翁は大いに心を動かしたのであった。

高峰は当時、農商務省技師であったが、かつてイギリスに留学して、過燐酸《かりんさん》肥料の製造を研究し、また明治十七年（一八八四）、北米ニューオーリンズに開催せられた万国大博覧会に事務官として出張し、陳列してあった燐礦の巨塊を見、これを日本に使用するの利益あるべきを信じ、私費をもって数トンを贖《あがな》い帰り、農商務省の当局と謀り、全国の有志者に分かちて、実地の試用を依頼し、相当良好な成績を得たため、過燐酸製造の事実を起こそうと考えていた折からであったから、熱心に翁の賛同を求めた。

かくて、翁は帰京ののち、益田孝、大倉喜八郎、浅野総一郎などの人々と謀り、高峰をも招いて、ついに会社創立のことを決定し、翁は、蜂須賀茂韶、三井武之助、渋沢喜作、大倉喜八郎、安田善次郎、浅野総一郎、益田孝、馬越恭平の諸氏とともに発起人となり、明治二十年（一八八七）四月、資本金二十五万円の東京人造肥料株式会社を組織した。翁は選ばれて委員長となり、高峰は技師長に就任した。

かくていよいよ事業を開始したけれども、成績ははなはだ思わしからず、爾来、真に惨憺《さんたん》たる苦心を続けた。

翁は、我が国各種事業の育ての親として尊敬されている。事実ほとんど総ての経済的施設と各種商工業の生みの親であり、育ての親である。一般の実業界から重んぜられるのは当然であろう。

しかし、数多い子女のなかには、あるいは不肖《ふしょう》のものがあり、夭折《ようせつ》するものがあると同じく、翁の生み、育てた会社にも、消化不良に陥ったものもあり、疫痢《えきり》に罹《かか》ったものもあり、生まれながらにして能力の不十分なものもあった。何の苦心もなくスラスラ育つものよりは、むしろ思わしからざる運命にあったものの方が、数において多かったといえよう。それにもかかわらず、実業界の恩人として一世の尊敬を集めるほどの成績を挙げたことを顧みるとき、翁がいかに多くの事業に関係したかを思わざるを得ないのである。

かくて、翁の実業界における歴史は——一国産業の興隆と関係者の地位向上の大理想を実現した偉大なる功績は、あらためていうまでもないが、これを達成するために企業経営した多くの事業、幾多の会社の歴史は、成功といわんよりは、失敗の歴史であるといわねばならない。失敗のあるところ、苦心と努力と物質的打撃とがある。精神的にも物質的にも、数多き「無駄」を積み重ねた上に出来あがったものである。

かくて、いささか奇矯《ききょう》（とっぴなこと。普通と違っていること）に聞こえるかも知れないが、現に有数の大会社として我が国財界に雄視《ゆうし》（他よりきわだって見えること）する幾多の事業は——翁の実業界における功績の記念として残った各会社は、これらの「無駄」の累積であるといいたいのである。第一国立銀行にしても、東京海上保険会社にしても、王子製紙会社にしても、日本郵船会社にしても、いずれも苦心と努力とによって幾多の難闘をしのいできたものである。今日の堂々たる偉容は、無数の「無駄」の上に築きあげられたものである。

ここに記しつつある人造肥料会社もまた、容易ならぬ苦き経験を経てきたのである。これがため、翁の同志はしきりに落伍《らくご》し、ついに翁をして、最後の一人としても事業を捨てざる旨を発表せしむるまでに至ったのである。翁の面目はかくして発揮され、翁の事業に対する執着力は、「殿《しんがり》する」意気となって現れたのであった。この執着と犠牲的精神によって救われた会社は多いが、その代表的なものとして人造肥料会社を挙げることが出来よう。『青淵先生と肥料事業』と題する、現大日本人造肥料会社社長田中栄八郎氏の記述は、翁の達見と肥料に対する苦心を語るものであり、また第三者の観た翁苦心の記録でもある。

今でこそ、ここ小十年以来、人口問題とか食糧問題とかいうことは、一種の流行言葉のごとくにさえなって、かくべつ珍しくもありませんが、今をさかのぼる四十有余年前の昔に、早くも日本の将来を達観されて、人口および食糧の問題に思いをいたされた先生のごときは、実に神のごとき人と申さねばならぬと思います。

ちょうどその頃、故高峰博士が洋行から帰って、海外における人造肥料の事情を齎《もたら》されたので、先生はいよいよその抱懐《ほうかい》（ある考えを心のなかに抱くこと）の実行を思い立たれ、博士を相談相手とされて、益田男爵、故大倉男爵、浅野総一郎氏、故安田善次郎氏、その他有力な実業家に協議の結果、ここに我が国最初の人造肥料会社を起こされたのであります。資本金二十五万円で、工場を東京深川釜屋堀の地にト《ぼく》し（うらない定め）、社名を東京人造肥料会社と称しました。

さて、東京人造肥料会社を創立された先生は、ご自身地方を勧誘、宣伝して歩かれて、熱心にその製品の普及を図られたのであるが、当時我が国の農家は、化学肥料の真価を知らず、一般知識も進歩していなかったので、施用を望むものがほとんどなかったのであります。

したがって、会社の成績はあがらず、その経営はまことに困難なものがありました。加えるに二十六年（一八九三）に至り、たまたま工場が火災にあって、その大半を烏有《うゆう》に帰《き》し（火災で何もなくなったこと）、はしなくも、ここに事業の一頓挫をきたしました。悲観の極に陥った重役、株主の一部には、これを動機として会社の解散を主張するものもありましたが、深く将来に望みを抱いた先生は、断乎としてこの提議を斥け、

「この事業は、決して利益のみを主眼とすべきではない。もし多数の株主諸君にして解散を希望せらるるならば、我が国将来のため、不肖栄一、一個人としてこの会社を経営し、その株式一切を引き受ける」

とまでいい放たれて、声涙ともに下るの概《がい》があったのであります。けだし、その一言は、実に千金であって、先生の熱誠に動かされて、資本を半減の上、再び事業は継続されることになったのであります。

かくして、先生は実業界を引退されるまで、親しくこの会社を主宰されたのであるが、その後世の中の進展とともに肥料の需要は増加し、これにともなって幾多の肥料会社は創設され、ついに今日の発展を見るに至ったのであります。我が国の肥料事業が今日の隆盛を見るに至ったのも、先生がよく困難を忍び、難局を突破して、事業を守り立てられ、その範を示されたのにあるのであります。

近来、農村振興ということが、やかましく論議されるようになったが、これには肥料が重大な関係を持っているので、政府においても種々機関を設けて、調査されるところがあるのであります。私ども直接その仕事に従事しているものとして、ことに先生がはじめられ、育てられた会社

を預っている身としては、この肥料事業の現状がまだまだ理想に遠いことを、はなはだ残念に思い、かつ先生に対し、私どもの微力いまだ先生にご安心を願えぬのを、不甲斐なく思っておる次第であります。

　東京人造肥料会社は、長い年月の間に、幾多の会社を合併または買収して、漸次その大をなし、社名も大日本人造肥料株式会社と改称されたが、去る大正十二年（一九二三）には、先生のお骨折りによって、我が国工業薬品の二大勢力であり、かつ肥料を兼営して東西に覇を称えていた関東酸曹株式会社、日本科学肥料株式会社と合同し、現在では資本金三千五百万円の大きな会社となりました。

最近『舞鶴翩翻《へんぽん》録』を著し、中に、

　われらが当初よりの念願であった三社合併の一事も、両翁が表裏相応じて多大のご援助を与えられし結果、ことめでたく成就し、いささか斯界《しかい》に貢献し得たるばかりか、渋沢翁よりは、「功成於合同」の扇面に添えて、

郊原一望緑相連　　郊原《こうげん》を一望《いちぼう》すれば、緑《みどり》、相《あ》い連《つら》なり、
南陌東阡雨後天　　南陌《なんぱく》、東阡《とうせん》、雨後《うご》の天《てん》。
須識農家培育効　　須《すべから》く識《し》るべし、農家培育《のうかばいいく》の効《こう》を、
含滋吐秀兆豊年　　滋《じ》を含《ふく》み、秀《しゅう》を吐《は》き、豊年《ほうねん》を兆《きざ》す。

＊郊原《こうげん》……町はずれの野原。
＊南陌《なんぱく》……南へ通じる道路。

＊東阡《とうせん》……東へ通じるあぜ道。

＊秀《しゅう》……すらりと抜きん出た種や花になる芽のこと。

の一絶を賜い、益田翁よりは、

心をも身をもひとつにつとめなん　国をやしなふものはこのもの

なる和歌一首を贈られたるは、われらの猶怍のごとき心地して、そぞろ両翁のご懇情を深うするところである。

と記した同社専務取締役、二神駿吉氏も翁と「肥料」の関係を辿るとき、逸するあたわざる人である。

東京石川島造船所

石川島造船所は、幕府の創始するところである。嘉永六年（一八五三）、幕府は前水戸藩徳川斉昭《なりあき》をして洋式船舶築造のことに当たらしめたので、斉昭は地を石川島に相して造船の工場を営み、安政元年（一八五四）正月、三本檣《ほばしら》の帆船を起工し、同三年（一八五六）七月竣工し旭日丸《きょくじつまる》と命名した。浦賀において起工せる鳳凰丸《ほうおうまる》とともに、我が国における西洋形大船製造の嚆矢《こうし》である。そののち石川島において、君沢形と称する帆船、千代田形と称する砲艦などを起工した。

維新ののち該工場は新政府の所有に帰し、明治四年（一八七一）、兵部省の設置されるにおよび、これを造船局製造所と名づけ、また主船寮とあらため、明治五年（一八七二）、海軍省設置されてその管轄に移ったが、艦船の造修工場は、もっぱら横須賀造船所で担当したから、石川島工場はまったく閉鎖され、同九年（一八七六）、その機械および建物のほとんど全部を築地兵器局に移された。

かねて造船業に熱心であった長崎の人平野富二は、官業の停廃せしを見て、同志稲木嘉助と協力してこれを経営せんとし、明治九年（一八七六）、海軍省より借り受けて新たに工場を建築し、機械を備え、石川島平野造船所と称し、同年十月、営業を開始した。実に、民間における、西洋形船舶製造所の嚆矢《こうし》である。

開業と同時に、平野は全力をその経営に傾注し、自ら従業員を督励して大いに奮闘したため、漸次成績を挙げたが、明治十五年（一八八二）以来、新造船はほとんど全部汽船となり、帆船の建造に比し利益少なく、かつ資金を要すること多かりしため、明治十九年（一八八六）には維持困難となり、平野はしばしば翁につきて救済を懇請した。

翁は、平野が実直勤勉にして有為《ゆうい》の才あるを愛し、かつ国運の盛衰に至大《しだい》の関係ある造船業を、挫折せしむるを惜しみ、その請をいれ、鍋島閑草、伊達宗城および梅浦精一などに説きてともに出資し、総計十万円を得、匿名組合を組織し、梅浦精一に事務を経理せしめ、平野をして専ら技術の方面を担任せしめた。梅浦は、当時翁が実業界における活動の舞台として、第一国立銀行とともに力を尽くしていた東京商法会議所の書記長として、頭脳明晰、精励恪勤《かくきん》、しかも数字にくわしく、経営の才を翁に認められた人である。爾来、梅原は平野とともに、翁の指導のもとに、協力して石川島造船所のために尽瘁《じんすい》した。

かくて翌二十年（一八八七）には、排水量六百十四トンの軍艦鳥海を造った。我が国において建造された鉄骨鉄皮の軍艦の最初であった。このことがいかに重大であったかは、その進水式に皇太子殿下（のちの大正天皇）の行啓を仰ぎ、民間工場として空前の光栄に浴したことをもっても推察出来よう。

しかるに匿名組合の名のもとに、平野富二の個人経営たる形式を採るの不便なるを感じ、翁の主張により、明治二十二年（一八八九）一月、その組織を変更して株式会社とし、資本金を十七万五千円とし、有限責任石川島造船所と改称し、翁、梅浦精一、および平野富二の三人は、委員に就任し、平野を常務委員に推した。

かくて、同年二月、石川島の地所、船渠、その他附属品一切を払い下げられんことを海軍省に出願し、越えて四月、船渠付属品の払い下げを受けたが、地所の払い下げは行われなかった。しかしのちに、宮内省の管轄に転ずるや、翁の斡旋により、向こう三十ヶ年地所借用の免許を得た。けだし、明治二十四年（一八九一）四月のことである。

翌二十五年（一八九二）十二月、平野富二病没せしをもって、明治二十六年（一八九三）一月、西園寺公成を委員にあげ、梅浦精一を常務委員とした。同年商法実施せられ、これによってさらに組織をあらため、株式会社東京石川島造船所と改称し、資本金を増加して二十五万円とし、翁は梅浦、西園寺とともに取締役となり、互選の結果、翁は取締役会長に、梅浦は専務取締役に就任した。翁は爾来、明治四十二年（一九〇九）各会社の関係を絶つまで、その位置におった。

石川島造船所の経営に関与するに至ったゆえんについて、翁の話したものがあるから記しておこう。

いったい平野という人は、私より六つばかり若く、なかなか一途《いちず》の性格の男であった。で、私はよく、

「君は馬車馬のように、前ばかりしか見ないで困る」

と叱言をいったものであるが、一途であっただけに、当時は世人の重きをおかなかった造船業に

着目し、敢然これを独力でやるだけの勇気も出たのであろう。ともかくも、さしたる資力なくして、至難にして必要なる事業に先鞭をつけたのは、殊勝な大志と申してよろしかろう。さて私は、平野君に叱言をいいながらも、君の説の尤《もっと》も至極《しごく》であることを次第に諒解し、やがて私自身、日本が海国であること、したがって造船業を最も振興させねばならないことを、十分承知するようになったので、平野君から金融を頼まれるたびに、無下《むげ》に断わることをしなかった。

しかしながら、何をいっても、平野造船所には確実な資力がある訳でなく、第一銀行にしてもその性質が商業銀行なのであるから、造船のような仕事に、さように簡単に金の貸せるものでない。さりながら、当時の日本は、総ての近代的産業がようやくその緒につこうとしていたときなので、意義ある事業ならば、商業銀行であるからといって冷淡に棄てておけるものでなく、また棄てておいてはならないときでもあったので、私は海国日本における造船業の緊要を思っては、幾度か、

「金を貸すべきか、否か」

について自問自答これを久しうして、思い悩んだものであった。これはかなりの心労で、今もその頃の思案をまざまざと思い出せるほどである。

そして結局、平野君の依頼の無理からぬことを諒解し、造船業という私にはぜんぜん素人の仕事ではあったが、第一銀行から何でも七、八万円貸し出したことがあったように記憶している。

その後、平野造船所の資金難はますます加わる一方で、引き続き金融を乞われるので、その都度、

「何ら確乎たる基礎もないのに、やり損なったらどうする考えか」

と逆ねじを食わしてはいたが、そうは申したものの私の内心には、

「懸念ばかりしていては、世の中の事業が発展せぬ」

という考えがあったので、ついに明治十七、八年頃になって、かねて第一銀行にも関係のあった、宇和島の伊達家家令の西園寺公成氏と、鍋島家家令の深川亮蔵氏と、私との三人で、十万円を持ち寄って、これを平野君に貸すことになった。その出資の割り合いは、伊達、鍋島、両家から三万円ずつ、私が四万円であったと記憶している。

そのときの条件は、何でも出資に対して年八分の利子を払ってもらい、なお利益があった場合には、その中の半分を再配当として受けるという約定で、一風変わった方法であった。この出資とも融通ともつかぬ妙な援助が、私の造船業に直接関係しはじめた最初である。

かくて、前に記したように、株式会社に変わり、漸次事業も整備し、翁はその経営に次第に深入りするに至ったのであるが、株式会社となってまもない頃、その造船所の経営方針について、翁がいかに持するところが固かったかを語るに足る事実があるから掲げておく。

石川島造船所が株式組織になってまもない時分のこと、ある会社から汽鑵の註文を受けたので、まずその材料を外国から取り寄せた。

さて、着荷したのを見ると、寸法にわずかながら註文と違う点がある。それも、ほんのわずかなので、これで造ったにしたところで、効力も構造も註文品とかくべつ差異がないと思われたため、註文主にかけあったが承知しない。

しかし再輸入をすれば時日が延引し、延滞金を払わねばならず、結局は無代で品物を進呈するようなことになるので、さように訳のわからぬ註文主の註文ならば拒絶して、その材料を他に流用しようということになった。折から、その材料も騰貴したので、それに限るということになり、重役会の承諾を求めたところが、そのとき、めったに些細なことでは色を変えられたことのない渋沢さんが、俄然色をなして、ただ一言、

「石川島は、儲けたいためには、契約を破棄するか」

と叫ばれた。

これには、一同答えもなく、あらためて註文主の要求通りのものを製造して納めたが、そうなると、註文主の方でも事情を諒解してくれて、こちらに損のないようにしてくれたのであった。

渋沢さんの、そのときの一言は、爾来、石川島の作業を貫く精神となり、石川島の信用は、その一言によってまったく救われたといってよろしかろう。

『東京石川島造船所五十年史』の記すところであるが、けだし、翁の面目躍如たるものがある。ただに、石川島造船所のみでなく、おそらく他の関係会社についても、同様の経営方針をとったであろうことは想像に難くない。利益よりは信義を重んじ、論語算盤主義をもって経営するところに、翁の関係した会社の特色がある。

パブリック・ユーティリティー

・東京瓦斯会社　金融、保険、運輸、製造工業、および化学工業の先覚者たる翁は、またパブリッ

ク・ユーティリティーについても、記録すべき幾多の努力をなしたのであった。パブリック・ユーティリティーは、説明を加えるまでもなく、ガス、電気のごとく、一般の生活に必須のものであり、その性質上、普通の会社経営のごとく、利益を目的とすることを許さず、幾多の制限を受けるものである。ガス事業と翁との関係は、明治初年からである。というのは、翁の関係したガスの事業は、その源を先に記した東京府の共有金に発しているからである。

維新前、灯火として行灯、蝋燭のあったことはいうまでもない。維新後、ランプの輸入によって最初の灯火革命が起こり、ついでガス灯の紹介によって、第二次の変化をきたした。ランプのことはしばらくおき、ガス灯のはじめて点火されて世人を驚かしたのは、明治五年（一八七二）九月であった。高島嘉右衛門の経営せる横浜瓦斯会社が、明治三年（一八七〇）許可を得て、大江橋から馬車道本町に至る間に街灯を建設しはじめ、二年後に完成して点火したのであった。

東京はやや遅れて計画され、明治四年（一八七一）二月東京府知事由利公正が、火災の防止と市街の美観とのために、漸次ガス灯を市中に建設せんとし、共有金を流用して各種の機械をイギリスより購入した。

翌明治五年（一八七二）七月、機械は到着したが、当時由利は海外に使《つかい》し、大久保一翁が代わって知事になったりしたので、せっかく着いた機械も顧みられなかった。この事情を知っていた高島嘉右衛門は、これを利用して、ガス灯を東京市内に建設しようと計画したが、同時に共有金管理運用の任にあった東京会議所も、また同様の計画をたてて東京府庁に出願したから、府庁で考慮の上、明治六年（一八七三）六月、会議所に対して認可を与え、機械を交付した土地を貸与して、その事業を援助した。

当時、灯火の改良は一般に注意するところであったので、これについて種々研究考案するものがあった。松本金兵衛の「礦油灯」、西村勝郎の「現華灯」は、その主なるものであった。松本も西村も、各自己の考案を有利なりと主張し、互いに相ゆずらなかったが、ついに双方から会議所に建設を申請した。ところが府庁は、その優劣を判断するに苦しみ、ついに実地試験のため、これら二種の灯火とガス灯とを五百基ずつ建設せんとし、その費用は、府庁の許可を得て、共有金中より支弁することに決定した。

かくて府庁の許可を得たるのち、フランス人アンリ・プレゲレンを聘《へい》して技師となし、諸般の設計と技術とを担当せしめ、また「瓦斯焚爐《ガスふんろ》」を木挽町八丁目の元工部省の敷地に設けたが、ついで明治六年（一八七二）十二月、芝浜崎町に瓦斯工場を建設し、「焚爐」をここに移し、明治七年（一八七三）一月、京橋以南の街路にガス灯を建設し、同年十二月十八日よりはじめて点火したが、その数わずかに八十五基であった。けだし、東京市におけるガス灯の嚆矢《こうし》である。

「礦油灯」は、これより先、同年八月、四十八基を馬喰町通りに建設して、九月一日より点火し、「現華灯」は、明治八年（一八七四）十二月、五百基を西村勝郎より購入し、漸次三種の灯火を併用せんとしたが、明治八年（一八七四）末までに設置されたのは、ガス灯三百五十基、「礦油灯」四百十八基で、「現華灯」はいまだ著手の運に至らなかった。

ガス事業の黎明期には、翁は関係をもたなかったが、明治七年（一八七三）十一月、東京府知事より市の共有金取り締りを依嘱され、明治八年（一八七四）四月、東京会議所の委員となり、会頭となったため、爾来、非常な努力をなしたのであった。

翁はかつて西欧に在りし日、親しくガス灯を見、その効果を知り、将来大いに利用されるべきを信じていた。先に、東京会議所の関係を記したときにも指摘したように、明治九年（一八七六）に共有金を東京府庁へ引き渡したが、その際、副会頭西村勝三らと謀り、ガス灯事業をも府に移管し、独立の機関を設けて拡張を図らんとし、府知事楠本正隆に建議したところ、楠本は大いに賛意を表し、ガスおよび街灯の事業を挙げて府庁の経営となし、同年五月十一日、翁を瓦斯場事務長とし、さらに同月二十日、ランプ、現華灯事務の兼勤を嘱し、灯火に関する事務を総理せしむることとなった。

ガス、ランプ、現華灯事務の責任者の位置についた翁は、その明晰な頭脳と卓抜な経営眼とをもって、かれこれ比較考慮した結果、礦油、現華両灯の将来に成算なきをおもんぱかり、断然廃止することに意を決し、礦油灯は、同年十二月二十二日点火をやめ、現華灯は、器械を準備したのみでやめた。幾《いくばく》もなく瓦斯場は改革されて瓦斯局となり、翁は瓦斯局事務長となり、明治十二年（一八七九）七月、再び改正があって、瓦斯局長となった。

ガス事業が、会議所の所属をはなれて、府庁の直轄に帰するや、翁は、その規模を拡張すると同時に、ガス料金の低下を図り、街灯のみならず、室内の灯火としての普及に努めたが、当時一般の生活程度なお低く、かつその使用に慣れず、効用も明らかでなかったので、需要の範囲きわめて低く、ことに室内用は微々としてふるわなかった。よって翁は種々考究の結果、あるいは室内取付費月賦の方法を設け、あるいは劇場と謀りてその効用を示すなど、苦心容易ならぬものがあったが、ようやくその結果が表れ、明治十四年には需要者二百二十二戸に達し、わずかに四年の間に十倍以上になった。

かくのごとく、需要はやや増加してきたけれども、収支のバランスは依然として悪く、その将来の維持経営の見込みが立たず、前途は悲観の外《ほか》なかった。けだし、時代に先んじ過ぎたための悩みである。由来、翁の経営した事業は、だいたいにおいていつも時代の尖端を切り、常に時代に先んじ、時代を造っていったために、苦労することが多かった。もちろん長き鎖国時代から開放されて、にわかに文明の風に浴し、華やかな欧米先進国の制度文物に驚いて、ひたすら模倣吸収をこととした時代であり、むしろ行き過ぎるくらいにこれに突進したためであるが、翁の事業経営の根本観念が、利益を得んよりは、国のため世のためを計らんとするにあったからである。

ゆえに時代に先んじ、世の要求に合致するまでの期間を常に苦しんだのであった。しかし、その企画経営について、ただ単に理論にのみ走らず、常に算盤をはなれなかったところに、翁の特徴がある。数字を無視し、事業経営の根本を忘れ、いたずらに新奇を衒《てら》うことをしなかったからこそ、次第に事業の発展をきたし、翁の念願たる国家富強の基礎をなし、一般の生活向上に資することが出来たのであった。

ガス事業は、そのはじめ翁自ら企画したところではないが、いったん経営をゆだねられ、これに応じて立つ以上、それだけの用意があった。見るところがあった。自分の理想から考究し、吟味した結果、中心の声の命ずるところにしたがって、立ったのである。けだし、照明度の改良が一般の衛生と、能力増進に不可欠の緊要事であり、ひいて一国生産力を左右するところであると信じたからであった。もちろん翁のこの判断は誤らなかったが、ただ時代がこれを要求するまでに進んでいなかった。

かくて、翁の熱心努力にもかかわらず、成績はさほどふるわなかった。けだし、翁が、他の幾多の事業経営について経験したところの、時代に先んじたための悩みを、またしてもしみじみ味わいつつあるのであった。時代が進み、その要求に合うまでの――一般の要求と翁の理想とがやや同じ焦点にくるまでの忍苦、修練の期間であった。しかし、一般にはこれらの事情が分からず、当然の過程と諒解し得なかったため、府の経営とせるために成績不振に陥ったとするもの多く、かつ電気が発明され、欧米で盛んに使用されるに至った際であったから、いっそうガス事業の将来を悲観した。ために、これを民営に移すべしとの議論を生じた。かくて明治十四年（一八八一）七月、東京府会は、

「府庁直轄のもとに、営利を目的とする瓦斯局を経営するは当を得ず、かつ共有金はもと備荒貯蓄の積立金より成りたれば、ガス事業に流用するはその趣意に反せり」

という理由で、これを売却するの決議をした。しかるに、かねて瓦斯局に石炭を納入していた浅野総一郎は、早くもこのことを知り、廉価に譲り受けて巨利を挙げんとし、府会議員中の有力者らと内議し、ほぼその承諾を得たので、かねて懇意であった翁を訪ね、共同して譲受を出願せんことを勧めた。これをきいた翁は、言下にしりぞけた。

瓦斯局が今日までに資金を投じたこと容易でない。自分が責任者として立っているのに、無代同様の捨値でこれを払い下げることは出来ない。府会議員諸君は、しきりにガスが電気に圧迫せられると言って悲観しておるが、要するに杞憂《きゆう》にすぎない。この将来あるガス事業を放棄すべきでないと確信しているが、その経営について、府で当たるがよいか、会社が任ずるがよいかは考えねばなるまいと思う。

必ずしも府の経営でなければならぬとは思うておらぬから、仮に将来適当の時機において、会社の手に移すということになれば、もちろん異存はない。しかし、今にわかにこれを売却するこ

とは、断じて不賛成である。いわんや自分が先に立って、市民の共有物を払い下げて私《わたくし》するごときは、全然問題にならない。また君が個人としてこれを払い下げんとすることも、市民の利益に反することであるから、同意できない。

これをきいた浅野は、その理路の整然たると、翁の決心の堅きに驚き、争うことあたわずして引き下がった。翁は、東京府知事松田道之を訪ね、払い下げの適当ならざるを説き、さらに府会の有力者たる沼間守一、藤田茂吉、田中耕三などに会い、

「ガス事業は、ようやくその緒についたばかりであるのに、強いてこれを売却せんとすれば、すでに投下した資本を十分回収するを得ざるはもちろん、損を出さねばならない。その得策でないことはいうまでもない。しかるに今後数年を維持すれば、利益を挙げることが出来るから、そのときになっておもむろに売却すれば損もなく、有利に処分することが出来るから、ぜひ、さようにしたいと思う」

と論じ、一同翁の主張を容れ、売却の実行を延期した。

爾来、翁は、鋭意業務の拡張を図り、日に月に発展して、翁の予期に近い利益をおさめるようになったから、売却の機至れりとなし、明治十八年(一八八五)三月、瓦斯局払い下げの案を具して、東京府知事芳川顕正にいたした。事業創始以来、支出した金額は、六十二万五千円であったが、毎季純益金をもって償却したため、当時の帳簿価格は、二十一万八千九百余円にすぎなかったので、府知事も翁の意を諒とし、これを府会の議に付して、再び売却のことを決した。

ここにおいて翁は、瓦斯局副長藤本精一とともに、同志をつのり、払い下げに関する評議を重ねた結果、翁と藤本とを払い受け総代とし、あわせて会社組織に関する一切の事務をも委託した。かくて

同年八月、その払い受け代金を二十四万円と定め、授受の期日を十月一日、社名を東京瓦斯会社、資本金を二十七万円とすることを決議し、翁は藤本とともに選ばれて創立委員となり、同月二十八日、払い下げ願書を府知事渡辺洪基に提出し、九月一日、その許可を得、創立総会を第一国立銀行内に開き、定款を定め、委員を選んだ。このとき委員になったのは、翁のほか、藤本精一、須藤時一郎、大倉喜八郎、および浅野総一郎であった。翁は選ばれて委員長に就任した。

ガス会社成立時における需要者の数、三百四十三戸、灯数六千六百七十八個、街灯四百基、ガス管延長十一マイル六十二チェーン、一日のガス需要高、平均七万千五十五立方フィートであって、これを今日に比すれば霄壌《しょうじょう》の差（天と地ほどの差）があるが、当時にあっては機関の全力を用いたのであった。

かくて事業の発展にともない、明治十九年（一八八六）一月、資本金を増加して三十五万円とし、あるいは芝浜崎町工場に機械を増設し、あるいは南千住に工場を新設するなど、内容の充実につとめ、またあるいは料金を低減し、割引の方法を設けて需要の増加を図った。明治二十七年（一八九四）一月、商法に準拠して社名を東京瓦斯株式会社とあらため、委員は取締役監査役となり、翁は取締役会長になった。ついで同年七月、再び増資して、五十二万五千円とした。この前後において、工場数ヶ所を増設し、技師を欧米に派遣して機械を購入せしむるなど、着々その成績をあげた。

・**講壇に説く**　東京瓦斯会社の沿革史における、初期の経緯を記してここまできたとき、逸するあたわざることがある。それは何か。前に記したごとく、ガスの設計と技術については、当初フランス人アンリ・プレゲレンをして担当せしめた。翁としては、「日本人」による日本の事業を理想としていた。もちろん偏狭な外国排斥でないことは、あらためていうまでもないが、日本の興隆と日本人の向上とを念願とする翁は、すくなくとも自ら経営する事業については、出来るなら日本人の頭脳と技術とによりたかった。この意味において、瓦斯局の事業も日本人の技術家によって、その方面を担当されんことを希望した。そこで東京大学総理加藤弘之に謀り、加藤も大いに賛同し、理学士所谷英敏を推薦した。翁は、大いに喜び、その採用を決せんとする際、所谷の態度がはなはだ煮え切らない。

翁は不審を抱き、そのゆえんをただしたところが、所谷の答えはこうであった。

「今度、加藤総理のご推薦によって、瓦斯局にはいることになっておりますが、聞くところによりますと、瓦斯局はいずれ民間の経営に移されるということでございます。それでは私の希望と反するものでありまして、進んでご採用を願う訳にまいりません。元来私が大学に学んだのは、官吏たらんがためであります。せっかく大学を卒業して、名誉も地位もない民間の事業に従事せんとは思いもよらぬところで、とうてい我慢ができません。ゆえに、せっかくでありますがご辞退したいと考えたため、だんだんと日を送っていた次第でございますから、何とぞご諒承を願います」

就職を喜ばぬことはともかく、官吏たるを名誉とし、民間の事業にたずさわるを不名誉とする当時の陋習《ろうしゅう》、官尊民卑の思想による申し出は、翁としてはききずてにならない。翁が官界における洋々たる前途を弊履《へいり》のごとく捨てて、実業界に投じた一半の理由が、官尊民卑の打破にあったことは繰り返すまでもない。しかるに、当時唯一の大学卒業生であり、最もこの弊風打破に共鳴するであろう人から、明確に官尊民卑の思想を主張されたので、意外でもあり残念でもあった。そこで翁は説いた。

意外千万なことをきくものである。君のいうところによると、官には名誉があるけれど、民間の事業には名誉がない、地位がない。大学に学んだのは、官吏たらんがためであるということに諒解する。

しかし自分はそうは思わない。大学に学んだのは、学問を修めんがためであって、職業のいかんは二の次であると考えている。もし真に官吏たらんがために大学に入ったとすれば、そもそもの初めから間違いである。官に名誉があり、民間にこれがないとするのは、一般の弊風であって、君らのごとき前途ある青年は、これを打破せねばならぬ立場にあり、当然、そう考えておるとのみ信じていた。

しかるに、事実はこれに反し、君らもまた、その弊に泥《なず》んでおることを知って残念千万に思う。かくのごとき迷いからさめて、真正の職業、地位に関する考えを立てねばならない。

自分自身のことをいうのもどうかと思われるが、自分は官を尊しとし民を卑しとする一般の陋《ろう》を矯《た》めんとして、大蔵省における相当な位置を自らやめて、民間の人となった。

このことはきいて知っておることと思うが、その渋沢に対して、官を重く視、民を軽んずる、今のごとき言をなすのはその意を得ない。いったい渋沢に名誉なく地位なしとするか、この自分を卑しと排するのであるか。君が瓦斯局に従事するか否かは別に考えて、いずれに決めてもよいが、根本の思想については、よく君にききたいのである。

これに加えて、東京府の事業をもって官のものとし、これを重く視、その手をはなれるのをもって卑しとなすは何ごとであるか。よく考えて返答をしてもらいたい。

だいたいこうであったが、自信に充てる言葉と、態度と、脱破せずんばやまぬ気魄と迫力とは、相当な威圧を与えたに違いない。しかし、所谷はなかなかに服せぬ。

「それでは」

といわない。ついに物別れになったが、翁は安んじない。そこで加藤を訪ね、信ずるところを披瀝して懇談した。

「過般、所谷君をご推薦いただき、瓦斯局の方では、採用のつもりにしましたところ、本人がどうも望まぬようでございます。進まないのを無理にとは申しませんが、その理由が、商工業者の地位が官吏よりは低く、常に官吏の下風に立つということを申しますのをきいては、一言なきを得ませぬ。本人には篤《とく》と自分の信ずるところを言っておきましたが、一応総理にも申し上げたいと思い、お邪魔した次第でございます。

いったい、官吏を尊とみ、商工業者を卑むは、古来の弊風でございますが、この陋習《ろうしゅう》を一洗しなければ、国家将来の発達進歩は期せられませぬ。そのゆえんは、私が喋々《ちょうちょう》するまでもなく、ご諒解のことと存じます。

しかるに、最高学府たる当大学の卒業生から、官尊民卑の論をききますのは、残念でもあり、憂慮にも堪えません。そこで考えましたのは、このごとき思想を抱くに至ったのは、大学の教育の方法、そのよろしきを得ないためではないかということでございます。総理に対して不躾《ぶしつけ》にもなることを申し上げるのはどうかと考えましたが、言わずにおくべきでないと思い、推して参上した訳でございます」

「ご議論はごもっとも千万です。大学でも平素その点には注意しておりますが、とかく学生が官吏になりたがる風がありまして、憂慮もし、慨嘆もしておるのでございます。

これは、一つは、商工業者のことなりその業界のことが学生らに判らないためではないかと思います。ゆえに、出来るなら、その実際について講義をしてみたらばと考えておりますが、どうも適当な案がありません。あなたが学生の一般の風を憂慮され、これを矯《た》めたいと考えてくださるのは、まことに感謝に堪えないところで、一つ奮発して、講壇に立っていただけませんか」

「講義をするほどの学識もありませんし、それにご承知の通り多忙に暮らしておりますので……」

「ご多忙のことは、よく承知しておりますが、学生ら将来のためご無理を願いたいと存じます。学識がないと謙遜されますが、あなたほどのご経歴と、ご経験とを具えている方はありません。ぜひ願いたいものです」

「恐縮千万なご称讃でございますが、私の貧しい経験をお話しすることが、何らかお役に立つということでありますなら、時間はどうにか繰り合わせましょう」

「ご承諾を得て満足でございます。それでは勝手でございますが、お願い申します。私の案では、あなたのご経験、商工業界の現状などより、商工業者の卑しむべからざるゆえんを、事実をもってお話しいただければ、私どもの希望を達することが出来ようかと思っております」

「ご趣旨は諒解いたしましたから、出来るだけ努めてみましょう」

かくて翁は、講師として大学の教壇に立つことになった。東京大学第二年報に、「明治十五年九月より十六年七月まで、渋沢栄一に日本財政論の講義を嘱する」旨を記されたのは、これがためである。翁は、文学部講師となり、「日本財政論」を担当し、「銀行条例に基き、営業の箇目より貸借の方法、金融運転の状態に至るまで、実際に施行するところを講説し」また、「まず東京、大阪、横浜等について、商情運輸の便否などを説明し、これより進んでなお他の殷繁《いんはん》の地の商業を略説し、昨年日本銀行の創立あるにより、すなわち該銀行の組織作用、およびその営業の全国諸銀行に関係すべき理由により、金融効用のいかんに至るまで、あげてこれを講説し、前に講義するところの一般銀行の状態とあわせ鑑みて、その経営するところを了解するに便せり」と、翁が大学当局に対して報告しているごとく、実務について、詳細広汎なる講義をしたのであった。

「講壇に立った」ことは、翁の経歴からみて特異なる場面であるのみでなく、大学の歴史にも、また興味あるページをなした。この変化の因をなした所谷はどうしたか。いったんは頑強に断ったが、加藤総理の訓諭と翁の力説とにより、翻然《ほんぜん》思い返して瓦斯局に入り、のちに会社となるにおよび技師長として鋭意経営に資したが、病のため早く逝《ゆ》いた。ガス事業そのものについての努力はいうまでもなく、従事者につきてもこれほどの苦労をした翁の粘り強さは驚くべきものがある。さらにガスのみでなく、どの事業についてもまた同様の努力と苦心をしたことを思うとき、真に驚嘆を禁じ得ない。

それはとにかく、その出発において、かく苦心を重ねたガス事業については、引き続きその経営につき努力を続け、幾多の波瀾と曲折をみたが、これについては、長くその経営に携わった工学博士高松豊吉の記述がある。

私が瓦斯会社に就職のはじめ、経営の事務に不馴れであったために、ときに他の重役と折り合いのわるいことがあったが、私としては、いまさら瓦斯会社を辞職することも出来ず、耐忍して務めたならばついには経験を得て成功するだろうと決心し、大学の有力な教え子四人ばかりも入社させて、もっぱら技術方面の仕事をまかせ、私は経営の方の仕事に努力しているうちに、「日露戦争」がはじまり、たちまちにして石炭の飢饉に遭遇し、大いに困難を感じたのである。これは船舶がほとんどみな御用船となったため、室蘭から横浜への船がなくなったからであるが、種々運動の結果、日々石炭の供給も出来て安心した。

しかるに、東京市内におけるガスの需要はますます増加して、風月堂で軍用パンを焼くためとか、砲兵工廠の下請けをやっている工場で、ガス・エンジンを据え付けるためとか、また灯火用も需要激増で、非常に会社の景気がよくなって、多大の利益をあげ、株主配当も一割四、五分をなし、積立金も百五、六十円にまで上がったのである。したがって、瓦斯会社は引き続いて毎年工場の拡張をなし、資本金のごときも順次倍額に増加して、約十年間に三千五百万円となり、私の入社した当時の十倍にも発展してきた。

かような状況にあった四十二年（一九〇九）七月、渋沢さんは七十を迎えられて、あらゆる営利事業会社の重役を辞任されたが、同時に瓦斯会社取締役会長をも辞せられた……。

要するに、東京瓦斯会社において私は、渋沢さんの人格の偉大さに直接に触れていたので、その事業のために尽くされた功績に対して感服し、私が瓦斯会社であれだけの仕事をなし得たのも、上に渋沢さんのごとき人がおられたからであると考えている。

高松博士が応用化学の権威であり、ガス事業界の功労者であることは、こと珍しくいうまでもない。博士が東京瓦斯会社に入ったのは、明治三十六年（一九〇三）で、当時工科大学教授であったのを、翁が引き抜いたのであった。翁が実業界を引退したのち、同社の社長となり、明治四十三年（一九一〇）千代田瓦斯会社の合併を完成し、大正三年（一九一四）に、久米良作氏にその地位を譲り、爾来、また専攻の学問に帰り、八十歳を越えた今もなお、学界のために尽くしつつあるのは人の知るところであろう。

高松博士と東京瓦斯会社との関係は、渡辺福三郎氏のあとをうけて常務取締役となったことからはじまるが、同社の常務取締役には、渡辺氏の前に大橋新太郎氏がおった。翁の生涯を辿るとき、幾多の場面に大橋氏の名がでてくる。その数多き関係の最初は、東京瓦斯会社の経営を共にしたときからはじまったのであって、東京瓦斯会社と翁との関係を記し来たって、大橋氏を逸することは出来ない。翁との関係について、大橋氏が自ら談話したところを引こう。

今より三十五、六年前に、私が青淵先生のもとに働きましたときの、一、二のことを申し上げてみたいと思います。

ちょうど明治三十年（一八九七）でありますから、青淵先生がもう六十歳前後のときと思います。まだ私が、ここにおいでになる敬三さんより少し若いような気がしました。その当時、専務取締役で第一銀行監査役の須藤時一郎君、ときの東京市会議長を兼ねておられました。この須藤君の弟《てい》（教えを受けたもの）には、沼間守一、高梨哲四郎というような有名な政治家もおいでになりました。私は取締役になりまして、須藤君と会社のことについて意見を異にして、非常に議論をいたしました。ところが、須藤君は非常に腹を立てて、

「僕は辞めるから君がやったらよろしかろう」

すと、
といって、なかなか短気の人でしたから怒ってしまった。そこで、青淵先生にそのことを申しま
「君がそんなことをいいだして、須藤君を怒らしてしまったんだから、君があとを引き受けてやったらよろしかろう」

というご命令でありました。私も困りました。

「私は家業が本屋で、はじめてからいまだ十年ばかりです。それを抛《なげう》って毎日会社に出るご用を承っては、はなはだ困りますから、どうかひとつ、他の方をご推薦を願いたい」

こう申しましたところが、それでは第一銀行のその頃重役をしておりました日下義雄さんに、君がそういうなら頼んでみようということになって、日下さんが青淵先生のご指名であったものですから、四、五日来てお調べになりましたが、共に第一銀行におって、須藤君のあとを自分が引き受けると、また須藤君から文句をいわれると思って、とうとう日下さんはお逃げになってしまったので、どうも自分がいいだしたのだからやむを得ない、青淵先生のご命令通りに、会社の専務をやったことがあります。

それで、青淵先生に、

「少々改革をしたいと思いますが、よろしうございますか、人事問題を一切お任せくださいますか」

といいましたら、よろしいということでございました。そこで、年も若うございましたから、ずいぶん乱暴な改革をいたしました。社員のこらず、ひとまず解職を命じました。そうして、事業

は一日も休むことの出来ないガス事業ですから、午後二時解職して、四時に、さらに使う人間に辞令を交付するというようなことをやりました。支配人、事務長、技師長、課長、あらかた取り替えまして、私がこれを青淵先生のところへ持っていって、

「こういう風に改革いたしました、ご承認を願います」

といいましたら、青淵先生が、

「すこし乱暴すぎるじゃないか」

とおっしゃいました。そのときに私が、

「老朽の者を残らず淘汰しました」

といいましたら、先生が、

「君、老朽老朽というけれども、君より僕は年上だ、老朽の者もあるが、老練の者もある、そう君のように老朽老朽といわれては困る」

はなはだ若気の至りで、青淵先生からお小言を頂戴して恐縮したことを、今なお記憶しております。

・東京電灯会社と電話民営　翁の関係したパブリック・ユーティリティーとしては、ガス事業のほか電燈事業があり、電話の事業がある。電灯については、かつて西欧に遊びし際、パリ市役所、その他有名なホテルなどの前に電灯のかがやいているのを見て、驚異の目をみはった経験がある。当時パリでも電灯は新たな試みで、フランス人にも珍しかったのである。爾来、次第に普及し、東洋にも行

われ、上海などでは用いられるようになったので、常に先端をいく翁は、これを我が国にも採り入れんとした。

かくて明治十八年（一八八五）の頃、大倉喜八郎と謀り、銀座の大倉組の前へ電灯一基を点じ、はじめてこれを東京市民に紹介した。これを見んため群衆が毎夜殺到したことを、『六十年史』に記してある。やや誇張してきこえるかもしれないが事実である。

当時、紙幣寮吏員であった矢島作郎は、藤岡市助と謀り、電灯会社を設立せんとしたが、有力者の援助を受けなければ、とうてい目的を達し得ざるをさとり、翁および大倉喜八郎などに援助を懇請したので、翁はその請いを容れ、大倉などとともに、明治十九年（一八八六）七月、創立委員となって東京電灯会社を起こし、成立ののちは委員として経営の任についたが、幾《いくばく》もなくこれを辞した。

ゆえに翁は、電灯会社に対しては、そのはじめ会社の設立を幇助《ほうじょ》（力を加えて助けること）したというのみであるが、現在ともかくも五大電気会社のリーダーとして、業界に巨大の影を投じている「東電」の基礎を作ったことによって、翁のこの努力は意義深いものがある。

電話はさらに深い関係があった。電話は発明の翌年、明治十年（一八七七）機械を輸入し、政府はこれを東京、横浜間に試用して、その有効なるを確かめたけれども、いまだ一般の用に供するには至らなかった。

明治十六年（一八八三）、工部大書記官兼電信局長石井忠亮、清国へ出張の際、上海において電話交換局を視察し、電話業務開設の急務なるを感じ、帰朝ののちこれを工部卿佐々木高行に復命した。佐々木はこれに耳を傾け、同年九月、官設もしくは民営をもって、電話事業を起こさんことを太政官に申請したが、太政官は民営にゆだねる意向であった。電話実施の主張者として注意を怠らなかった石井は、この間の事情を翁に語り、民業として経営せんことを慫慂《しょうよう》（勧めて仕向けること）した。

翁はただちに賛同し、大倉喜八郎、益田孝などの同志を語らい、電話会社の設立を計画し、まず政府に民業として許可するや否やを質《ただ》したるに、当時電信は政府の専有するところであるが、電話についてはいまだ何ら決定せず、規定さえない状態であるが、民間で経営するというならば、許可すべき内意であることを確かめた。よって翁は、同志とともに醵金《きょきん》（金銭を出し合うこと。拠金）して、理学士沢井廉《れん》に電話に関する調査を嘱託し、明治二十年（一八八七）、アメリカに留学させた。

しかるに、幾もなく廟議一変し、これを官業として経営することとなり、逓信大臣榎本武揚《たけあき》は、旨を翁に伝えて前議を取り消し、さらに翁らより沢井廉を譲り受けて技師に任命し、もっぱら電話の設置に当たらしめ、明治二十三年（一八九〇）十二月十六日、東京、横浜の両市、および両市相互間に、はじめて公衆電話の開設をみた。この日翁は、銀行集会所の会合に出ていたが、来会者の勧めにしたがい、はじめて銀行集会所から第一銀行ならびに株式取引所に通話したのであった。けだし、日本における電話の第一声――民間の人としての第一声は、翁のあの力強いバスであったろう。

かつて、ときどき電話民営論が出、逓信省の民営案も新聞に報ぜられたこともあるが、なかなか実行に至らないのは、世のひとしく知るところである。もし翁らが計画した当時、予定の通り民営主義で終始していたなら、電話が高価に売買され、電話売買業者の運動によって、電話急設料金が左右せられるという、バカバカしいことは起こらなかったであろう。さらにアメリカにおけるごとく、簡便迅速に、真にパブリック・ユーティリティーたる面目を発揮し得たであろう。

帝国ホテル

帝国ホテルの沿革は、実に近世日本の歴史である。三百年の鎖国によって、封鎖経済を営んだ日本が、明治維新によって急に海外文明の洗礼を受け、力のかぎり先進国のあとを追ったことはすでに記した。にわかに、鎖国の夢やぶれた当時の日本には、ほとんど科学的な施設はなかった。今見る「ホテル」のなかったことはもちろんである。

かかる折から、条約改正に関連し、生活程度の向上、欧米式生活の急施が必要になった。かくて政府は、臨時建築局を設けてしきりに煉瓦建築を起こし、「鹿鳴館時代」を現出して一般を導き、ひたすら欧化主義の普及に努めた。この運動の中心であった井上馨が、翁と大倉喜八郎とを説き、「ホテル」を設けることになった。

「官命のホテル発起人」として、翁および大倉が起こった。したがって、ホテル会社——正確には「有限責任帝国ホテル会社」——は、麹町区内山下町に四千二百坪の土地を、六十年間政府から借りる権利を得た。かくて、資本金二十六万円をもって、明治二十三年（一八九〇）十一月、創立されたのが、最初の「帝国ホテル」であった。

今から考えると不思議であるけれども、当時は宿泊者平均一日十四人以下で、食事をとるもの平均十五人、お茶の数平均十五であった。これは、日本ホテル業初期の実情である。

年経ってのち考えると不思議であるが、日本の首府における最初のホテルの主なる目的は、単に国際儀礼の意味より、海外からの来訪者を厚遇する場所を有することであった。

と、同ホテル取締役兼支配人犬丸徹三氏が、『帝国ホテルの沿革』の中に記したように、その経営ははなはだふるわなかった。しかし、当時の華やかな社交をリードした天長節の夜会――流行のトップを切った鹿鳴館の夜会の料理を引き受けたことは、ホテルの歴史の第一頁を飾る光栄であった。

翁は、創立とともに理事長となり全般を総理した。明治二十六年（一八九三）、商法の規定に準拠し、組織をあらためて株式会社とし、翁は取締役会長になった。明治二十七年（一八九四）、濃尾震災とともに起こった地震によって、建物全体に大打撃を受け、また日清戦争の勃発によって営業上に影響を受けた。しかし、常務取締役横山孫一郎の奮闘と、日清戦争の栄ある結果とによって、漸次業況回復の域に達するを得た。

明治三十二年（一八九九）、今の京浜鉄道線の高架線は出来、鉄道作業局より敷地倍賞金を得て、本館の外観を整えるとともに、内容充実に努力し、またこの頃翁が力を尽くした喜賓会と提携して海外よりの来遊を勧めた。かくて明治三十五年（一九〇二）三月、エミール・フレーグを営業部長として迎え、社内諸設備の改善、職別の変更、および人事の移動を断行した。日露戦争後、増資して資本金を四十万円とし、同時に従来一株金百円であったのを、五十円にあらためた。

明治三十九年（一九〇六）十一月、築地にあったメトロポールホテルとの合併問題が起こり、四十年（一九〇七）一月の株主総会においてこれを決し、同時に株式会社帝国ホテルと名称をあらため、資本金を倍額八十万円に増加した。このときあらたに選ばれた重役は十人で、翁が会長となり、取締役には大倉喜八郎、原六郎、村井吉兵衛、若尾幾造、横山孫一郎などが当選し、監査役として浅野総一郎、喜谷市郎右衛門などが選挙せられた。これら堂々たる幹部が最初に悩まされたのは不況の対策で、そのため外国人の従業者全部を解傭《かいよう》し、またメトロポールホテルを季節的に営業することとし、林愛作を支配人として迎えた。

かくて明治四十二年（一九〇九）十月、翁が取締役会長を辞するや、大倉喜八郎はそのあとを継いだ。爾来、翁は相談役として経営に関与し、大正五年（一九一六）今のホテル――ライト式建築の案を可決し、いよいよその実行に着手したとき、敷地の買収、資金の調達などにつきて尽力し、ついにあの建築を完成せしめたのであった。

日本煉瓦製造会社

我が国において、レンガ建築がはじめて姿を現したのは「銀座」である。明治五年（一八七二）二月下旬の火災によって、翁が耐火建築の必要を力説し、「煉瓦地銀座」の現出の因をなしたことはすでに記したが、翁のこれらの主張によって生まれたのが、我が国レンガ建築の先駆であった。

明治十八年（一八八五）、最初の内閣が組織され、伊藤博文が総理大臣となり、井上馨が外務大臣になった。かくて、条約改正の準備として欧化主義の普及につとめ、いわゆる鹿鳴館時代を現出したのであった。この傾向にともなって、司法省、裁判所、その他の官衙《かんが》（役所、官庁）、議事堂の洋式建築が興され、ために臨時建築局は設けられ、井上外務大臣はその総裁を兼ねた。

かくのごとく大建築の相ついで行わるるにつきて、従来の「手抜き煉瓦」では適当でないというところから、欧米の製造法に倣《なら》って、機械によってレンガを製造することになった。

しこうして、このレンガ製造は、当初政府直営の方針であったが、実施するに至らずして方針をあらため、民間の経営にゆだねることになり、井上は翁を説いた。よって、翁は益田孝その他同志の人々と謀って、資本金二十万円をもって日本煉瓦製造会社を創立した。明治二十年（一八八七）十月二十日のことである。政府の勧誘により創立された関係から、この会社に対し政府は特に保護を与えた。その一は、製品全部を政府に買い上げることであり、その二は、ドイツより専門の技師を聘《へい》し、製造法を指導せしむることであった。

けだし、レンガ製造の黎明期において、その前途の見透しは全然つかず、危険を冒して着手するもののなきゆえに、当時では大会社たるべき資本金二十万円をもって、堂々と出現した日本煉瓦製造会社を多として、政府もかくのごとく厚く保護したのであった。政府の保護に気勢をあげ、種々踏査研究の結果、埼玉県大里郡上敷免《じょうしきめん》に地をトし《ぼく》（うらない定め）、工場の建設に着手した。ところが、意外な蹉跌《さてつ》を生じた。それは、井上の外務大臣辞職と臨時建築局総裁解任である。そして、政府の建築方針はにわかに変更され、現に着手中のものを残し、他は全部中止することになり、同時に日本煉瓦製造会社に対する保護を撤廃した。

この根本的打撃によって、株主らは色を失い、失望の余り事業廃棄説が有力になった。創立後まもなく、その工場さえ出来ない間に、会社創立の主なる原因と見られるほどの政府の保護を撤廃されては、会社の前途に望みを失い、廃業を主張する者を生じたのも当然であろう。

「社内はあたかも、ワーテルローの落日を眺めんとして、長大息しきりなるに、独り先生は断乎として既定の計画に突進された。私は常に、先生の温容の中に、犯し難きところあるを認める」と、創立以来同社のため努力し、現にその取締役会長である諸井恒平氏が記しているように、翁は予定の方針を変えなかった。

かくて製品は出来たが、第二の困難が起こった。輸送の障害である。当初、政府の保護に信頼して、原料の豊富なるとその質の優良なる点に重きを置いて、工場の敷地を選んだのであるが、いよいよ製品が出てみると、頼み切った政府の保護は撤廃され、運輸条件は重大な要素となり、これが解決は焦眉の急を要するに至った。工場はレンガの堆積に苦しみながら、需要者には代品を納入せざるを得ざるに至った。

当時、トラックはなく鉄道さえなかった。ただ川を利用し、舟によって運搬するのみであった。よって三百艘の川舟を新造して難局打開を企て、ようやくにして目的を達した。辛うじて運輸上の故障を除去すると、また需要方面の急変によって、川舟は不用になった。それは碓氷《うすい》トンネル工事の開始により、レンガがもっぱら同地に送られることになったからである。はじめたばかりの運輸業を廃し、船夫の離散したのは当然の帰結であった。

しかるに、「碓氷」の工事は、二年を経て完成し、レンガは再び東京へ仕向けることになり、またしても運輸上の困難に直面した。川舟による運輸兼営を計画したこともちろんであるが、一度離散した船夫は復《ま》た帰らず、ついにその目的を達するを得なかった。そこで、種々対策に腐心した結果、深谷に至る鉄道を敷設することになった。そして直面したのは資金問題である。

従来相ついだ苦境切り抜けのため、無理に無理を重ねてきている。あるいは借入金により、あるいはその他の方法により、出来るだけの手段を尽くしたあとである。資金捻出の途《みち》はなかった。

私はこのとき、意を決して先生を訪れ、この苦衷を披瀝《ひれき》した。この陳情の責任は、すこぶる重大といわねばならぬ。私は辞表を懐にして先生に願った。先生は篤《とく》と私らの進言に傾聴され、再考の末これを容認された。そして一言も、既往《きおう》の失敗におよぶところがなかったのである。けだし、先生は語られる。

「過去をかこつは愚人である。愚人とならんよりは、進んで将来を企図せねばならぬ」

と。私はこのときほど、先生に敬服したことはなかった。

と諸井氏が記したのは、このときのことである。翁は、益田男爵、藤本文策、その他会社に関係ある人々に謀った。これらの人々にしても、過去の経過を考えては気が進まない。相談は停頓し、渋滞した。なかには、このうえ出資するよりは株式全部を放棄したいと極言する者さえあった。しかし、翁の熱と努力とによって議まとまり、株主から資金を借り入れて鉄道を敷設することに決定した。

かくて、鉄道が出来、更生の曙光《しょこう》ようやく認められるに至ったとき、日清戦争後の好景気を迎え、レンガの需要にわかに増加し、全能力をあげての製造も間に合わず、十年間塵に埋もれていた数百万のストックもたちまち一掃されるに至った。そこで、明治三十年（一八九七）上半期には、年一割の配当を行い、越えて三十二年（一八九九）上半期には、長年苦しんだ負債全部を完済した。

会社の更生と、渋沢翁の還暦を祝賀したこの年、事業拡張の議起こり、資本金を増加して三十万円とし、工場の能力、設備の規模を倍加し、爾来、順調に発展の一路を辿り、明治四十二年（一九〇九）、翁辞職ののちも好況を続け、大正六年（一九一七）に、創立三十年を記念して、普通配当二割のほか、払込金五十円に対し六十円の特別配当を行うまでになった。

東京帽子会社と魚介養殖会社

「フェルト」帽子製造の日本における歴史は、明治二十二年（一八八九）の日本製帽会社からはじまる。翁が、益田男爵、益田克徳、横山孫一郎、得能通要などと謀って創立したもので、資本金十万円をもって出発した。工場敷地として、小石川区氷川町の一角を選び、アメリカ人ウイリアム・アンソン、イギリス人ナサニエル・ウートンを聘《へい》して技師とし、明治二十三年（一八九〇）五月から製造を開始した。

事業を開始して苦しんだのは、職工の欠乏であった。知識もなければ経験もない人々によって造られた帽子は、生地の不平均、糊の不揃い、染色の不手際のため、とうてい市場に出すを得なかった。折柄、同年八月、火を失し、ほとんど全焼の難に遭った。翁の創始した事業のいずれもが、その創設期において受けたと同様に、苦難の洗礼をこの会社もまた受けた。しこうして、いずれの場合にもそうであったように、翁の熱と力とによって挫折を免れた。

明治二十三年（一八九〇）九月、開催された臨時株主総会において、翁は熱心に再興を主張し、ついにその議をまとめ、翌年一月、選ばれて相談役となるや、もっぱら社業の整理に努め、人事の刷新に力を用いた。明治二十五年（一九〇二）三月にはウートンが、また五月にはアンソンが、契約の期満ちて帰国した。

当初全然素人であった職工も、多少の経験と熟練とを積み、やや見るべき製品を出すにいたったのに望みを置き、外国人技師解任ののち、もっぱらこれら職工の激励につとめ、毎月四、五百ダースを製造し得るに至った。技術的には、とにかく曙光を認めたとき、資本的にゆきづまった。創業第一歩にして全焼の厄《やく》に遭ったことは、その最大の原因である。原料の選択、当を得なかったこともまた一因である。さらに無智の職工育成のために、目に見えて無駄をしたこともなかなか大きい。

かくて、設立以来四年にして、資本金に近き、金七万円の損失を計上する有様であった。この巨大な損失を計上する以上、資金の枯渇《こかつ》はいうまでもない。いかにしてこの難局を突破するかは、当面の問題であった。よって、明治二十五年（一八九二）十一月、臨時株主総会を開き、その対策を凝議《ぎょうぎ》した。

第一案は、半額減資の断行により損失を填補《てんほ》し、あらたに四万円の新株を募集するというのであった。これは、株主の否決するところとなった。

第二案は、肩代わりであった。適当な後継者を求めて、これに事業全部を譲る案であった。第二案についても相当議論があり、容易に決しなかったが、翁の発議によってついにこれを採ることになった。そして、後継者として組織せられたのが、東京帽子会社である。東京帽子会社は、

「せっかくこれまで骨を折って手習いをしたのに、清書しないで閉鎖するのは誠に残念である」

として、翁が日本製帽会社株主を説いて、その身代わりとして組織したもので、明治二十五年（一八九二）十二月、資本金三万六千円をもって出発した。翁は取締役会長となり、益田克徳、藤本文策は取締役となった。

東京帽子会社として更生したこの事業は、貴重なる経験によって技術的には基礎があり、旧会社の解散によって損失を解消して資本的にも弾力がある。これに加えて、翁自ら陣頭に立ち、鶏を割くに牛刀をもってした。従業者の気持ちから違ってきた。かくて、第一年度において、八分の配当をなし、次年度において、一割六分の配当をするに至った。

しこうして、日清戦争の勃発によって、帽子の需要激増し、規模拡張の必要にせまられて倍額に増資し、ハイ・テンポで進みゆく需要に応じた。かくて、明治三十年（一八九七）前後には、毎年三、四万円の利益を計上する盛況に達した。この趨勢《すうせい》に刺戟されて出来たのが、帝国製帽会社であり、明治製帽会社であり、浜谷製帽会社である。

相ついで創立されたこれら新会社は、いずれも東京帽子会社の嘗《な》めた苦難を味わい、惨憺《さんたん》たる経過を辿った。この間、東京帽子会社は依然順調をつづけ、毎年二割の配当を維持し、明治四十年（一九〇七）に至り、資本金を増加して金十五万円とした。このとき、明治製帽会社から合併の申し込みを受けたが、むしろ進んで買収するの適当なるを認めて、これを実行した。いま東京帽子会社の本社を置く本所工場が、明治製帽会社の工場であった。

明治四十二年（一九〇九）、さらに資本を増加して二十二万五千円とし、爾来、時勢の進展に応じ、次第に規模を拡張し、現に歴史と技術とにおいて、我が国製帽界に雄視《ゆうし》しているのは人の知るところであろう。創立以来繁劇の間を、この時代に先んじて進むべき事業を指導してきた翁は、明治四十二年（一九〇九）幾多実業界の関係を絶ったとき、取締役会長をも辞したが、そののちも常にその業況に注意を怠らなかった。

帽子が文化人の装飾品であるとともに、必需品であることに着目して、この難事業を仕立て上げた翁は、全然趣の異なる方面で特殊の経験をしている。それは、養魚のことである。四面海をもってめぐらされている日本、海産物の豊富をもって称されている日本において、事業としての養魚を考えることさえ、普通では困難である。しかも、明治初年食糧問題について、何ら考慮を払われることなかりし時代に、すでにこれを思い、これを実行した翁は、どこまでも先端人であった。

翁と養魚とは、深川の洲崎養魚場の関係が最初である。洲崎養魚場はもと桜田親義のはじめたもので、創始以来損失に損失を重ね、苦心惨憺たるものがあったが、桜田は公用をもって海外に赴き、旅に病んで逝いたため、その経営も廃された。かねて、桜田と懇意であった翁は、友人の創始した事業の廃絶せんことを惜しみ、これを譲り受け、あらたに樹木を入れ、石を運び、池中の島に亭を造り、遊覧に適せしむるとともに、養魚を続けた。

しかるに、明治二十一年（一八八八）、洲崎遊郭が設けられ、周囲しだいに開けゆき、養魚地として適当ならざるにおよび、敷地の大部分を売却した。かくて、翁直接の養魚事業は、だいたいにおいて廃せられたが、また異なる形において、この事業に関係を続けた。それは、洲崎養魚会社の関係である。

洲崎養魚会社は、洲崎養魚場管理人、関直之の考案によって組織されたものである。関は、翁と同郷埼玉県の出身である。同郷の先輩渋沢子爵を目標として上京し、実業界に身を投ぜんとしたが、サラリーマンとして平凡な経路を辿るには、余りに野心があった。東京市中を彷徨《ほうこう》して、自己の事業とすべきものを求めた。雨の日も風の日も、厭《いと》うところはなかった。空しく求めて得ず、焦慮に痩せる思いを抱いて迷い込んだのは魚市場であった。喧嘩にも似た応対と、昂奮し切った空気に、驚きの眼をみはった関は、消えゆく魚の巨大なる量と、そのゆくえとに考えをいたした。しこうして、大都市「東京」の、魚に対する需要の思いのほかに大なることを知り、長く求めた答案を得た。それは、「養魚」の有望であるということであった。

養魚業経営の案をもって、翁に相談した。

ただちに容れられたとは思わぬ。しかし、関の熱はついに翁を動かし、洲崎養魚場の管理となって現れたと見るのは、見当違いではないであろう。「養魚」をもって、終生の事業とせんとする関は、夜も寝ずに苦心し、洲崎遊郭設置の頃は、経験を重ねて自信があった。

この経験と自信とにより、翁を説き、ついに翁を動かして、資本金六万円をもって洲崎養魚会社を組織した。翁はその三分の一の二万円を負担し、付近に土地を所有せる前田侯爵家においても、また同額を出資し、残額は深川の有力者が引き受けた。

かくて、明治三十一年（一八九八）九月、関の考案になる養魚池によって事業をはじめ、鰻、鯉、鰡《りゅう》（コイ科の淡水魚）を養殖し、漸次順調の経過を見たが、東京の人口増加にともない、膨張してゆく市域の発達により次第に繁華雑閙《はんかざっとう》（人ごみの騒がしさ）をきたし、またしても養魚地としての適性を失い、かつ養魚のみをもってするの、時勢に応ぜざるを思い、遠く郊外に地を求め、介類（貝類のこと）養殖をも兼営することになり、川崎市大師河原に地を相《そう》して（地相を観相して）移ることになった。

この飛躍を機として、商号を魚介養殖会社とあらため、資本金を増し、大規模の経営に転じた。現に、資本金七十五万円をもって、主として蛤《はまぐり》や鯏《あさり》の養殖を営み、湾内養介業界に重きをなすは、明治初年、翁が手を染めた養魚業、洲崎養魚場を起源として、漸次発展しきたれる、関直之奮闘の記念碑である。

足尾銅山

翁が官界を去って以来、日清戦争頃までの間に、商工業者としてなした活動の一部を記した。

しかし、このほかに、なお関係するところは多く、省略するを得ないものもあるが、そのひとつひとつについて記すのは煩《はん》に堪えないから、ここには社名を挙げるにとどめる。

明治十年（一八七七）七月、株式会社二十銀行相談役となり、明治十七年（一八八四）、磐城炭礦会社委員長となり、明治二十年（一八八七）三月、東京製綱会社委員となり、同年五月、北海道製麻会社監査役、同年六月、京都織物会社相談役となり、明治二十一年（一八八八）六月、品川硝子会社相談役、同年十二月、日本熟皮会社相談役、明治二十二年（一八八九）六月、田口採炭会社相談役となり、明治二十五年（一八九二）七月、東京貯蓄銀行取締役会長となった。

二十銀行が、のちに第一銀行に合併してその一部となり、磐城炭礦会社が、現に常磐炭の産出会社として大規模の経営をなし、東京製綱会社が、ワイヤーロープにその名をうたわれるは人の知るところであろう。北海道製麻会社は、のちに帝国製麻会社に合併し、今は気焔あがらざる有様であるが、世界大戦当時は、社運隆々たるを称せられた会社であり、京都織物会社が、絹織物に常に新機軸を出しつつあるは、あらためて記す必要もないであろう。日本熟皮会社は、今の日本皮革会社の濫觴《らんしょう》ともいうべく、東京貯蓄銀行は、その内容充実と整備において、業界一、二といわれる銀行であることは、あらためていうまでもなかろう。

これらは、翁が、あるいは委員となり、取締役となり、監査役となり、相談役となり、直接経営に参与したものであるが、それほどでなく、あるいは出資し、あるいは指導したものに至っては、数えるに堪えないほどである。ここには一切を省略するが、ただ足尾銅山と、浅野セメント会社とのことは、記しておかねばならない。

足尾銅山は、我が国実業界の奇傑古河市兵衛の、畢生の事業であった。翁と古河とは、第一国立銀行を通じて懇親であった。かつて、古河が仕えた小野組の破綻により、第一国立銀行が甚大の打撃を受け、その存立を危ぶまれるに至ったことを書いたとき、翁が古河の人となりを信じ、独立して事業経営に任ずるに当たり、力かぎりの応援を吝《お》しまなかったことを記した。

『古河市兵衛翁伝』には、足尾銅山と翁との関係について、こう記している。

はじめ明治九年（一八七六）冬、翁が足尾銅山を買収したとき、相馬家から半額の出資を仰いで、組合稼行の協約を結び、同家家令志賀直道氏を表面の名義人として、翁が実際の経営に当たった。……そののち明治十三年（一八八〇）一月、渋沢栄一氏の参加を求むることとなり、

「向後、この銅山についての権利義務は、すべて三人にて各三分の一を分担すべく、坑業につきての要用の資金は、三人平等にこれを出金すべし」

という協約が結ばれた。

明治十六年（一八八三）十二月に、翁と志賀氏との間に、資本特約が成立した。それは、足尾銅山が今日のごとき意外の盛業に立ち至ったことは、一に翁の尽力に基づくものであるゆえに、志賀は感謝の意を表し、今後一ヶ年の配当金一万円を超過する場合は、超過分を折半し、その半額を特に翁に贈与するという条項であった。

相馬家および志賀氏が、足尾組合経営の実績に満足したものであることは、この特約によっても窺うことが出来る。

しかるに、明治十五年（一八八二）十一月に、志賀氏は相馬家内部の事情のために、組合を脱退

することとなり、翁はその持ち分を十二万円にて譲り受けることに決定した。

かくして、翁は相馬家および志賀家令の多年の眷顧《けんこ》（特別に目をかけること。愛顧）に酬い、あわせて旧主家小野組の相馬家に対する不義理を間接に償うところがあった。……志賀氏の脱退に続いて、明治二十一年（一八八八）六月、翁と志賀氏との間に円満なる協議が成立し、翁は同氏の持ち分を譲り受けて、明治十三年（一八八〇）に帰結せる組合稼行の契約を解除し、ここにはじめて足尾銅山は、名実ともに翁の専有に帰した。

足尾の産銅年額は、明治十年（一八七七）には、わずかに七万七千斤であったが、明治十三年（一八八〇）、翁の組合加入の年はようやく約倍額の、十五万千斤となり、志賀脱退の明治十九年には、実に六百五万二千斤にのぼった。

明治二十一年春、ジャーディン・マセソン商会が産銅買付け申し込みをなしたる当時、古河は、足尾の産銅額、一千万斤と見込みを立てたほどであった。しこうして、成立した契約によると、「横浜渡し和百斤につき金二十円二十五践替」であった。すなわち、翁が組合を脱退した明治二十一年（一八八八）には、二百七万五千円にのぼる銅を産出し得る見込みであった。この盛況を見ながらあえて組合を脱したのは、銅山経営が多分に投機の性質を有し、銀行業者としてこれに関係することは、適当でないと思ったからであろうが、その最大の原因は、翁が物質欲に恬淡《てんたん》なためであると信ずる。

後年の大古河となるべき見透しは十分についており、共同経営を続ければ利益を獲ることは確実であった。しかもあえて脱退したところに翁の面目があり、またあれほどの活動をしながら、富においていうに足らなかったゆえんの説明にもなると思う。

奇傑古河との関係の記述の筆を転じて、さらにまた実業界の偉材、浅野総一郎との関係について、記すに至ったことを愉快とする。

浅野セメント会社

浅野と翁との接触は、王子製紙会社の創立後まもなくであった。浅野は、かつて、竜門社主催の翁の米寿祝賀会における祝詞のなかで、このことに触れた。

私はここでは、(渋沢)子爵についで、貴様が一番年が上だからとおっしゃるけれども、いまだようやく八十一になったばかりで、老人呼ばわりをされるのは、私から申しますと少し早いようであります。しかしながら、明治五、六年の頃から、渋沢さんのお顔を拝しております。

私が王子製紙会社へ石炭を売りに行きまして、シャベルを使って人足とともに働いているところを、お認めくださいまして、彼奴《きゃつ》は働くから、折があったらおれのところへ遊びにこいといわれたということを、谷敬三という人から聞きました。

それからお伺いしましたが、もう五十六年になると思いますが、この中には五十六年のお方は、たんとないように思いますから、昔の話をいたします。かような次第でありますから、五十六年間、まことに昨日のように思うて、日を暮らしております……。

この最初の会見について、記すことがある。それは、谷が翁の好意を伝えたときの、浅野の答えが変わっていた。

「閑人《ひまじん》らしう、大将などの話し相手はしていられません。昼のあいだは、私は一分二分を争う商売人ですから、夜分ならばともかくも、せっかくですが、よろしくお断りを……」

これを聞いた翁は、繰り返して夜に入っての来訪を希望した。その好意に甘えた訳ではないが、ある夜おそく、翁を訪れた。

「もはや、御休みになりました」

と取り次ぎが面会を避けると、浅野は威丈高《いたけだか》に怒号した。

「夜分こいとおっしゃるから、夜分伺ったのに、それではお約束が違います。浅野の夜分は、毎夜十時過ぎからなのです。十時前は宵のうちですとお伝えください」

取り次ぎによってこれを聞いた翁は、快く面会した。そのとき、

「人を訪問するには、たいてい時間がある。君のは少し遅すぎる。しかし、君は噂にすぐる活動家で、至極《しごく》けっこうです。このうえとも大いに勉強するように。……」

と激励したということである。この訪問を最初として、ときどき訪れては意見を聴き、教えを請うた。

翁は、繰り返して記したように、自分の富について考えることほとんどなく、ただ国のため、世のためをのみ念とする人である。浅野は、正反対に、まず致富《ちふ》(富を得ること。金持ちになること)を考え、利益を思うものである。根本理念において正反対であるにかかわらず、翁がその来訪を喜び、会談を好んだのは何ゆえであろうか。

翁の談話にもある通り、事業経営について、非凡の才を有し、国家百年の計に資するところが多いからである。ただ単に自己の富を考える点はあっても、捨つるに惜しい力を有したからである。由来、

翁は、欠点は欠点として認めながら、その優れた点の助成発達に努めて、幾多の人材を大成せしめた人である。罪をにくんで人をにくまざる古聖賢の教えは、翁によって如実に実行され、新興日本の発達に資するところが多かった。ここに記す浅野のごときもまた、翁のこの見地より誘掖《ゆうえき》（導き助けること）指導を受けた人である。

先に瓦斯局払い下げに関して、翁と浅野との問答を記したが、浅野の事業欲と翁の用意との説明にもなろう。瓦斯局払い下げについての折衝は、その一例であるが、そののちも、しばしば事業を計画しては翁に相談した。しこうして、最初に実現したのが、セメント事業の経営であった。その経緯については、浅野の談話がある。

洋灰《セメント》事業は、渋沢さんと私とに決心があったればこそ、今日に至らしめ得たので、私が明治十四年（一八八一）に工部省から引き受けるときに、渋沢さんのご援助を戴き得なかったら、あるいはどうなったかも知れませぬ。事業上、私が渋沢さんのご援助を受けたはじめての事業で、また洋灰《セメント》業発展の歴史の上に、渋沢さんは見逃せぬ第一人者でございます。

官営事業であった、深川のセメント工場は、政府が、明治四年（一八七一）以来、二十一万五千円の資本を投じて経営してきたけれども、セメントの需要の少ない当時のこととて、収支ついに償わず、明治十二年（一八九七）に至って休止することになった。

私は明治八、九年の頃より、コークスを納入して出入りしていた関係から、セメントの将来について心ひそかに大きな期待を抱き、ことに江戸の名物、赤猫《あかねこ》（火事のこと）に江戸へきたその夜から驚かされて、毎夜のように国の財産が灰にされているのを惜しみ、たまたまセメント工場に出入りして、セメントのいかなるものかを知るにおよんでからというものは、どうかして焼けないセメントの家を建てて、国家の財産を保護しなければ、国の財産はゆくゆくは焼き尽くされてしまうだろうと、惧《おそ》れていた矢先でもあり、かつ、この私の考えが、だんだん世に広まるにつれて、セメント事業の将来が期待されることになるという考えから、休止したこのセメント工場を払い下げて、一心こめて働いてみたいという希望を抱いた。

それにしても、当時としては稀《まれ》に見る大工場のことであるから、なかなか自分一人の力ではおよびそうもない。もっとも、当時私は、第一銀行に六万円か七万円の預金を持っていたように覚えている。

私は、横浜の知人、朝田又七氏を仲間に引き入れようという下心から、ある日、朝田氏を深川までつれてきたことがあった。ところが、朝田氏は、工場の外観を見ただけで、

「君はこんな大きなものを払い下げて、どうしようというのか。ことに素人が払い下げるなんて、無謀きわまる」

と、業々《ぎょうぎょう》（あやぶみ恐れること）しく驚いて逃げてしまった。仕方がないから私は、こんなときこそ渋沢さんの力を借りようと決心した。これが、渋沢さんと私との関係を密にする、最初の動機であった。

私は渋沢さんに、この希望を申し出たら、渋沢さんも最初は大反対で、

「政府がやってさえ見込みが立たないものを、資力の薄い君が手を出すなんて、乱暴きわまる。そんな需要の遠いものをやるよりは、紡績をやれ」

といわれて、なかなかご承諾くださらぬ。さればとて、紡績のような糸繰り商売は、私の柄でなし、私も困ったが、なおも執拗《しつよう》にお頼みすると、渋沢さんは、

「それほどまで君が熱心に希望するなら、政府も喜ぶことだから、君の熱心を買って、一つ尽力してみよう」

とご承諾くださった。そこで、渋沢さんはガタ馬車（当時、渋沢さんのガタ馬車といって有名なものであった。確か、岩崎さんと渋沢さんとの二人よりほかに、馬車を走らす人はなかったと思う）をさっそく走らせて、工部卿の山尾庸三氏、工部局長の大鳥圭介氏、大参事の中井弘氏などを訪問になって、種々お骨折りを戴いたので、中井弘氏のご配慮から、

「浅野に損をさせても気の毒だから、二、三年見込みのつくまで貸し下げよう」

ということになり、明治十四年（一八八一）に、はじめて私が手をかけることになった。

以来、私は、昼も夜も働き通して、ようやく目鼻がついたので、翌々十六年（一八八三）、渋沢さんの保証のもとに、十二万五千円で払い下げることになり、内五万円を現金で即納して、残り七万五千円は、三十五ヶ年賦ということになったが、そののち政府の都合で、一時払いに還元して、一切の権利を私のものとすることになり、明治十六年（一八八三）には、家庭をまとめて横浜からセメント工場内に引き移り、以来、一家総出で働いた。このとき、渋沢さんは、私の熱心を買われて、

「もし損をしたら、自分が三分の一だけ責任を負うから、安心して働け」

と励ましてくだされたのである。渋沢さんのこの一言が、当時の私にいかほどの力となったか判

りませぬ。なお渋沢さんは、

「王子の抄紙部から、機械に明るい大川平三郎と、簿記に明るい谷敬三との二人を、君の手助けにやる」

といわれて、以来この両氏は一、二回宛は工場にきてご尽力くだされた。

かくのごとく、私の足らぬ点を何かと注意くだされて、親身もおよばぬご配慮を戴いたので、セメント工場も完全に私の手に入れた次第である。しかし経営はむろん楽ではなかった。私は、朝の六時から職工とともに終日働き通し、夜も夜中の二時に起きて、必ず工場内を一応見廻るという有様で、その時分の苦しみは、とうてい口や筆では語れない。

ついに私は、セメントで咽喉を痛めて、血を吐いた。

渋沢さんへ出入りの高木兼寛博士に診察して戴くと、肺病ではないが、大変にセメントで咽喉を痛めているというので、二、三ヶ月の静養を強いられた。

それでも私は、セメント工場から引っ越しもせず、撓《う》まず屈せず働いていたら、ある日、高木博士が、青木周蔵氏をともなって猟の帰りに立ち寄られ、

「君は、金と命とどちらが欲しいのか」

といわれたから、私は、

「両方とも欲しい」

とお答えした。すると高木氏は青木氏を顧みて、

「浅野にかかってはかなわない」

といって帰られたことを覚えている。

実際私の当時の働きぶりは、まったく命がけであった。私は、かく払い下げ以来、十六、七年間、人知れず苦心を重ねて、ようやく五十万円の資産を作った。

そこで、払い下げ当時を顧みて、渋沢さんのご恩義に対し、すなわち、渋沢さんが損をしたときは三分の一の責任を負うてやると励まされた、その恩義に酬ゆるために、私は、五十万円の三分の一、十六万五千円を差し上げますと申し上げたら、渋沢さんは、

「私は貰ったも同じだから」

といわれて、ご自身はお取りにならずに、その十六万五千円を、大川氏へ十一万円、尾高幸五郎氏へ五万五千円分配されて、ご自分は別に安田、徳川両氏とともに、十万円宛現金を出資されて、はじめて八十万円の浅野セメント合資会社を組織したのであります。これは、明治三十一年二月であった。

別の視角から観た記述の一つとして、大川平三郎氏が自ら記したものを掲げる。

明治十三年と記憶する。浅野君は、深川の工作局のセメント製造所払い下げの計画を立て、ご自分は商売のやり方については人後に落ちぬつもりだが、工場機械のことは、私にやらせたが一番よろしいという考えから、ぜひ一部分の資本者となって働いてもらいたいと、これを青淵先生に申し込まれた。

先生は、いかなるお見込みを立てられたか、私をお呼びになって、

「浅野君の相談に応じ、一番奮発してやってみよ。もし俺の考えが間違って、お前がし損じたら、

跡始末は俺がつけてやるから心配するな」

というお話であった。そして、その資本額はというと、総額七万五千円で、そのうち二万五千円、すなわち三分の一を私が負担するのであって、差し当たり浅野君が三万円、私が一万五千円払い込みを要することとなり、これを第一銀行より借用し、先生がご自身で、美濃紙活版刷りの借用金証書用紙にご署名くださった。

先生が例の通り、きわめて丁寧、慎重なる態度で筆をおとりになるのを、傍らに佇立《ちょりつ》して拝見する私は、実に言語に表し難き感慨無量の感があった。印象の深刻なることは、永久に尽きることなく、そのときの光景がときどき髣髴《ほうふつ》として目前に現れるもので、私は五十年後の今日も、はっきりとその当時の有様が胸に浮かぶ。そのたびごとに、感謝の念が溢れるのである。

人には、運ということがある。先生が、一介の青年たる私にこの大金を托して、当時の比較的大事業に関係せしめたことは、何の動機であろう。私自身も常にこのことを不思議に思い、これが世にいう運の回《まわ》り合《あわ》せというものであろうと解釈した。

しかしまた、この頃さらに考えるに、それも漠然としてきたれる運ではない。もし運なるものが、怠け者の頭にも宿ることありと思わば、それは天理に違《たが》うのである。私の頭には、この不思議なる運が降りきたりたるは、やはり私の奮闘努力、事業のために一身を賭するくらいの覚悟が、先生のお眼に留まりたるために相違なし、すなわち、幸福はただ誠意努力の人の頭にのみ宿るという天理は、決して疑うべきものでないという帰結《きけつ》になる。

このセメント事業は、日本一の努力家浅野君の驥尾《きび》に付して、私も働くを覚え、たちまち大成功となり、一年半ののちは、恩借金を返戻した。七万五千円の会社は、今日まで種々様々の道程を経て、ついに一億円の大会社となった。

このことについて、私は青淵先生の偉大なる人格に驚いているのは、この一万五千円の恩借の件を先生に申し上げてみると、

「ハハア、そんなこともあったか」

と、ほとんどご記憶にもないようにいわれる。人に大なる恩徳を施し、大成功をなさしめたる顕著なる事実を、さらに念頭にもかけられぬのは、恩恵に浴したる私よりみれば、実に驚くべき偉大さを感ずるのである。

「一にも渋沢さん二にも渋沢さん」

大蔵省時代までを、翁生涯の冬と見るならば、官を退いて実業界にはいってからは、春立ちそめた頃と見てよかろう。しかし、春とはいえどなおいまだ浅く、ときに寒風肌を刺す思いをしたこともあったが、明治も十年となり、さらに進んで二十年となるにしたがって、吹く風もしだいに和らぎ、やがて長閑《のどか》な春の日がつづき、霞さえ棚引くを見る感がなくもない。

かくて、明治二十年代の翁の各方面における花々しい活動は、目も綾《あや》に咲く万朶《ばんだ》の花と見てもよかろう。翁の活動の跡を見てそう感じるのみでなく、その健康状態から考えても、百花繚乱《ひゃっかりょうらん》の春と見て差支えはないであろう。

医学的にはどうであったか知らないが、事実において記録すべきほどの故障もなく、あの大活動を

なし得るほどの健康を持っていたことに徴しても、けだし、当を得ぬとはいい得ないであろう。年齢から考えても、また人生の春であった。

井上とともに出した「奏議」を官界の名残りとして去った明治六年（一八七三）は、青春の血躍る三十四歳であった。明治十二年（一八七九）、グラント将軍歓迎のため奔走したときは、ちょうど四十歳であった。

明治二十三年（一八九〇）、金融救治策のために尽力したのは、五十一歳のときであった。実に翁の最も脂の乗った時代であった。普通の観方によって、「人生わずか五十年」とすれば、すでに老境に入っていたはずである。この頃の実業界の例にしたがい、「五十五歳」をもって停年とすれば、もはや残すところ四、五年しかなく、老いの至るを覚えたであろうはずである。しかるに翁は、そうでなかった。それは何ゆえか。かつて、主治医林正道氏が、

本年満八十八歳であられる。しかも童顔童容、誰が見ても米寿の老翁とは見られないくらい、輝いたご様子をしておられます。ことに一度口を開かれると、滔々《とうとう》数千言、息をもつかず、持病などがどこにあるかと思われる。

その力強い声のどこにも、老徴を認めることは出来ない。まして古今東西にわたる談論、壮者を凌ぐの意気に至っては、その昔、倒幕の急先鋒となり、一死国に報ぜんとした折の気魄も偲ばれて、老人らしいという感は少しもない。

といったように、爾来、四十年の歳月を閲《けみ》した昭和三年（一九二八）にさえ、これほど健康であった翁が、当時いかに元気溌剌《はつらつ》たるものがあったかを想像出来るではないか。

不惑にして老いを感ずる普通人であればともかく、九十歳にしてようやく衰えを見せた翁は、五十歳六十歳では青年、少なくとも壮年期であったといわねばならない。元気はもとよりであるが、肉体そのものが若かったのである。

かくて、年齢からいっても、翁のこの時代は「春」であった。この観方を許さるるならば、これまでに水ぬるみはじめし早春より、桃に、菜種に、桜に、春ようやく深き頃までを書いたことになる。さらに進んで、「目に青葉山ほととぎす初松魚《かつお》」の薫風、素肌にうれしき晩春・初夏の候に移らんとしているのである。

時代でいえば、日清戦争前後であり、翁の年齢からいえば、先天性の優れた資質が、経験によりいよいよ光輝を増しきたった五十代である。

当時、企業熱の尖端に立って活動した人物は、東京では、渋沢栄一、益田孝、大倉喜八郎、馬越恭平、浅野総一郎などであり、大阪では、松本重太郎、外山修造、田中市兵衛、藤田伝三郎、岡橋治助などであった。中に最も華々しく踊ったのは、東の渋沢栄一、西の松本重太郎であった。

渋沢はそのときには第一国立銀行を本営として、日本鉄道、東京海上、王子製紙、大阪紡績など、当時の一流会社に勢力がおよんでおり、個人的にも、銅成金の古河市兵衛、セメント成金の浅野総一郎を両翼として、三井の益田や、その頃売り出しの大倉などと提携している一方、公共方面には、商工会頭（二十三年九月商業会議所となる）、東京銀行集会所長として、東京産業界金融界の王座の位置に在った。

こうした地位と第一銀行の金融資本力の増大は、富国強兵思想を持っていた渋沢をして、しぜん企業熱の先頭に立たすこととなった……。

西野喜与作氏の『半世紀財界側面誌』の一節に記すところである。けだし、紙幣整理後の企業熱勃興時代の翁を記し得ていると思う。よしや、翁のここに至ったゆえん――「企業熱の先頭に立たすこととなった」ゆえんの認識に欠くるところなしとせざる憾はあるにしても、明治の中葉に、「最も華々しく」活躍した翁の面影は現れていると思う。

かつて山路愛山は、この頃の翁を、『一にも渋沢さん二にも渋沢さん』の表題をもって、こう書いている。

明治維新より明治十年（一八七七）までの日本の経済界は、ただ零細の資本のありしのみ。尤も、旧幕時代の遺物たる金持ちの世家、三井、住友、鴻池などいうものは、その頃にしても巍然《ぎぜん》として、財界の雄たりしに相違なかりしかども、これらはたいてい維新の大暴風雨に辛うじて難船を免れたもののみにて、いまだ元気を回復せず、その外は、翁のいわゆる卑屈なる町人のみなり。翁はこの時代において、合本論を唱えたり。さりながら、この時代よりそろそろ大富豪はたいていその家業の基礎を作りたり。岩崎、大倉、いずれもこのときにその覇業を開きたるものなり。

このときにあたりて銀行業に執着したる二人の豪傑あり。翁と安田、これなり。しかもその行方はまったく種類を殊にす。安田はただ金貨両替の本業を後生大事に守り、塵を積んで山となすの商人道を確守し、だんだんと一家を肥し、しかも天性商才ありて時運におくれず、ついに日本大金持ちの幕の内に進み入り、その富をもって三井、岩崎の壘《るい》を摩《ま》するに至れり。

翁はこれに反し、第一銀行に根城を構えながら、独りその業にもっぱらならず、日本国の産業について色々の世話を焼き、日本国はこれがために益を受けたること多かりしかど、翁の一身は必ずしも富まず、富の道中双六《どうちゅうすごろく》においては、翁は大いに安田におくれたり。

さりながら、翁によりて、小資本家は善き案内者を得たり。翁によりて、日本の政治家は小資本家と声息《せいそく》を通すべき好個の総代人を得たり。……その頃にても、唯今《ただいま》のように、日本に大富豪が沢山ありたらば、政府も彼らに相談すれば、そのくらいの金はすぐにも出来そうなことながら、その頃にては日本はなお小資本家の国なり。

大金が入用ならば、ぜひとも彼らの財嚢《ざいのう》を開かしめざるを得ず、さる場合に翁のようなる世界の大勢を知り、公共心に富み、しかも実業界の各方面にわたりて世話役、総代人たる位置にあるものが音頭をとりて金を集むるは、最も好都合のことなり。

小資本家においても、翁のごとき親切なる先達に導かれて、商売の山に登るは危険少なし。翁はこれによって、世間より重宝がられたり。

井上馨は、ある時代に日本町人の総元締《そうもとじめ》なりき。政府の大蔵大臣、国債を募らんとするとき、資本家の腹が分からず、財布の口のかたきや、ゆるきやを測量するに苦しみ、あるいは、少々の無理は、資本家にも聞いてもらいたしと思うときは、必ず井上大明神を拝み、その託宣を請い奉れば、たいていの資本家は大明神の威に恐れて金の用も勤めたり。井上の政界の大隠居にして、日本国の財政に大功罪ありしは、実にこの総元締たりし隠然の力によれり。

翁もまた、この点において、井上に似たり。その殊なるところは、井上の町人を押さえ付けたるは、一種の強持《こわもて》にて、いやしくも身を実業界におくほどのものが、井上大明神のご機嫌に逆らいては恐しきこともありしゆえ、たいていはその号令にしたがいたるものなれども、翁はどこまでも親切の世話人にて、畢竟頼母《ひっきょうたのも》しづくにて資本家のあいだに奔走したるものなり。

されば、井上が、日本の町人の総取締たる威は、夏日の畏るべきがごとく、翁の日本町人に世話役たり総代人たる恩は、冬日の愛すべきがごとくなりしともいうべきか。翁の人望高くして、長く実業界に感謝せらるること誠に当然なり。

さりながら、かように政府にも金持ち仲間にも重宝がられ、一にも渋沢さん、二にも渋沢さん、三にも渋沢さんと頼まれては、翁は勢い繁忙に苦しまざるを得ず……。

かくのごとく、翁は、各方面にその熱と力とをいたし、身を役し心を労し、真に寧日《ねいじつ》なき有様《ありさま》であった。各種企業華やかなりし頃活動をなした翁は、その沈滞期にもまた、身を役し心を労せざるを得なかった。けだし、明治二十三年（一八九〇）の恐慌のためである。

これより先、明治十九年（一八八六）以来の好景気の波は、企業熱を煽り、株券にはプレミアムがつき、プレミアム稼ぎの泡沫会社さえ出来たほどで、勢いの赴くところ恐るべきものがあった。

かくて、明治二十二年（一八八九）上半期に鉄道補充公債、整理公債、海軍公債、合計千百万円が矢継ぎ早に募集された頃から、金融はしだいに梗塞《こうそく》し、同年下期には金利の昂騰をきたした。これに加え、この年稀有の凶作であったため、米価奔騰し、金融硬化の勢いを加えた。金融逼迫の姿をもってあらわれた恐慌は、都市細民および農民を窮迫せしめ、商工業者を打ちのめした。さきに、好景気の波にのって濫立《らんりつ》された泡沫会社は、相ついで瓦解《がかい》し、商工業は衰退し、明治二十三年（一八九〇）に入って破産者続出するに至った。

恐慌発生するとともに金融逼迫を極め、危急の状況にあったのは大阪であった。かくて、東京商工会は金融逼迫調査委員を設けて対策を講じ、各地商業会議所もまたこれに倣《なら》い、あるいは外債募集を主張し、あるいは政府および日本銀行に対する救済の要望となった。

この形勢を見て、明治二十三年（一八九〇）二月下旬、松方正義大蔵大臣は西下《さいか》した。視察の結果、ことの重大なるを感じ、東京から日本銀行総裁川田小一郎を招き、さらに翁および安田善次郎を迎えて、善後策を講ずるに至った。当時の模様を、翁はこういっている。

……かくして、二十一年（一八八八）頃になると、金融もだいぶ逼迫《ひっぱく》し、二十三年（一八九〇）にはついに恐慌になった。そして、東京よりも大阪の方がはなはだしい混乱に陥った。

ちょうど大阪へ行っていた川田日銀総裁から、大阪へきてくれという電報がきたが、その日、銀行の集会で私は八百松へ行っていて、そこで電報を見たので、私と安田とですぐ大阪へ出発し、また松方大蔵大臣も行って、大阪の人たちの金融救済希望に添うように図った。

このとき、日本銀行で担保品の拡張を行い、紡績事業などに資金の融通が出来るようにと、見返品制度を創設し、見返品に紡績株などを加えることにし、ようやく融通が出来て、恐慌を鎮静せしめ得た。私は二、三日おって帰京したが、この川田日銀総裁のごときは、ただいまの市来氏などと異なり、命惟従《めいこれしたが》うというのでなく、大蔵省へ行っても大威張りであった。

とにかく、このとき見返品制度を創設し、株式を差し入れて金融を受けることが出来るようになったので、それが今に残っているのである。

翁の指摘する通り、川田の威望《いぼう》はさもこそと思われるが、日本銀行の見返品の拡張という大問題を決せしめた翁の力も驚かされるではないか。愛山のいわゆる、「一にも渋沢さん、二にも渋沢さん」は、このことによっても推察することが出来よう。

佐々木勇之助氏

当時の翁の活動を検討するとき、いかにしてこれだけの関係を一身に引き受けて、かくも見事な努力を続け得たかに驚嘆する。もちろん先天的資質にもよる、その後の経験もあずかって力がある。体力の非凡なことも、また重大な因子であろう。要するに、翁がその人であり、時勢がこれを要求したからというほかはなかろう。

しかし、それだけをもって、渋沢の成功の因となすは当たらぬ。さらに見逃すべからざるは、彼が企業家として八面に活動している裏に、渋沢の近衛都督として、その本営たる第一銀行を堅守した佐々木勇之助のあることを逸してはならぬ。

と、『半世紀財界側面誌』の指摘した通り、佐々木勇之助氏が翁活躍の陰にあって、第一国立銀行を微動だもさせなかったことを記さねばならぬ。

佐々木氏は、昭和六年（一九三一）一月、第一銀行取締役頭取を辞するまで、半世紀の長き、第一銀行の経営に尽くした人であることは、あらためていうまでもない。翁がかつて、

一門栄顕豈徒然　　一門《いちもん》の栄顕《えいけん》は、豈《あ》に徒然《とぜん》、
七秩看君晩節堅　　七秩《しちちつ》、君《きみ》が晩節《ばんせつ》の堅《かた》きを看《み》る。
欲擬多年耐霜雪　　擬《ぎ》せんと欲《ほっ》す、多年《たねん》の霜雪《そうせつ》に耐《た》え、

虬松千尺払晴天

虬松千尺《ちゅうしょうせんじゃく》、晴天《せいてん》を払《はら》うを。
＊徒然《とぜん》……何ということもなく、退屈なもの。
＊七秩《しちちつ》……七十歳。十年を一秩という。
＊虬松《ちゅうしょう》……みずち（想像上の動物）のように高い松の木。

と称揚した通り、一人一業主義の模範たりし佐々木氏は、見事なゴールインをした。

昭和五年（一九二九）晩秋以来、籠居静養につとめた翁が、昭和六年（一九三〇）冬、たとえやや緩んだとはいえ、極寒一月の下旬に、九十一の老躯をもって特に――接客さえ制限していた身が――佐々木氏の頭取辞任を発表した株主総会に出席し、一言したのもまたそのゆえんがある。それは何ゆえか。

このたび、私に代わって第一銀行頭取に就任した佐々木勇之助氏と私との間柄に対して、世間では、

「オイ……どうだ」

などというような言葉を、私が佐々木氏に向かって日夕使ってでもいるかのように想像されるやも計り難いが、決してそんなことはない。

私が佐々木氏を知るようになったのは、明治六年（一八七三）、第一国立銀行の事業をはじめた当時のことで、それ以来ほとんど毎日のごとくに互いに顔を見合わせるのであるが、私は佐々木氏に対して決して敬意を失うようなことをいたさず、ことば遣いなども至極丁寧にいたして、毎日遇うごとに恭しく敬礼を取り交わし、

「相変わらずお早くって……、今日はお天気でけっこうで……」

とか、

「変わりがなくって、けっこうでございます」

とかと、丁寧に挨拶し合ってからのちに、用談に取りかかることにいたしている。これは今日でもなお、やめぬのである。

また、佐々木氏の方でも、決して私に対し敬意を欠いて、狎《な》れるごとき態度に出ず、私が二、三日ばかりの旅行から帰ってきて、はじめて同氏に遇いでもすれば、

「昨日ご帰京になったそうで……、お障りもなく、けっこうなことで……」

といったような風に、恭しく同氏から挨拶をする。

私と佐々木氏とが、かく敬しあって礼儀を乱さず、互いに恭しく挨拶を取り交わしているのを、傍で見たら、両人の間を知らぬ他人は、私と佐々木氏とが四十余年も毎日顔を突き合わして、事業をともにしてきた肝胆相照《かんたんあいてらす》の間柄であるなぞとは夢にも思わず、ようやく昨今知り合いになった間柄の者であるとしか思えぬだろう。

しかし、佐々木氏と私とが、明治六年（一八七三）以来今日まで事業をともにして、交情にいささかの変動だになきを得たのは、かく互いに敬し合って礼儀を乱さず、交わり久しうして、これを敬することを一日たりとも廃しなかったからの賜物である。

佐々木勇之助氏の兄の佐々木慎思郎氏は、西周氏の門に入ってフランス学を修めた人であるが、勇之助氏は、あるいは少しばかり英学を修めたことがあるかぐらいのもので、これというほどの学校の出身者ではない。

旧幕臣で五千石の旗本であった浅野美作守の家来に当たる人の息子であったが、私が明治六年（一八七三）、第一銀行に関係した際に、銀行の方へ特に入れたのではないが、政府の為替金を取り扱う御用方へ、算筆の掛として入っておられた人である。

当時、第一銀行には、四、五十名の行員があり、中には学校関係の出身者もあったが、佐々木氏はその間に立ち交って、すこぶる敏捷に立ち働くのみならず、また、はなはだ恪勤《かっきん》（きまじめで、よくつとめる）であって、成績が、学校関係の人々よりもはるかに良好であったものだから、私は数の多い行員中より、特に佐々木氏に眼をつけたのである。

佐々木氏は、また、珠算にかけては珍しい技量を持った人で、銀行の実務を行員に伝習させるため、招聘した元横浜のオリエンタルバンクの書記であった、イギリス人シャンド氏が、しきりに筆算の利益を挙げ、珠算の不利を説いた際に、論より証拠だというので、シャンド氏の筆算と、珠算の方から佐々木氏が出て、実地計算の遅速《ちそく》を競争したこともあるが、そのときにも佐々木氏が勝って、シャンド氏は、珠算は読手と算手と二人がかりだから、勝つのは当然だなぞと、負け惜しみをいったほどのものである。

かく珠算にも達者であり、仕事も敏捷なる上に、恪勤の性質であったから、いよいよシャンド氏が銀行の実務を行員に伝習することになるや、私は佐々木氏を抜いて、特にシャンド氏につき洋式簿記法を習わしめることにしたのである。その結果が、また、すこぶる良成績であったものだから、私は同氏を第一銀行の帳簿課長にしたのであるが、それが、また、好成績であったので、支配人心得となり、そのうち支配人が没したので、支配人となった。

元来私は、日本の実業界を振興せしむるには、大動脈の働きをなすべき中枢機関の整備が急務であると信じ、この大動脈の働きをなすもの、すなわち金融機関たる銀行に、第一手を染めたのも実にこれがためであった。したがって、銀行の経営上についても、すべて開発的の考えが多く、銀行の利益ということを無視する訳ではないけれども、日本の全体の経済ということを、先に考えるという風であった。

第一銀行が明治十一、二年頃から、奥羽に支店、出張所を設置したのも、最も文明の遅れている同地方に、文明の恩恵をおよぼさなければならぬという意見からで、明治十一年（一八七八）以来、朝鮮に支店を設置したのも、日韓通商上の発達を助成しようという目的にほかならなかったことは、前に述べたと思う。

佐々木氏は、何ごとに対しても、決して出しゃばるということをせぬ人であるが、さりとて、すべてに盲従する人ではなかった。私の積極主義であるのに対し、何方《どちら》かといえば、佐々木氏は守《しゅ》成《せい》的であり、むしろ消極的な意見を懐《いだ》いておって、自分の意見と合致しないときは、進んで賛意を表するようなことをしなかった。賛成しなければ、必ず別に意見があるので、その意見を徴すると、秩序立てて理路整然と意見を開陳するのが常だった。奥羽地方に手をのばすについても、佐々木氏は、

「商業銀行として立っていくについて、利益を無視することは出来ぬ。しこうして、利益の点からすれば、奥羽地方に手を広げることは不得策であるから、見合わしたほうがよろしかろうと思う」

という、反対の意見を懐いておった。

しかし、奥羽開発というのが私の主張だったので、当時はその意見は行われなかったが、明治二十九年（一八九六）更新の第一銀行創立に際し、仙台に七十七銀行、秋田に秋田銀行、盛岡に盛岡銀行という風に、続々地方銀行が設立されるに至ったのを機会に、往年の佐々木氏の意見を採用して、奥羽地方の支店を漸次閉鎖した。かくのごとく、佐々木氏の意見は非常に綿密であり、切実であったので、私は大小にかかわらず相談したものである。

朝鮮銀行が生まれるまでは、第一銀行は事実において、朝鮮の中央銀行の実質を備え、朝鮮における金融界の実験を握っておった。第一銀行は、朝鮮において銀行紙幣を発行し、それが一般に通用しておったもので、朝鮮の幣制を整理したのは、まったく第一銀行の多年の努力によったものといってもよい。しこうして、佐々木氏は背後にあって、多大の努力をされたのであって、表面的には現れぬけれども、その成果の一半は氏の功績に帰すべきであろう。

国立銀行条例が廃止となり、更新の株式会社第一銀行と改称するに至ったのは、明治二十九年（一八九六）であるが、この年、佐々木氏は取締役兼総支配人に挙げられ、大正五年（一九一六）、私が実業界を隠退するに当たって、頭取の椅子を襲われ、今日に至ったのであるが、表面はともかく、実際においては、取締役兼総支配人に挙げられた際に、第一銀行の実務は佐々木氏に托せられたようなものであった。

ご承知の通り私は、ほとんどあらゆる方面に関係しておったので、第一銀行にのみ専心することは出来ない。それで、だいたいの締め括《くく》りはしておったけれども、たいていのことは安心して佐々木氏に一任しておったのである。したがって、爾後の第一銀行を盛り立てて、今日あらしめたのは、佐々木氏の努力があずかって多いのである。

要するに佐々木氏は、私があったために得をした点もあるだろうが、また私があったために損をした点のあるのも争われない事実である。

私は、実業界を隠退したのちは、総ての会社と一切の関係を絶ったが、第一銀行だけは特殊の関係があるので、今日でも相談役になっている。しかるに、佐々木氏は、隠退後もしばしば私を訪れて、何かと相談されている。本当に誠意のある人でなければ、出来ないことだと思う。

ともかく、佐々木氏は、行務についてはまったく卓越した頭脳を持っており、人格といい、事務上の技術といい、兼ね備わっている人物で、日本はもちろん、世界の経済界の動きに通暁《つうぎょう》（くわしく知ること）している。

ただ、私の積極的な考えに対し、佐々木氏は露骨にいえば、石橋を叩いて渡るといった風があり、この点では必ずしも、一から十までの意見の一致を見るということはなかったが、お互いに、銀行のために忠実にやらなければならぬという点が一致しておったので、円満に業務の発展を議し、かつ、後顧《こうこ》の憂いなく、他の方面にも努力することが出来たのである。

特に蛇足を加えるまでもなく、了解されるであろうごとく、翁が第一銀行頭取を辞し、次の頭取として佐々木氏を推し、その就任ののちに、翁が談話した一節であるが、その佐々木氏が功成り名を遂げて退任するについて、翁が無量の感慨を抱き、一言の別辞なきを得なかったことは首肯されるではないか。

翁も言っておる通り、この「肝胆相照」の人を見たのは、明治六年（一八七三）、第一銀行――当時の第一国立銀行に関係したときである。第一国立銀行は、翁の実業界へのスタートとして、また、第一銀行は、翁の実業界における光輝に充てる活躍の総本部として、忘るべからざるものである。その第一国立銀行に、佐々木氏のごとき人を得たことは、第一国立銀行はもちろん、翁にとって得難き幸福であったといわねばならない。翁のかく信頼した佐々木氏は、また他からも厚き信頼を受けていた。

これを語る逸話がある。

かつて、豊川良平の世に在りしとき――三菱の背景でというよりは、自分の力と三菱のグレードとによって、華々しい活動をした豊川が、飛鳥山の翁邸において、官場の傑物小村寿太郎と痛飲したことがある。酒豪をもって鳴った豊川が、好敵手小村によって常にもましてメートルを上げ、文字通り鯨飲《げいいん》の末、徹底的に酔ったときのこと、「生酔《なまよ》い本性《ほんしょう》に違《たが》わぬ（酒に酔っても人の本性は変わらないこと）」ような、なまやさしいことでなく、酔眼朦朧《すいがんもうろう》としておりながら、本性を失わぬ豊川が、主人として座に在った翁に、しみじみいい出した。

「渋沢さん、あなたは、つくづく羨ましい。突然こんなことをいい出して、酒飲みの管《くだ》（酒に酔ってくどくど言うこと）ときかれては困るが、実際何もかも羨ましい。今日この席におる、佐々木君のごとき人を使っておられることは、ことに羨ましい。私もずいぶん種々の人を知っているけれども、佐々木君のごとく信頼し得る人に会ったことがない。

あなたは、心から安んじて鍵を預け得る佐々木君があるから、安心して外部で活動が出来る。ほんとに羨ましい次第です。そこで佐々木君に相談だが、豊川今夜は非常に酩酊した。ご迷惑でもこれを預ってもらいたい。天下に鍵を預ける者は外にない。よろしく頼む」といいながら、鍵の束を——当時主宰した三菱銀行の鍵もあったろう、その他自分の保管する鍵全部を差し出した。これは、誰にも確かめたのではないから、あるいは誤りがあるかも知れない。噂に尾《お》鰭《ひれ》のつく以上、多少の潤色がないとは保証し得ない。しかし、全部を否定し得ぬではなかろうか。

四、社会人としての活動

商法講習所

翁退官後の活動の本流を第一国立銀行とし、他の幾多の商工業の関係を傍流と見るならば、東京市養育院の関係は、絶ゆることなきアンダーカレント（底流）と見ることを得るであろうことは、前に記した。

本流、傍流の物凄き水勢に堪え、乗り切り、「最も華々しく踊った」間に、常に絶ゆるときなく社会事業——公共事業は、アンダーカレントとして流れた。そのリーディングラインをなした東京市養育院のことについては、筆の走るままに前に書き続けたが、今はこれに並行し、もしくは途中より起こった、種々の流れを辿ろうとするのである。

アンダーカレントの主流、東京市養育院の関係を遡行《そこう》すると、白河楽翁の七分金に出会う。そこへ行く途中、自ら眼に映るのは商法講習所の関係である。けだし、商法講習所もまた、同じく七分金にその源を発しているからである。

商法講習所関係について、翁はこういっている。

……当時、森有礼氏は、アメリカ在勤の領事か何かの職にあったが、アメリカでの実業教育が旺《さか》んであるのを見て、日本にもぜひ同様のビジネススクールを建てたいとて、東京府知事であった大久保一翁氏に助力を頼んできた。

ところが、大久保氏は、

「けっこうなことであるから、助けたいと思うが、東京府には資金がない。しかし、何とかしたいと種々考えた末、そのむかし、白河楽翁公が江戸の人たちに節約を勧めて貯蓄した金が、共有金という名称で残っている。それを用いてはどうであろうか」

と、共有金の取り締まりをしていた私に、相談があった。

私はかねて、実業教育の必要を感じていたので、森氏の説に応じた方がよいとして、ただちに関係者の会議を開いて、皆に同意させた。

その際、商業教育に経験ある、ホイットニーという教師を雇うことにして、学校の費用は一万円くらい入用であるということであったから、共有金の中から八千円ばかり出して、助力することにした。そこで、森氏は、自分からも一万円ほど出して、木挽町に「商法講習所」という小さい学校を建てて、一年ばかり経営していた。

ところが、森氏が、公使として中国へ行くことになったから、学校の世話が出来なくなるので、後を誰がやるかということが問題となり、また私に相談があり、ついに府のものとして経営することにし、さらに共有金の中から資金を支出して、維持するように話がまとまった。これは、明治八年（一八七五）頃のことである。

そののち、商法会議所が明治十一年（一八七八）に出来たので、費用は共有金から支出し、経営のだいたいは府でやるけれど、直接の世話は商法会議所でやることになった。

私どもは、教育には縁の遠い方であるから、十分に自分の思う通りにもいかなかったが、その教育は、教員の人々にきいてみると、なかなか学理的で、むかしの商売往来などとは、格段の差がある。

私には教育方面の素質がないので、これをいかに進めるかという方針は立たないけれど、さらにしかるべき人を頼んで、大いに進めていかねばならぬと思い、またそれだけ、国家はこの方面に力をいたさなければならぬと考えながら、なお商法会議所として経営していたのである。しかるに、明治十五年（一八八二）頃、府会が「商法講習所」廃止を決議した。ときの府知事は、芳川顕正氏の兼任であったと思うが、府の方では、かくて学校を三菱へやるというのであった。

当時、三菱会社は、海運を一手に引き受けて勢力を張っていた。というのは、明治七年（一八七四）の台湾征伐とか、明治十年（一八七七）の西南戦争などに、沢山の船を必要として、政府は三菱の厄介になることが多く、また政府もこれに力をいたしたから、しぜんそうなった訳で、経済上のことは何でも三菱という有様であった。

それを妬むではないが、かようなことはすこぶる面白くないことであると、私も人も感じていた際とて、いきおい私どもと三菱とは、その時分反目の形にあった。したがって私は学校を三菱へやろうとすることは、もってのほかであると反対し、暫定的に農商務省で経営維持し、のち独立させる必要があるとて、基金募集をはじめ、三万円ばかりを集め、ようやくにして学校を継続することになった。

そうしておるうち、明治二十一、二年頃、森有礼氏が文部大臣となり、十年前の縁故があるので、学校をそのままにしておくことは出来ないとて、ただちに文部省の直轄とし、高等商業学校と改称した。そして、大学とは別途の官立学校として、相当の施設をなすことが出来るようになったのである。

すなわち、明治七年（一八七四）頃、森有礼氏が商法講習所として創立し、明治十一年（一八七八）頃、東京府の経営に移り、明治十四、五年頃まで、商法会議所の世話で維持し、ついで明治十六、七年頃から、農商務省で管理され、くだって明治二十一、二年頃、官立となり、高等商業学校としてその基礎を固めた。これがすなわち、東京商科大学の古いだいたいの歴史である。けだし、社会の進むにつれて商業教育の必要が認められ、かくのごとくこの学校をして発展せしめたのである。

翁が、東京商科大学創立五十周年祝典に列して、親しく陳べた祝辞の一節であるが、商法講習所時代の「商大」と、翁との関係が明らかに描き出されていると思う。商法講習所廃止決議の当時、学生であった堀越善重郎氏は、在りし日のことを、かく追懐している。

当時私は在学生でありましたが、このことを聞いて非常に驚きました。私は、卒業後は外国貿易に従事するという条件のもとに、有志の預金で学資を与えられておりまして、当時外国語を授け外国風の商法を授けるところは、この商法講習所だけでありましたから、これが閉鎖されては困ることになります。

そこで色々と心配しまして、矢野校長を訪問して事情を述べましたところ、校長が、

「君、決して心配することはない。私たちのうしろには、渋沢さんはじめ有力の人々がおられる。渋沢さんがおられるうちは大丈夫であるから、安心して勉強しろ」

といわれました。そのときまだお目にはかかっておりませんが、渋沢さんという人は偉い人だと思いました。

東京府から金がもらえなくなりましたから、青淵先生は、学校の維持を寄附金によってやられることになり、部下の富豪に賛助を求め、先生自らも莫大のご寄附をなさって尽力されたのであります。

これで一、二年分を維持出来る校費が出来ましたが、基礎を固めるには寄附金だけでは不安心であるとされて、政府を説かれ、農商務省の直轄となって東京商業学校となり、さらに文部省の直轄に移って東京商業学校となり、ついに東京商科大学に昇格したようなわけであります。

この間のいきさつを考えますと、我々が先生に負うところのものが、余りに多いことを痛感いたします。

堀越氏ら学生の憂慮煩悶は、察するに余りがある。しかし矢野校長の保証したごとく、翁らによっ

て辛うじて廃校にもならずにおわった。これほど翁を信じ、翁を力とした、矢野校長とはいかなる人であったか。実業教育とともに、東京商科大学の名とともに、忘るるあたわざる功労者、矢野二郎その人のことである。矢野校長――正確には矢野所長について『一橋五十年史』は、こう記している。

彼は性豪宕《ごうとう》（気性が雄大で、小事にこだわらないこと）不羈《ふき》、己が所信に向かって鋭意邁進《えいいまいしん》断行する人であった。また情義に厚く、商法講習所長としてあるや、子弟を見ること愛子《あいし》のごとく、講習所の発展を画策して東奔西走、真に席のあたたまる暇もなきほどの、努力の人であった。

「当時巣立ちしたばかりの商法講習所を引き受けて切り回すには、いたずらに狐疑逡巡《こぎしゅんじゅん》するような人では駄目だ。矢野氏のごとき熾烈《しれつ》なる熱情をもって、しかも熟慮、よく己が所信を断行する人にして、はじめて今日の隆盛なる商業教育の礎を定むることが出来たのである」

とは、彼を知る人のひとしく説くところである。

かくして、明治の初めに森有礼が蒔いた種子は、発芽まもなく風雪に遭い、その前途を憂慮されたが、翁らの苦心によって、ここにようやく花を開き実を結ばんとするに至った矢先、東京府知事の更迭があった。

すなわち、明治十六年（一八八三）十一月、松田道之逝いて、芳川顕正が東京府知事となった。松田は矢野の一知己《ちき》で、彼が意の在るところを知り、これを助けたけれども、芳川はすでに先年、府会において矢野と意見を異にし大いに論じ争える人、今また管轄長官としてこれと意見の衝突を見るに至りしため、矢野所長は断然職を辞してしまった。

ここにおいて、東京府御用掛、南貞助が代わって所長となったが、いくばくもなく講習所は東京府の手をはなれて農商務省直轄の官立学校となり、名もあらたまって東京商業学校となった。農商務卿ははじめより矢野氏の再起を希望したるも、その辞意固きため、やむなく権少書記官、河上謹一をして校長兼務たらしめ、伊賀祥太郎らを教師に任じた。

しこうして、同年六月、矢野の素志を納《い》れ、商業教育と商工業界の連絡を図って、翁ならびに富田鉄之助、益田孝氏に東京商業学校商議員を嘱託し、しかるのち矢野に再起を促し、辞任後九ヶ月にして、明治十八年（一八八五）六月、矢野は再び任に就いて、東京商業学校長となった。

一方文部省では、同年三月、その直轄にかかる東京外国語学校の中に附属高等商業学校を設け、校舎を神田一橋に置いて、欧米式に則り高等の商業教育を授け、卒業生に領事たる資格を有せしめた。折柄、森有礼が清国より帰朝して文部省に入り御用掛となったので、矢野校長と諜り、同年五月、東京商業学校を農商務省の管轄より移して、森が校務監督となり、矢野は校長となった。ついで文部省は、東京外国語学校および附属高等商業学校に、あらたに直轄となった東京商業学校をあわせて、東京商業学校と総称し、旧外国語学校校舎において授業を開始した。実に明治十八年（一八八五）九月二十二日であった。同校が今なお開校記念日として、「九月二十二日」を記念するのはこのためである。

東京女学館

商業教育についで、記すべきは女子教育である。翁の関係した女子教育として最初に挙ぐべきは、女子教育奨励会のことであり、これを母体として生まれ出た東京女学館のことである。東京女学館は初め虎の門旧工部大学の跡に在ったため、長く虎の門女学館として知られ、また華美豪奢《かびごうしゃ》の名を謳われたことは、あらためて記すまでもあるまい。今は渋谷羽沢御料地に移り、かえって質素をもって称せられ、はなはだしいコントラストをなしていることも、特に断る必要もない。

女子教育奨励会にしても、東京女学館にしても、伊藤総理大臣と井上外務大臣などのいわゆる欧化主義から生まれたものである。伊藤、井上などの急激なる欧化主義を思うと、どうしても「鹿鳴館時代」が偲ばれる。極端な、急激な欧化主義は、「鹿鳴館」で象徴される。

のちに華族会館となり、震災前まで日比谷の一角に異彩を放ったその鹿鳴館が、何ゆえに翁の関係した女子教育に交渉があるか。それを説明するには、かつて、「いわゆる鹿鳴館時代について」翁を中心として座談会を催したことがあるから、そのときの記録をもってしよう。

「要するに、日本の制度を欧米化することにあったが、それには婦人もともに交際社会へ出して、風俗を西洋式にしようという目的もあった。この頃、女子教育奨励会も出来ていたが、これが今の女学館の前身で、イギリス婦人を雇って婦人の交際方法の教授を学んだりした。もはやそのイギリス婦人の名も忘れてしまった。何でも三、四人いたようです。ただカークスという名は覚えています。

女学館の目的は、女子が当時のままではとうてい西洋式に当てはまらぬから、これを教育したいというにあった」

「女学館の外国婦人は、イギリス人ばかりでございましたか。当時アメリカ人はいかがでございました」

「アメリカ婦人はおりません。その頃はアメリカ人の日本に来る者は少なくて、大半はヨーロッパ人でした」

「今でも女学館にはアメリカ人は入れないそうでございますネ」

「アメリカ人禁制の場所ですネ。どうもアメリカ人の英語はナマリが多くて、イギリス人の英語とは違っているといいますネ。最近では英語と米語は別なものだそうです」

「鹿鳴館は欧風化の実行場所で、舞踏会を盛んにやった。そして色々な噂を立てられて、ついに解散になってしまった」

「それについて、私から少し弁解をいたしておきたいと思います。舞踏会といっても今のとは違って、規則がなかなか厳しく、男子の方は燕尾服でなければならず、令嬢や若い婦人は監督者が付かなければ、出ることが出来ませんでした。

けれども、伊藤さんがご承知のような方だったものでございましたから……。それでも、噂ほどではございませんでしたことは私が保証いたします。あるご婦人などは色々な評判を立てられましたが、これはまったくの捏造《ねつぞう》説だったのでございます」

「そうだろう。何でも鹿鳴館に対しては、三浦梧楼とか鳥尾小弥太などの軍人連中が大変反対したものだから……」

「鹿鳴館は、欧化主義が目的であったと承りましたが、日本が条約を改正するのに、その方便として政略的に急に欧化する必要があったと聞いておりますが、そういう意味もございましたか」

「そういうこともあった。条約改正には実際もこれに伴わねばならぬというにあった」

翁に向かって、数人からしきりに質問し、翁が応答したものである。中にあるいは夜会に出席したことを語り、鹿鳴館のために弁解しているのは、穂積男爵母堂歌子氏である。最後の条約改正との関係については、翁はかわしているが、鹿鳴館の真の目的はここにあったのではあるまいか。先に記したように、東京商業会議所を輿論《よろん》製造所として急に捏《こ》ねあげたのと同じ意味で、政治上の必要から造ったのではあるまいか。その詮索はとにかくとして、翁はまた別の機会において、女子教育奨励会および東京女学館について、こういっている。

女子教育などと文字にこそ書けるが、明治十八年（一八八五）頃のことは、非常に幼稚なもので、教育などということは出来ぬほどであったから、その時分から、私が女子教育に尽力したと明瞭に述べるのは、むしろ恥ずかしいくらいであります。

たぶん、あらたに内閣の制度が出来た頃と思いますが、伊藤公が、外国との交際という点から考え、上流の婦人が今少し外国を理解し、外国人を知る必要があるというので、しきりに心配し、今までのごとき日本流の礼儀作法のみでは役に立たぬ、欧米の例に倣《なら》い、社交に慣れねば外人と交われぬから、その方面の教育をせねばならぬ。それもただ、官途に在る人々の夫人や令嬢のみならず、民間の夫人もそのつもりで努力せねばならない、と主張しました。

あるとき、私に対し、

「渋沢君、お互い若いときは攘夷論で騒いできたものだが、そのようなことではいかぬ、ということを悟り、種々心配してきた。そして今日の事情を見ると、外国と親交を保たねばならぬということを、しみじみ感ずる。けだし、ご同感であろうと思う。

そこで、相対の交際をするには、従来のごとき日本流いってんばりではどうもならぬから、礼儀作法の一部分は、どうしても西洋風にするようにせねばならぬ。ちょうど政治上の仕組みを変更したと同様、百般の事柄を改良し、日進月歩の大勢に適応せしめる意味からも、大いに面目をあらためねばならぬ。

まず、婦人のことについて見れば、外人と顔を合わせて交際をなし得ることにせねばならない。それには、消極的にばかりつとめ、家庭に閉じこもる風を捨て、男も女も打ちまじり、極めて開放的に西洋式に交わるように考案する要がある。これは根本的の変化で、なかなか困難なことだから、皆が大いに努力せねばならぬ。ゆえに、単に役人の家内や娘がやるのみでは効果が薄いから、民間の人たちも同じくその方面にめざめ、西洋流の社交に慣れるようにつとめるのでなければならぬ。それまでにするのは容易でないから、心ある人々でよほど奮発せねばならない。

ついては、まず懇意な向きで稽古をはじめ、漸《ざん》を追って一般におよぼすほかはないと思っている。何ぶん言葉や風俗も相違するゆえ、一朝一夕のことではないが、お互いの家庭の人々は、その原動力になるくらいの意気込みで、大いにやることをしようではないか。

君は外国の事情に通じ、ダンスの一つくらいはやった方であるから、ぜひ片棒をかついでもらいたいものだ」

というので、まず家庭の婦人として、外国人の訪問をうけたときの名刺の受け方、玄関での応対、訪問日とか訪問時間の習慣、人による待遇の仕方、たとえば、主人の留守に来訪者があった場合、応接室へ通して茶を出すとか出さぬとか、その身分による礼儀など、いわゆる社交についての種々の催しなどに関し、特に強いての評議ではなかったと思うが、相談がありました。

なかにも夜会など催されたときに、舞踏のお付き合いも出来るていどに進めておかなければならぬからとて、歌（穂積夫人）や琴（阪谷夫人）にもやらせてくれとのことであったのであります。

実際このことは、

「伊藤がバカなことを考える」

と一概にいうことは出来なかったので、自ら上流の人々はそれに共鳴するという風でありました。しかし、嫁《か》して家庭をつくった人たちよりも、娘のときからその稽古をして、相当の身柄の家の者なら、一通り西洋式の応対も出来るようにし、夜会へ出たなら、踊らないまでも、その心得があるというくらいのことは必要である。

それには、これらを目的として、女子の教育をする学校を、つくる必要があるということになり、そこで、一つの学校が出来るようになりました。これがすなわち、東京女学館であります。

何ぶんそれまでは、女子の教育といえば、貝原益軒の『女大学』いってんばりで、すこぶる家庭的であり、消極的であったのを、非常な進歩的な考案を加えて出来たのでありまして、単に教育というのみでなく、特別の主張をもって設立されたものであります。さらに詳しくいうと、この目的を達するためにまず女子教育奨励会を組織しました。会の名称は、教育奨励を標榜しているが、実際はまず女子をも社会的に交際するようにし、礼式をことごとく欧米の型にあらためようというにありました。

生まれ出るときの事情が、かくのごとく、時代のトップを切らんためであったから、明治の末葉まで、その校風に特異のものがあったのは、当然であろう。

翁が、創立に当たって、資金募集について力をいたしたことは、特に断わるまでもないが、資金募集だけで、あとは知らぬ顔をしないのが翁の特徴である。

爾来、会計監督として長く努力を吝《お》しまず、大正十二年（一九二三）には、館長事務取扱、翌十三年（一九二四）には、ついに館長となり、羽沢への移転を完成し、昭和五年（一九三〇）、組織改正後、財団法人東京女学館理事長兼館長となった。

東京慈恵会

東京女学館とほとんど同時に関係を生じたものに、東京慈恵会がある。

東京慈恵会は、かつて刀圭界《とうけい》（刀圭《とうけい》は薬を盛るさじ。転じて医術会のこと）の権威をもって称せられ、無帽主義を提唱し、かつ自らこれを実行したことをもって忘れられない、故男爵高木兼寛の創立したもので、はじめ有志共立東京病院と称し、翁のはじめて関係した頃は、東京慈恵医院と称えたものである。翁の追懐談によって、その関係を知ろう。

……明治二十年の秋であったと思うが、私は鹿鳴館に招かれて行って、東京慈恵医院に七百円か寄附させられたことがある。そのとき私が、めったにあんなところへ行くものではないと、冗談いったのを覚えている。

その頃はもっぱら高木兼寛氏が経営の任に当たり、まったく高木氏の個人病院のように思われて、世間でも広く知らなかった。

それからずっと後で、明治四十年（一九〇七）前後のことと思う、当時、東京慈恵医院の御世話をしておいでになった有栖川宮妃慰子殿下が、洋行なさって、先方の有様を御覧になり、東京慈恵医院のみすぼらしいことを深く御感じあそばされた。そこで、松方公、井上侯の二人に、東京慈恵医院拡張の御考えについて御沙汰があった。

けれども、ときあたかも日露戦後で、実業界も沈衰している有様だったので、両人より、この際、一般から寄附をお求めになることは困難であるからといって、お止め申したのである。しかし、妃殿下には、東京慈恵医院が外国に比して、あまりみっともないと思し召しになったので、ある日突然、歌子と琴子とを御召しになった。

そこで、両人が参上してみると、

「実は、東京慈恵医院拡張のことについて、渋沢の力添えを望んでいる。それで直接、渋沢本人に会って意向をきいてもよいと思ったが、あるいは渋沢に具合いがわるいことがありはしまいかと思うので、お前方に依頼するのであるから、お前方から私の考えを伝えてくれまいか」

と、内々御沙汰があったそうである。私は両人から、妃殿下の御言葉を承って、

「とにかく、妃殿下から御沙汰があれば、いつでも罷り出ます。けれども、経済界の現状がこんな具合いでございますから、畏れ多いことであるが、妃殿下の御満足のいくような御返答を申し上げ得るかどうか、懸念いたしております」

と、両人を通じて申し上げた。

すると、御召しがあったので伺ってみると、威仁親王殿下と妃殿下とが御揃いで懇切に種々御話があった。御話の筋は、要するに、

「このことについては、皇后陛下も御心配あそばされておいでである。東京慈恵医院は、現状のままでは、高木個人のもののようであるが、それでは困る。何とかして一般的のものにしたい。それについては、すでに松方、井上の両人にも話してみたところ、両人から、時機がわるいから困難だ、拡張してはいけないとはいわぬが、やりかけてうまくいかないときに困るだろう、それにしても一応渋沢などの意向をきいてみたらよかろうとのことで、実はお前を呼んだ訳である。だから、お前の意見を腹蔵《ふくぞう》なく話してもらいたい。経営法を改良するとしたらどうすればよいか、その方法についての考えもあるであろう」

との御言葉であった。それで私から、

「現在は困難な立場にありますが、やってやれないことはございますまい。やるとなれば、主だった実業界の人々に援助を頼まねばなりますまい」

と申し上げた。そこで、麴町三年町の宮家へ、各方面の主だった人々を御召しになり、妃殿下御自身で、東京慈恵医院拡張の御趣旨を御述べになった。その前に、妃殿下が私を御召しになり、どんなことを述べたらよいかとのことであったから、それはこんな具合いに御話になったらよろしゅうございましょうと、私が演説口調に御話申すと、賢い御方で、よく御呑込みになって、なかなか上手に御演説なさった。

あとで、威仁親王が妃殿下に、

「お前は演説遣いになったネ」

と御冗談仰せられたので、妃殿下は、

「あれは、渋沢が智慧をつけてくれたからでございます」
と御笑いになったということであった。

東京慈恵会の事業は、その名からも推察されるように、単なる病院ではなく、いわゆる社会事業の色彩を多分に含む病院である。ゆえに、明治四十年（一九〇七）頃、寄附金募集の必要があり、震災後もまた借入金の必要があった。

翁は、明治四十年（一九〇七）の拡張完成とともに改正された組織、すなわち財団法人東京慈恵会の理事兼副会長となり、爾来、努力をつづけ、震災後の復興については、真に容易ならぬ尽瘁《じんすい》をしたのであった。

竜門社

・特異なる発生過程とその性質　明治中葉までの翁を——翁の活躍を記すに当たって、逸することの出来ないのは、竜門社のことである。竜門社とは何であるか。翁の唱道する経済道徳合一主義——明治初年、官を退き、商工業者となるに当たって標榜し、かつ爾来、身をもって実行してきたところの、『論語』をもって商工業を経営せんとする主義——に基づき、主として商工業者の智徳を進め、人格の向上を図る団体である。学術研究を目的とするものでもなく、ある種事業の利益を図るためでもなく、また社交のための倶楽部《クラブ》でもない。

翁の人格によって、翁の徳を慕うものによって、造られた、特殊の団体である。

そのはじめ、深川の翁の邸に居た学生諸氏によって組織された竜門社は、明治二十一年（一八八九）、さらに今の阪谷男爵を監督に加え、幹部は、社長、幹事長各一名、常務幹事二名、幹事七名、ほかに監督二名となった。

社長独裁制で、幹事はその補助者たるに過ぎず、また一定の主義がある訳ではなく、農工商に関する事項を研究討議して、実業上の知識を広めることを目的とした。かく混沌たる団体ではあったが、当時からすでに光っていた翁の徳を、慕うものがしだいに参加し、成立以来約二十年を経た明治四十二年（一九〇九）には、会員七百八十余、基本金三万円を数えるに至った。

これより先、明治四十年（一九〇七）、第三十九回秋季総集会において、翁は竜門社の将来について、意見を披瀝《ひれき》し、

竜門社の成立以来、すでに二十星霜を経《へ》、その間の発達によって今日の盛況を得たのであるが、既往《きおう》においては、たとえ偶然によってかくのごときを得たとしても、将来はその基礎を固め、維持の方法を定め、すすんでは漸次拡張して、繁栄を期するようにありたいと切望せざるを得ませぬ。この目的を達するには、よってもって、結成するの道理、すなわち主義目的を持たねばなりませぬ。

諸君にして幸いに私の言を容《い》れ、この社の組織を変更し、規則を改正し、鞏固《きょうこ》なる団体として世に貢献せんとするならば、あらかじめ本社の大精神となるべきものについて、熟考せねばならないと思います……。

と陳《の》べた。

この翁の言を動機として、組織変更について考えることになった。社長渋沢篤二氏は、穂積陳重、阪

谷芳郎両監督に詢《はか》って、だいたいの方針を定め、かつ特に、佐々木勇之助、土岐僙、尾高次郎、杉田富、八十島親徳など、在京会員の主なる人々に、社則改正案調査委員を嘱託し、これら委員は、一年有余にわたって、切々として議を練り、孜々《しし》として案をみがき、一つの草案を得て、これを両監督に謀り、翁の検閲を請い、加除添削を経て、確定案を得た。

新社則はきまったが、大眼目たる主義綱領となすべきものに至っては、会員などが定め得るものでないというところから、団体の中心たる翁の主張、意見によることとなり、翁の談話を筆記してこれに充《あ》てんことを請い、その快諾を得た。

かくて、明治四十二年（一九〇九）二月五日に開催された最初の幹事会において、社長より幹事一同に年来の尽瘁《じんすい》を謝し、新社則を提示して、社長独裁制を廃し、合議によるべきことを陳《の》べ、議にあずかるべき第一期評議員の指名を、翁に請うことを述べた。

竜門社の歴史に一期を画した第一回の組織変更のことは決し、翁の指名によってあらたに生まれた決議機関評議員の顔ぶれは揃い、正式に発表して、新竜門社の力強い第一歩を踏み出さんとしている。

かくて、同年の紀元節——憲法発布満二十年記念日の当夜、これを正式に発表した。この栄《はえ》ある夕、翁の指名によって、竜門社の枢機に参ずべく、日本橋区兜町の渋沢事務所に馳せ集まった人々は、旧社長渋沢篤二氏をはじめ、評議員たる、

市原盛宏　石井健吾　原林之助　西脇長太郎　穂積陳重
星野　錫　尾高次郎　田中栄八郎　植村澄三郎　山口壮吉
八十島親徳　福島甲子三　阪谷芳郎　佐々木勇之助　斎藤峰三郎

渋沢元治　清水釘吉　諸井恒平　杉田　富

の二十氏であった。ほかに堀越善重郎氏が評議員になったが、海外旅行のため出席しなかった。

顔の揃うのを待って、渋沢篤二氏は、竜門社組織変更の御旨ならびに社則二十七条を詳述して、これを衆議に諮《はか》り、急霰《きゅうさん》（あられのあわただしく打つ音）のごとき拍手は満堂に響いて、新竜門社はその第一声をあげたのであった。

座の静まるのを待って、会員総代佐々木勇之助氏の挨拶があり、晩餐《ばんさん》会に移り、旧両監督のスピーチがあり、別室に移って、翁の訓示がはじまったのは、午後八時半過ぎであった。堂々一時間にわたる大演説であって、その筆記は同社の主義綱領《こうりょう》として、「会員一同の終始服膺《ふくよう》」するところであり、毎年一月、必ず特にパンフレットとして会員に配布するものである。

・踏みしめて行く基礎

来会の諸君に一言の謝辞を申し上げます。

今夕は竜門社の社則を改革いたし、将来大いに社運を発展せしめようという計画で、だんだんその調査も届いて、ここに評議員を選定し、規則書を議定になりまするために、この式日を卜《ぼく》し（うらない定め）て御会同を催されましたのは、最も喜ばしいことでございます。

かねて、今夕御催しのあることを承知いたしておりましたから、悦んで当日を待っておりましたけれども、実は今夕、ここに私が申し述べようという、すなわち、本社の本体ともなさろうということが、はなはだ腹案が不満足で、諸君の意を満たすことが出来ぬのを惧《おそ》れますけれども、しかし、今日までの行き掛りで、ぜひ、この社の綱領として平常抱持しておるところを、たとえ、その趣旨は拙いにもせよ、その言辞は冗長に過ぐることがあるにもいたせ、会の起源に稽《かんが》えて、これをもって、この社の主義綱領にいたしたいということでありますから、不肖ながらあえて辞せず、ここに愚見を述べて、本社の綱領に代えるようにいたそうと思うのでございます。

匹夫而為百世師　匹夫《ひっぷ》にして、百世《ひゃくせ》の師《し》と為《な》り、
一言而為天下法　一言《いちげん》にして、天下《てんか》の法《ほう》と為《な》る。

ということは、蘇東坡《そとうば》の韓文公廟碑に書いてあったように思いますが、なかなか、凡庸《ぼんよう》の人に出来るべきことではございませせぬ。

ゆえに、今私が申し述べることは、渋沢の一家言ではないのです。古聖賢の訓言を私の口によって伝えるのでありますから、たとえ、渋沢その人が貴くなくても、渋沢の口から発することは必ず貴いと御覧くだすって、よろしかろうと思うのでございます。

しかし、渋沢がただ単に『論語』の素読をいたしたばかりであったならば、いかに、古聖賢の言を述ぶるといえども、かのごとき学問あり実験あり、世故《せこ》（世の中の風俗や習慣など）にも熟しておる多数の諸君によって、さらに、拡張改革してゆく竜門社の主義綱領とすることに、物足らぬように相成りはしまいか、ゆえに、古聖賢の言を述べるについての歴史がございますから、その歴史をここに申し述べて、あわせて、古聖賢の言を本社の綱領に代えるようにいたそうと考えるのでございます。

を冒頭とし、ついで、自身の過去の経歴を叙し、実業家として起《た》つに至ったゆえんを陳《の》べ、

元来商工業について、国家の富を図る、その志すところはそれで善いが、事実そのことに効能があっても、それに従事する人に利益がなかったならば、そのことは決して繁昌せぬのである。

福沢諭吉という人の説に、大変に心を尽くし、興味を帯びて書いた書物でも、多数の人がたくさん見る書物でなければ、その実世の中を裨益《ひえき》せぬものである。それほど力を注がぬ書物でも、社会の人がたくさん見るものは、それだけ効能も多いといわれた。至って卑近の説で、すこぶる敬服しがたいようにもあるが、ある点からいうと、大いに道理がある。

実業もなおその通りで、これを世の中に広めようというのに、利益なくして広めることはとうてい出来ぬからして、どうしてもこの商工業に従事するというにも、商工業者が相当なる利益を得て発達するという方法を考えねばならぬ。その方法はいかにしてよろしいか。

一人の智慧をもって大いに富むというが、おのれ自身は、仮にその智慧があったならば富むかも知らぬが、極端にいうと、一人だけ富んで、それでは国は富まぬ、国家が強くはならない。ことに今の全体から商工業者の位置が卑しい、力が弱いということを救いたいと覚悟するならば、どうしても、全体に富むということを考えるよりほかない。全般に富むという考えは、これは、合本法よりほかにない。ゆえに、この会社をもっぱら努めるほかない、という考えを強く起こしたのである。

されば、大蔵省にいる時分に、『立会略則』、『会社弁』などという書物を作ったのも、右などの意念からいたしたのであって、そのことは今日かくまでになし得るという理想は持たなかったけれども、今に会社法によって日本を富まそう、商工業者の位置を進めようと思ったことは、少しも忘れはいたしませぬ。

と、合本法による、事業経営主義を明らかにし、さらに進んで、

今申す、商工業を盛んにし、国の富を進めるようにして、その間に立って商工業者の位置をも進めたいと考えたことが、それが『論語』によったというのではないのです。

これはただ、私が自分の境遇として、そういう方針によって経営したがよろしかろうと考え定めたのであるが、その事業を行うや、標準は『論語』によるがよろしかろうと、こう思ったのであって、それ以来の経営は、いやしくも道理というものによらねば、ことを行うべからざるものということを、深く自分は覚悟した。

あるいは、その間に自分の思ったことで、誤ったことがあるかも知れぬのです。

これは、けだし、私のの智慧の至らぬためであるが、自ら欺いて、これは道理に外れるけれども、しかし利益だからこの方に傾いたということは、いまだかつて、私はいたさぬということを、ここに証言してはばからぬのでございます。

ために、その事業がいつも跼蹐《きょくせい》として進まず、はなはだ派手ではないけれども、しかし幸いにして過失なく、久しうしてまず蹉跌《さてつ》をきたさぬのは、私は惟精惟一《これせいこれいつ》のいたすところであると、いささか自負するのでございます。

といい、事業経営の基礎を『論語』に置いたことを強調し、転じて『論語』の精神を説き、宋朝ならびに徳川時代の学者が、「だんだんに障壁を築いて、実業界と孔子とは、友達でないかのごとくにして

しまった」ことを述べ、そのはなはだしき誤解曲解なることを指摘し、宋朝の学者、もしくは、爾来の日本の学者、『論語』を講ずる人が、仁義道徳と功名富貴とを別物にしたのは、誤りである。私はこれを一緒になし得らるるものである。こういう意念で、三十四、五年間経営をしましても、まず過失がなかったと思うのでございます。

と断じ、

しかるに、世の中がだんだん進んでいくと、種々事柄も繁くなってくる。進歩もはなはだいちじるしい。拡張もすこぶる大である。ただし、それにともなうて、貴むべき道徳仁義というものが、相ともに進歩拡張していくということは、はなはだ難しい。否、難しいどころではない。ある場合には、反対に下るということが、なきにしもあらずである。

これは、はたして、国のために慶事であるか。決して慶事ではなかろう。国富さえ進んでゆけば、道徳は欠けても仁義に外れても、世の中はそれで足れりとは、どうしてもいえまい。ついには、種々なる蹉跌《さてつ》を惹起《じゃっき》す。

こう考えてみますと、微々たる私の経営も、他日は世の中の一つの主義として、おいおいに拡張して、社会をして、この風習に帰せしむるようにせねばならぬと、私は思うのです。

ただし、あるいは私の解釈が違うかも知れませぬが、たとえ違うにしても、この竜門社の諸君は、少なくとも一致であると思うのです。すでに同一である、まったく同心であるというならば、どうぞこの主義をもって、あくまでも世に立って、世の進むとともに、道理によって進まねばならぬ。

ただ富さえいたせばよろしい、物質的の発達さえすれば我が事成れりというべきものでないということは、どうしても我が竜門社が中枢に立って、世の中を警醒《けいせい》せねばなるまい。ある場合には、改善もせねばならぬように、私は思うのでございます。

さらに、ごく未来を希望してみまするというと、およそ物の標準に立てるというは、動きやすいものでは、標準にならぬ。なお、尺度のごとく、枡《ます》のごとく、なるべく不動体のものをもって立てるが、よろしいと思う。ここに、竜門社というものが生まれ出て、竜門社が永久に伝わるものとすれば、その中には私のみでない、ここに御座る御方も皆、代わらなければならぬ。皆代わっても、人間がなくならぬ以上は、竜門社は立ってゆくであろうと思う。その場合に、もし標準というものがあるといったら、千載不易《せんさいふえき》のものでなければ、真正の標準にならぬのです。

たとえ、幾代を経るとも、道理というものは摩滅せぬであろう。

未来を考えるのは、既往《きおう》を見るがよろしいのです。すなわち、二千五百年前、しかも国の異なる周時代の訓言が、今日ここへ持って参って、一、二例を引いても、その通り、『論語』の全部を読んでみても、たいてい我々の心に理解して、なるほど尤もだ、こうありたいと思うのは、すなわちこれを千載不易《せんさいふえき》の言といい得るであろう。

はたして、しからば、これからのちに、私はもちろんのこと、若い青年の御人が亡くなっても、この風習が次へ次へと拡充してゆくようになったならば、すなわち今日の主義は、いつまで経っても、更に十代経っても百代経っても、この風習が次へ次へと拡充していくようになったならば、すなわち今日の主義は、何時までたっても未来の標準となり得るであろうと思うのでございます。

もし、そういうことになりゆくならば、ついに世の中をして、この竜門社の主義によらねば、真正なる富は出来ぬものである。真正なる道理は履《つか》めぬものである。しこうして、その仁義道徳と功名富貴というものは、まったく離るべからざるものなりということが、近い未来に証明し得られたら、なおよろし、百年経つも千年経つも決して晩《おそ》きを憂えぬではないか。

いかんとなれば、二千五百年以前の、孔子のことを今日申しても、誰も笑いはせぬ。古臭いことと軽蔑もせぬのを見れば、決して目前に信用を受ける受けないをもって、この主義の軽重を論ずる必要はなかろうと、私は思うのでございます。

といい、「経済道徳合一主義」をもって、竜門社の社是とすべきことを示した。来会者一同の感銘は、あらためていうまでもない。

翁と『論語』、道徳を基礎とせる合本法の経営は、しばしば聴いたところである。しかし、これほど組織立って、突っ込んでの話を聴いたのは、はじめてであった。ただ深き示唆と大なる感激に、しばらく声もなかった。やがて佐々木評議員は起って謝意を表し、謹んで訓示を守り、協力一致、翁の信頼に悖《もと》らざるべきを誓った。

このときに定められた、新「社則」によって、「青淵先生ノ常ニ唱道セラルル主義ニ基ツキ、主トシテ商工業者ノ智徳ヲ進メ、人格ヲ高尚ニスル」という目的がきまり、社長幹事制を改めて、評議員幹事制を採用した。決議機関として評議員があり、その議長たる評議員長を代表者とし、執行機関として幹事二名を置いた。

かくて指導原理が定まり、運用規定があらたまったのちの竜門社は、時勢の進運に順応して発展の一路を辿《たど》り、大正十二年（一九三七）の末には、会員千を超えて、基本金六万四千余円、積立金約四万円、合計金十万千五百円をもって、有価証券、預金などを所有し、内容充実したので、翁の主義拡充と財産の安固を図る目的をもって、再度の更生を企て、大正十三年（一九三八）春の総集会において、組織変更を決議し、財団法人となした。

あらたに定められた「寄附行為」によって、決議機関として評議員制を存するとともに、執行機関として理事制を採用した。評議員会長は評議員会を、理事長は理事会を、それぞれ主宰して議長となり、理事長はまた龍門社を代表することに定めた。

竜門社の事業としては、翁の主義――道徳経済合一説の普及に努め、あるいは集会を催し、あるいは雑誌を発行し、四十年の長きにわたり変わるところがない。その活動は、あえて華々しさを望まぬため、世間の注意を惹くことは少ないかと思うけれども、主張するところは必ず実行する団体として、また翁という一個人を中心とするユニークな団体として、存立を続けてきたのである。その間、特に記録すべきは事業は、次の通りであった。

明治三十三年（一九〇〇）、翁の還暦ならびに授爵を記念せんため、先にしばしば引用した『青淵先生六十年史』を編纂刊行し、明治四十二年（一九〇九）、翁の古稀を祝賀せんため、『青淵先生七十寿祝賀記念号』を発行し、また同四十四年（一九一一）、社外の人々をも勧誘して祝賀会を催し、『青淵先生七十寿祝賀記念帖』（写真帖）を作り、大正五年（一九一六）、喜寿記念のため、林泰輔博士によって、『論語年譜』を編纂発行し、大正九年（一九二〇）、八十寿ならびに陞爵《しょうしゃく》祝賀のため、竜門社が主となって、「青淵先生八十寿並陞爵《しょうしゃく》祝賀会」を組織し、記念書庫一宇を建設した。先に記した、飛鳥山邸内の青淵文庫がこれである。

さらに昭和三年（一九二八）十一月、米寿祝賀会を催し、盛大なる祝賀を催し、大冊『青淵先生米寿記念号』を発行し、同時に『青淵先生訓話集』『国訳論語』を刊行し、記念文鎮《ぶんちん》を作成した。

思わず筆が走って、一気呵成《いっきかせい》にここまで書いたが、第一銀行をメイン・ラインとし、東京市養育院をアンダー・カレントの主流と見るならば、竜門社の関係は、その中間を流れる特別のカレントと見てよかろう。純粋の経済関係でなく、社会事業ではもちろんない。翁の精神方面――個人的感化による教育の表現と見るべきものである。

翁の実業界における活動が、その人とその時代とによってユニークであったごとく、翁の人格の力によって結成された、龍門社もまた、類《たぐ》い稀《まれ》なる存在である。

報国会

日清戦争は、大国中国を相手として戦争をしたのであるから、我が国民は挙げて負けてはならぬという強い観念を持ち、熱狂していたのであるが、太田正孝氏のいわゆる『町人諭吉』は、我が軍人を援《たす》けるという意味で、軍費よりも、出征している兵士の家族に対し慰安的後援をし、気勢を添えたいと、熱心に主張し、その費用として寄附を求め、約百万円の金をつくりたいといっていた。今日の百万円は、たいした金高ではないが、当時としては相当な金額であった。そして何でも、三井に三十万円出せといったと思うが、当時の三井、三菱は、多少懸隔があったので、二軒が同額ではなかったように記憶する。

また、当時の十五銀行は、華族の株主を持ち、なかなか有力で、かなり巨額を寄附するはずであった。また、福沢もこれを首唱したのみでなく、

「私は金持ではないが、一万円出す」

とて、私に、

「貴方にも同額くらいは出して欲しい」

と勧誘された。それで、主な人々は、坂本町にあった銀行集会所へ三、四度も寄っていろいろ相談協議した。それに力を入れた人々は、福沢諭吉、山本直成、池田茂政、浅野長勲、柏本村信、北川亥之作の諸氏であった。

どういう都合であったか、このことを伊藤さんが聞いて、私と今一人誰であったか確かでないけれども、福沢ではなかったように思うが、その人とを官舎に呼んで、

「有力な諸君の報告会の企ては、政治家も軍人も嬉しいと思っているが、寄附で百万円集まるかどうか、はなはだ心もとない。思うようにいかぬと困るだろう。また政府も資金をただでもらったのでは、その金をどうするか始末に困る訳である。

それよりも、ちょうど政府で公債を募ることにしてあるから、それに応ずることにしてくれないか。そうすれば金をただで寄附したというのではなく、少なくはあるが利子も取れる。利子の割合は第二として、大いに尽力してやって欲しいものである。公債募集に差し支えても面白くないから」

と切にいわれた。私も尤もと思ったので、

「公債はいくら募集しますか」

ときくと、

「五千万円募集したい」

とのことであったので、引き受けた。

かような次第で、報告会の企ては公債応募となり、この五千万円の中、二千五百万円か三千万円、確か三千万円となったと思うが、東京でというよりは、主として東京の銀行仲間で引き受けた。中にも十五銀行のごとき、一手で八百万円を引き受けた。第一銀行は三百万円くらいであったと思う。そのほか十万、十五万と応募して、三千万円に達し、大阪で一千万円、そのほかで一千万円、都合五千万円に達したのである。

翁は、平和論者をもって知られている。その翁が、日清戦争に際し、かく自ら話したほどの努力をしたことは、矛盾であり、自家撞着《じかどうちゃく》であると誤解されるところがないとはいえない。しかし、いわゆる、「修練による心境の変化」でもなければ、事情の推移によって主義を変えたのでもない。前に、翁在官の頃、台湾征討が問題となり、どこまでも反対論を主張し、翁の在官中、ついに征台のことが実現に至らなかったことを記し、

「たとえコンクリート（明確）でないにしても、戦さを好まざる気持ちはあったに相違ない。その戦さを好まぬ気持ちの現れとして見るとき、このときの主張は意味深いものに受け取れるのである」

と書いたとともに、

「さりながら、翁は無抵抗主義でない。徹底的非戦論者でもない」

と指摘しておいた。

どこまでも「日本」の渋沢翁であり、「日本人」たることを誇りとする渋沢翁であるためである。

理知的であるが、単純に理論のみに終わらぬところが、翁の翁たるゆえんでもある。というのは、何ゆえであろうか。

「……他人とは努めて争わぬように心がけ、大いに慎んでいる。また、国家としても争いなどは、なるべくいたしたくないものだと思っている。

雨降って地固まるなぞという古い諺もあって、人と人との間には、争いがなければ局面の展開を期し難く、世の中に戦争がなければ、改革の行われるものでないかのごとく説く論者もあるが、争いとか戦さとかいう現象は、ある人、もしくは国が、理が非でも自分の無理を貫徹しようとするより起こることで、人、もしくは国に、無理を貫徹しようとする気さえなくば、争いや戦さは、起こさずとも済むものだ」

といっておるごとく、出来るなら争いや戦さを避けたいと思っている。しかし、仕掛けられた争い、挑まれた戦さをしないというのではない。無理を貫徹しようとする人、もしくは国がある場合にも、なお無抵抗でいこうとは思っていない。

「降りかかる火の粉は払わねばならぬ」

という主張は、言外に歴々たるものがある。

個人的の争いにしても、いちいち指摘するまでもなく明らかなように、無理を強《し》いんとする者に対しては、どこまでも反対する。争いもする。台湾征討について論じたときもさようであった。無抵抗どころでなく、生命の危険を賭《と》しても、あえて争ったのである。

戦争はどうであろうか。台湾征伐は、日本が積極的に打って出でんとするものであり、好んで戦わんとするものであったから、翁は徹底的に反対した。

しかし、日清戦争はそうではない。中国がその野心を擅《ほしいまま》にせんとして、朝鮮を侵したために――やむなく戦わざるを得なかったものである。「日本」の存立を脅されてもなお戦さを好まぬというのであれば、無抵抗主義であり、徹底的非戦論である。かくのごときは、翁の採るところではない。国家意識の特に強烈な翁の忍び得るところではない。

かくて現に関係し支配しつつあった分野――商工業界、ことに絶大の力を有した金融界を動員して、有力なる後援をなしたのであった。病床に呻吟《しんぎん》しながらなおあえて、邦家《ほうか》（国家のこと）のため出来得る限りの努力をしたのであった。かくてもなお、変説といい、改論と称する者があろうか。「修練による心境の変化」と非難する者があろうか。

五、家庭

母梅光院の死去

竜門社は、翁の深川邸における「書生部屋」を発祥地としている。その初めは公の性質を有し、なかばは家庭的の意義を持っていた。この公私両方面に交渉ある竜門社のことを記した筆は、さらに一歩を私的方面に進めて、その内容を記すべき順序になった。そして第一に触れなければならないのは、翁の周囲である。

翁が、民間の人となってもまもなき、明治七年（一八七四）一月には、母栄と永訣《えいけつ》した。享年六十三。法号を梅光院盛冬妙室大姉という。梅光院について、翁はこういっている。

梅光院の死去は、明治七年（一八七四）の七草の日であった。前年の末に具合いがわるくおなりになって、そのときは、のちに地震で焼けた兜町の元の事務所のところにあった家に住まっていたが、御看病に不便なため、その前にあった三井の家を借り、そこで、看護婦をつけて御世話申した。

私が大蔵省をやめたことを大変心配なされて、私の身に変異が起こったと思っておいでのようだった。

明治四年（一八七一）、晩香院（栄一の父、市郎右衛門）が亡くなられて、お母さんも大変心細く思っておられたときだものだから、その上、私のことを痛く心配になったのが、病気の原因だったようだ。母上を診察した医者は、はっきり記憶にないが、たぶん猿渡常安という人だったと思う。この人は、織田研斎、のちに猿渡盛雅という人の、養子になった人である。

御死去の直接原因は、心臓の故障であった。苦しまれるようなことはなく、にわかに死去なされたので、皆が大変心配したが、功を奏さなかった。ちょうど私は、その頃大変忙しくて、看護その他のこと一切を妻にまかせておいたから、私としては満足な御世話を申し上げることが出来ず、はなはだ遺憾に思っている。

お祖父さんは百姓育ちで、文学などの特殊な趣味などは何もない、誠に好人物であった。家政は不如意で、貧乏とまではいかなかったけれど、裕福ではなかった。私のお母さんは、こんな境遇の間に成長なされたのだから、別に文学とか思想とかに取り立てていうほどのことはなかった。お父さんは大変気が強く、思想、行動は、百姓に珍しいほどきちんとした人であった。母などがいうことをきかぬと大変叱りとばされた。

お母さんが、

「旦那はよく人をお叱りになる」

といわれると、お父さんは、

「叱る気ではないが、そんな判らないことをいうから叱る」

といって叱られた。私が成長してからは、私が種々ことに触れておなだめして、家庭の心配も少なくなったけれども、それでもお父さんの小言は絶えず、ほかの人が右といえば、必ず左と反対なさるといった専制ぶりであった。

お母さんは大変慈悲深い人であったが、ことに私をいつくしみ、寒いときは私の羽織を持って、遊びに出た私を追いかけてこられるほどであった。私がそれを厭がって、羽織を地べたに放り出すと、

「困った子だ」

と、それでも私を追いかけられました。

人に物を施すことが好きで、つまらぬ物でも人におやりになる。ちょうど隣にハンセン病患者の家があって、その患者が、お母さんより少し年上くらいの人であったが、常に労《いた》わられました。私などは大変厭がって、

「情愛としてはけっこうだが、そんなにする必要はない」

といっても、お母さんはいとわず、着物や食事の世話までもなさった。私などが、「伝染する」——イヤその頃は、伝染という言葉はなかった。うつる——と注意すると、お母さんは、

「そんなことはない。お医者にきいたら、うつらぬとのことだった」

といって、親切に世話をなさって、隣から、ぼた餅を作って持ってくると、それを平気で食べられた。深くいえば、情が深すぎたが、慈悲善行に富んだ人だった。お父さんが、

「お前は、つまらぬ物を他人にやる人だ」

といわれると、お母さんは、

「そうではありません。うちでつかうことの出来ないものでも、人にやってかまわないではありませんか。そんな物もなくて、困っている人が沢山おりますから」

といわれた。

私が郷里を出て帰らなかった数年の間、私の妻はお母さんに事《つか》えて、親切に世話したから、大変喜んで、

「良い嫁だ」

といわれた。

性質からすると、お母さんは本当の百姓育ちで、妻は思想や教養が一通りはあったのだから、気が合うことはなかったけれども、家庭のいわゆる嫁姑の不仲はなかった。お父さんは律儀といえば律儀だけれどもちょっと意地張ったところがあった。

お母さんの方はそこへいくとそんなことはない。わるくいえば、いわゆる好人物だったけれども、それでも学問しない人の割合いには、手紙などは上手にお書きになった。

悲喜交々《こもごも》至る

平和の日は続いた。そして、明治十五年(一八八二)四月、長女歌子氏は穂積陳重《ほづみのぶしげ》博士に嫁した。故穂積博士が一世の碩学《せきがく》であり、その学術上の功績によって男爵を授けられ、また、ついに枢密院議長となって逝いたことは、蛇足を添える必要もなかろう。

喜を重ね、平和の日は続いたが、いつまでも、そうではなかった。喜ののちに、悲の続くを、人の世のさだめと見ねばならないのは、悲しいことである。喜と悲との交互連続を、人の世の様といい、世の常といわねばならないのは、何たる怨めしい運命であろうか。

明治十五年(一八八二)七月、翁もまた、人の世の悲しい定めにしたがい、妻千代子の逝くのを送らざるを得なかった。

今年夏の始めつかた、大人には銀行の支店見めぐりたまわんとて、陸奥の方へ出で立たせたまいけり。まだ御旅路におわします頃より、おちこちに悪き病流行するよし聞えければ、いといと心もとながらせたまい、とりわけ帰りたまうを待ちわびさせたまいけり。我夫とわらわとの御傍に侍る折は、御けしきうるわしくましませども、常は何とのう御心細げに見えたまうとこそ人々は云いしか、後に思えば、おのずから此頃はひより御身の弱らせやまいけるなるべし。大人帰りまして後、あしき病ますますひろごり行きくにぞ、西が原なる別荘は人里も遠く静かなればとて、七月七日の頃、我夫とわらわとをも誘わせたまい、そこに移らせたまいけり。十二日の夜、いとのどやかによもやまの御物がたりして、更たけて御前を退きたりしが、其時まではつゆ常にかわれる御ありさまも見えさせたまわざりしに、あくる十三日の暁がた俄《にわか》に御病おこり、とみにおどろおどろしく悩ませたまえば、ありあう人々驚きあわて、まずそれぞれへ人走らせ、いかにせましと騒ぎまどうほどに、常に親しく来通う医師猿渡ぬし直ちにはせ来られ、つと御傍にありてみとりまいらせ、つづきて池田、樫村、佐藤、べるつ《ベルツ》ぬしなど、名ある国手たちをむかえ、力のかぎり治療に治療を施しまいらせけれど、いささかもしるしなく、終に十四日の夕つかた、四十二の御齢を一期として、はかなくならせたまいけり。あわれ此時の事は今は書きしるさじ。ああうらめしかな、かなしきかな。

と、『はゝその落葉』に記されたように、残りおしい長逝であった。

大人を御始、たれもたれもただ夢に夢みる心地して、いわんすべせんすべもしらず、世もはや今を限りなりぬとばかり、なげきまどう外はあらず。

と記されたのも理であろう。諡《おくりな》して宝光院貞容妙珠大姉という。宝光院については、昭和五年十月、「宝光院殿五十回忌供養晩餐会」において、佐々木勇之助氏が談話したことがあるから、掲げてその人となりを偲びたい。

……私は若い時分から、第一銀行へはいり、渋沢子爵に別してお世話になりましたから、常に深川のお邸へ出向きまして、宝光院様の御厄介を蒙りました。今日五十回忌の御法要が行われますについて考えますと、お亡くなりになりましたのは、五十年も前であります。

しかし、私どもにはこのあいだのようにおもわれますので、熟々《つくづく》月日の経つのが早いのを驚き、当時のことを考え出しまして、非常に感慨が深いのでございます。

実に宝光院様はご親切な方でありましたが、ただいま子爵のお話を承りまして、一層立派なご気性の方であったと思い、我が国の烈女伝に載ってよいほどのお方であったと存じます。

また、子爵がここに五十回忌をお営みになりますのも、実に例の少ないことで、これ一に子爵のご健康の結果でありますが、それにつけても、宝光院様は若死でご不孝な方であったと、一方からは申せるのであります。しかし、ただいま子爵のご追懐談がございましたので、御霊《みたま》もさぞご満足あそばされておらるることと存じます。

返る春

外部の活動に忙しい翁は、少しも安居する日がない。しぜん幼かりし琴子氏、篤二氏などに、淋しさを感ぜしめざるを得ざりしは、堪えがたいことであった。そこで、あらたに夫人を迎えることになった。

かくして、明治十六年（一八八三）一月、迎えたのが兼子夫人である。兼子夫人が、爾来、五十年に近い長い歳月を、事多い翁の内助者として、容易ならぬ苦心をしてこられたことは、あらためていうまでもない。ただ、翁の好伴侶たり得たることによって、その人となりを推し得るがゆえに、ここにはあえて細叙することを避けたい。

あらたに夫人を迎えてからの翁の家庭は、再び春を迎え、和やかな空気が溢れた。かくて、明治十七年（一八八四）十一月、二男敬三郎をあげた。不幸にも翌十八年（一八八五）春、夭折《ようせつ》したが、明治十九年（一八八六）臘尾《ろうび》（年末のこと）、三男武之助氏が生まれ、悲の涙を払うに余りがあった。武之助氏は、のちに第一高等学校、東京帝国大学に学び、現に石川島飛行機製作所取締役社長として、航空界のため尽瘁《じんすい》し、また浅野セメント、日本醋酸《さくさん》製造所など諸会社に重役として参加し、少壮実業家として活動しつつある人である。

越えて明治二十一年（一八八八）、四男正雄氏の出生をみた。正雄氏もまた、第一高等学校、東京帝国大学に学び、卒業後しばらく第一銀行において実務を練習し、渋沢貿易会社を創立して花々しきスタートを切ったが、世界大戦終熄《しゅうそく》の影響を受けて徹底的の打撃を受け、数年を整理に暮らし、隠忍自重《いんにんじちょう》のち、あらためて実業界に乗り出し、かつて東京石川島造船所専務取締役、石川島自動車会社取締役社長として経営に鋭意するかたわら、汽車製造、富士製綱などの諸会社に関係して、多忙に暮らし、今は富士製綱会社ならびに昭和鋼管会社の取締役社長として、鋼業界に知られている人である。

明治二十一年（一八八八）、二女琴子氏は、今の男爵阪谷芳郎氏に嫁した。阪谷男爵が、前の大蔵大臣、東京市長であり、現に貴族院の重鎮であり、実業界の先達であり、国際、教育、社会事業、その他の団体の指導者として、一世に重きをなしていることは、あらためていう必要がないであろう。

明治二十二年（一八八九）には、三女愛子氏が出生し、明治二十四年（一八九一）には五男秀雄氏が生まれた。愛子氏は、のちに明石照男氏に嫁した。明石氏が、そのかみ入学試験の最難関たりし時代の、第一高等学校に入学し、ついで東京帝国大学を、木村鋭市氏と首席をあらそいつつ見事な成績をもって卒業し、「三菱」に入り、のちに第一銀行に転じ、現に同行副頭取として金融界に重きをなし、頭脳明晰と学者的風格を称せられているのも、あらためて記すまでもないところである。

秀雄氏は、第一高等学校、東京帝国大学を卒業し、一時日本興業銀行に席を置いたが、まもなく重役として田園都市会社の経営に任じ、同社が目的を達して解散したのち、目黒蒲田、東京横浜、両電鉄会社の重役となり、かたわら帝国劇場、秩父鉄道、日本煉瓦製造、仙石原地所、箱根温泉供給などの諸会社の重役たる人である。氏は趣味広く、美術、文学、音楽、行くとして可ならざるなく、現に春陽会の同人として彩管《さいかん》（絵に用いる筆。絵筆）を揮い、年々春の東京を飾る同会展覧会に、色彩豊かな作品を陳ねていることは知る人も多いであろう。

かくのごとく、喜びを重ねた翁の家庭は賑しさを増し、前途の多幸を思わするものがあった。かくて家族の増すにつれ、邸宅の狭隘《きょうあい》を感じ、邸宅の新築にとりかかるに至った。新邸のことを記すに先だって、邸宅の変遷を記しておかねばならない。

邸宅

翁が、明治二年（一八六九）十月、上京のとき、湯島天神町に居を卜《ぼく》し、明治四年（一八七一）、大蔵省の事務繁忙をきわむるにおよび、神田裏神保町に移ったことはすでに記した。明治六年（一八七三）、退官後第一国立銀行に関係してからは、総監役たる関係上、日本橋区兜町に移転した。

「その頃は、すぐ傍《かたわ》らの兜町は、荒れ果てた屋敷跡で、兜橋もなければ、鎧橋は蘆の生えた岸に小舟の横たわっている渡し場で、海運橋は八丁堀に通う寂しい道にかかっている木橋であった」

と、鹿島万兵衛氏の談話したほど淋しいところであった。かくのごとき荒涼たる土地に居を構えたのは、他の欲望は極端に恬淡《てんたん》であり、ほとんどないといってもよいほどであるのに、事業に就いては激烈な執着がある例証であるといいたい。

ただ単に、第一国立銀行の近傍という点だけでここに居をトし、しかも梅光院のことに関し、翁は自ら談話したように、「地震で焼けた兜町の、元の事務所のところにあった家に住まっていたが、ご看病に不便なため、前にあった三井の家を借りた」ほど、狭い家に住まったことを思うとき、その感が一層深い。

仮り住みとはいえ、かかる邸に住まっていたことを記しておくことは、無駄ではあるまい。この家には明治九年（一八七六）まで住まい、同年八月、深川福住町に移転した。建築中に移ったとみえ、『六十年史』にはかく記している。

深川福住町邸ハ明治十年十月名工清水喜助ノ造ル所ニシテ、檜及柿ノ良材ヲ用イ、天井ハ神代杉孔雀目ノ一枚板、及赤桐ノ一枚板ナリ。欄干ノ葡萄及柿ノ刻物ハ名工堀田瑞松ノ刀ニシテ、当代ノ傑作ト称ス。庭ハ一面ノ池ニシテ、海ヨリ潮水ヲ引キ、灯篭木石凡ナラズ、風景愛ス可シ。徳川前征夷大将軍慶喜臨眺殊復奇ノ五字ヲ書シ賜ウ、之ヲ木刻ノ額面ニ造リ楼楯ニ掲ゲタリ。

簡単な記述の中にも察せられるであろうごとく、相当な規模を有するものであった。深川の邸は、翁が永住の目的をもって建てたものであることは、爾来、翁の原籍が、ここに置かれて動かなかったことによっても察せらるるところである。邸の建築について逸話がある。清水釘吉氏の語るところを引いてみよう。

子爵が明治九年（一八七六）の頃、深川住吉町に新しく屋敷をお構えになるについて、先々代の喜助が建築をいたしました。喜助は、平生の恩に感じ、特に丹精を凝《こら》しました。そして、二階に昇る階段の親柱の頭に、特に趣向をしたつもりで、唐獅子を取り付けることにして、その彫刻を、ある有名な専門家に依頼しました。

いよいよ望みの唐獅子が出来ましたので、さっそく第二養子の清水武治をして親柱に取り付けさせんとしました。喜助は、子爵の御満足を期待していました。ところが、事実は予期を裏切って、子爵は大変御不興でありました。この彫刻は、すなわち、子爵の華を去るというご主義に添わなかったのであります。

武治は困りました。養父の切なる思考にしたがって取り付けんとすれば、子爵のお気に逆らうことにほかならぬのでありました。そこで武治は、子爵に苦衷を述べて、

「どうぞ養父の丹精を斟《く》んでいただきたい」

と願いましたが、ついに許されず、持ち帰ると、養父の喜助がまた納得せず、武治は再度子爵の前に養父の希望を披瀝《ひれき》したしだいであります。しかし、子爵の所信容易に翻《ひるがえ》るべくもなく、空しく獅子を抱いて再び帰ったとのことであります。温容慈母に勝る子爵のご胸裡にかくも厳然たる半面を窺い得たる者は、まさに子爵の今日あるを知るのであります。

同時代に出来たものに、いわゆる「王子の別邸」がある。

さきにグラント将軍歓迎のとき、工事半ばであったものであり、宝光院が偶然にもそこで急に逝いた邸である。グラント将軍歓迎のとき、上野の大歓迎会に、明治天皇の御臨幸を仰ぐことに定まっておったのに、コレラの流行猖獗《しょうけつ》であったため、途中で御沙汰やみにならんとし、翁が容易ならぬ苦心をしたことは、そのときに記しておいたが、これより先、明治十年（一八七七）八月に、政府は『コレラ病予防心得』を頒布《はんぷ》している。

このような有様であったので、どこかに別荘を持つ必要があった。――今の言葉でいえば、郊外に住宅を持つ必要があるというので心掛け、翁が王子製紙会社の関係で、王子へ出向くことが多かったので、途中の滝野川村西ヶ原の一角の地を選び、宝光院とともに実地を見て決定したのであった。かくて、コレラを避けんために造った王子の邸において、数年ならずして宝光院がコレラのため逝いたことは、何たる運命の戯《いたずら》であろうか。王子の邸については、『六十年史』はこう記している。

明治十一年ヨリ工ヲ起シ、荊棘《けいきょく》ヲ開キテ築ク所ナリ。本邸ハ東京府公園ノ一タル飛鳥山《あすかやま》ト並ビ、遠ク筑波山、鴻ノ台ヲ望ミ、近クハ一面ノ田野ニシテ、村落点在シ、戸田川ノ白帆ハ緑樹ノ間ニ隠見出没、眺望殊ニ佳ナリ。当代ノ碩儒阪谷朗廬名ヲ命ジテ曖依村荘ト云ウ。実ニ都下名園ノ一ナリ。

園内広豁《こうかつ》ニシテ樹木欝叢《うつそう》、泉水アリ、瀑布《ばくふ》アリ、諸所ニ亭ヲ設ケ、四時遊覧敢テ優劣ナシト雖《いえど》モ、春秋二季ノ風色最モ好評アリ。毎年数次先生園遊会ヲ開キ、内外名士多ク参集ス。蓋シ本邸ハ大客ヲ招待スルニ最モ適ス。

民間紳士ニシテ外来ノ大賓ヲ招キ、及ビ朝野ノ政客、学者、実業家ヲ集合交際スルノ風ハ、先生ノ率先セル所ニシテ、園遊会其他交際上ノ体裁趣向、此村荘ニ濫觴《らんしょう》スル所多シ。

あらためて記すまでもなく、明治三十年（一八九七）頃までのことである。四辺の景色も変わった。邸内の模様もまた変わった。

ただ変わらぬのは、翁がよく内外の名士を招いて、園遊会を、レセプションを、ティーパーティーを、宴会を催したことである。これがため、幾多の建造物が増し、一万坪に近い邸内もところ狭きまでに、各種各様の建築が出来たが、結局、来訪者のための邸で、ライフをエンジョイするには、きわめて不適当のものであった。それは後日のことである。

明治十年代には、本邸を深川福住町に、いわゆる別邸を王子に設けたが、先に記したように、当時は幾多の会社、数多くの社会事業に関係したために、どうしてもビジネスセンターに近く住むことが便利であった。

もちろん今のいわゆるビジネスセンターはなかったが、金融界のリーダーたる第一国立銀行があり、証券取り引きの中心たる東京株式取引所があり、日本橋界隈の商店街に近い「兜町」は、自らそこであった。そこで、先に記した兜町邸を改築して、これに住むこととなった。改築するについては、先に詳しく記したいわゆる鹿鳴館時代の影響を受けてというよりは、鹿鳴館時代を誘導実現した、伊藤、井上と特に懇意であり、自らもその必要を考えた翁は、身をもって欧化主義を実行し、洋風生活の範を示さんとしてこの建築をした。

この建築については、『世界美術全集』にこう記してある。

大渠《たいきょ》に面せるイタリア・ベネチアのゴート式建築は、水上に浮かんで蜃気楼のごとき観を呈し、水と建物と相俟《あいま》って他に類例少なき興趣をそそる。本図日本橋区兜町二番地渋沢邸は、地形がまさにこれによく似ているので、辰野博士がその様式をこのベネチアのゴート式にとりて経営されたもので、素直な衒気《げんき》のない好い建築である。

これは建坪百四坪、明治十九年（一八八六）十二月六日に起工し、同二十一年（一八八八）四月十五日、落成した建築である。

明治二十一年（一八八八）四月、完成したとあるは、家屋のアウト・ラインであって、住まい得るまでの厳密な意味における完成でない。真の意味において完成したのは、明治二十三年（一八九〇）で、同年翁は一家をあげて移り住んだ。

かくて、深川福住町の邸は、かねて寄宿していた「書生」諸氏の占領するところとなった。その結果、竜門社発生時代の道場となった訳である。今の第一銀行頭取、石井健吾氏にしても、またかつて第一銀行に巣立ち、のちに同行監査役となり、東洋生命保険会社、朝鮮興業会社などを主宰し、かたわら幾多の会社に関係し、中央財界にいちじるしい足跡を残した、故尾高次郎や、今は宗教講演行脚に逃避しているが、そのかみ東洋生命保険会社その他に関係し、実業人として活躍した佐々木清麿氏は、この時代の深川邸の「書生」であった。

かくて、深川邸の「書生」跋扈《ばっこ》時代は、明治二十八年（一八九五）まで続き、同年篤二氏が結婚し、新家庭をこの家に営むに至ってやんだ。この頃までに、いわゆる「書生」諸氏は、順次学窓を巣立って社会人として活動するようになったのであった。明治二十八年（一八九五）、一橋を卒業した石井氏を最後として、深川邸の「書生」は打ち切りになり、兜町邸の「書生」が続いた。

翁が、兜町邸に移り住んでのち数年にして、第一銀行改築の議が起こった。改築といっても、新築に等しい大工事であった。その間をつなぐべき仮営業所の必要があり、これについて銀行の人々がしきりに苦慮したことがあった。このとき翁は、兜町邸を使用せんことを提議し、自身は飛鳥山邸に移り住むべき旨を付言した。これを聞いた佐々木勇之助氏はじめ銀行の幹部は、大いに恐縮し、切に辞退したので、このことは実現するに至らなかったけれども、のちに至って、飛鳥山邸への移転は行われた。

兜町付近が、漸次旧来の面目をあらため。厳密の意味でさようでないまでも、ようやくビジネスセンターらしい趣を呈し、雑閙《ざっとう》喧噪を加えたのと、翁の招宴がしだいに頻繁となり、かつ接客の方法ようやく変化し、園遊会の数多くなるにおよび、飛鳥山邸を使用すること繁く、むしろ同邸に起臥すること便利なるに至り、ついに飛鳥山邸を住宅にし、兜町邸は事務所にすることになった。実に明治三十四年(一九〇一)であった。

六、危難

東京市水道鉄管事件

一つは外からであり、他は内からである。その原因も事情も異なるが、生命に対する脅威は同一であった。いずれにしても、一歩を誤れば、いかなる結果を見たか分からぬほどの危機であった。維新前、血なまぐさかりし折のことは措《お》いて問わず、明治になってからの大きな危難であった。しかも、この二つの危機が数年ならずして相ついだことは、いうところの厄年《やくどし》ででもあったかという気がするほどである。

第一の危機、壮士の暴行は、水道鉄管輸入の関係からである。

東京市の水道は、明治二十二年（一八八九）に計画され、二十五年（一八九二）から工事に着手し、六ヶ年の星霜《せいそう》を経《へ》て、明治三十一年（一八九八）に経費総額九百三十余万円をもって、その第一回の工事を完成したものである。明治二十二年（一八八九）は、翁が東京市参事会員になった年である。

これより先、明治十二年（一八七九）、東京府会開設のとき、府知事ならびに知友諸氏から府会議員たらんことを勧められたが、官を去ってより政治に関与せざることを主義とした翁は、府政に関与することをも好まず、明確に辞退した。もとより、当然のことである。

同一の理由で、市参事会員たることも、またその志でなかった。しかるに、これを受けたのは何ゆえであるか。ここにあえて註釈の必要がある。それは、市制の規定によって、市参事会員に当選した者は、辞退を許さなかったからである。かくて、しかたなく承諾し、これがため、水道鉄管に関して、力をいたさざるを得ざるに至ったのである。

水道鉄管については、内国製品によるか、外国製品を輸入するかが問題であった。

翁は、先に記したように多年ガス事業に関係し、しぜん鉄管については苦労している。また、流行病によって苦き経験を嘗《な》めたため、公衆保健の必要上、水道敷設の必要を痛感し、水道調査会を組織し、私費を投じて調査研究し、もし東京市において、水道敷設の意思がなかったなら、会社を起こして水道経営をしようと思っていたほどであるから、鉄管については定見があった。

当時は、日清戦争前、国家意識の特に強かった際でもあり、輸入超過に神経を悩ましつつあったときでもあったのと、明治初年の外国崇拝の反動で、外国技師を出来るだけ避けんとする傾きもあったから、国産愛用の気運が相当濃厚であった。この雰囲気に順応せんとして、内国製鉄管使用を強調するものがあったのは当然である。そして日本が、近年工業上長足の進歩をなしたので、十分鉄管製造能力ありと主張した。

翁は、先に記したように、出来るなら、日本人の力によって、事業を経営せんと切望しているのであるが、出来ないのを無理しても国産でいこうというのではなかった。水道鉄管については、不本意ながらなおいまだ国産で完成し得る確信がなかった。ガス関係の経験によっても、水道調査会の研究によっても、当時の日本の工業状態では、とうてい鉄管を製造することが出来ず、強いて国産品を使用せんとすれば、いつになったら水道が完成するか見込みが立たなかった。

そこで、鉄道にしても、ガスにしても、ビールにしても、レンガにしても、はじめのうちは、外国製の材料によったばかりでなく、外国人の技師をさえ招聘《しょうへい》し、これにより啓発されて、今日の発達を見るに至ったのであるから、水道鉄管もまず外国製品を用い、これによって漸次、この方面に関する知識を開発することにせねばならぬと主張した。

繰り返して書いたように、翁は常に自己の利害ということを考えず、純粋に条理により、事業本位に考えて判断する。ゆえに、言葉は柔らかであっても、主張は動かない。いくら論じても、駁《ばく》しても、敢然として主張を変えない。ために反対者には強く響く。強く響くから、猛烈に反対する。反対がいかに強くとも、騒ぎがいかに激しくとも、堅く信ずるところがあるから、翁はひるまない。翁が動かなければ動かぬほど、反対論は盛んになり、その態度はますます硬化する。かくて、ついに感情的になってきた。

「東京市の事業として、水道敷設を実施せんとするに当たっては、当然日本製の鉄管を使用すべき道理である。しかるに、この当然の道理を無視して外国製の鉄管を使用せんとし、その有利なるを主張するは、外国人と結託して私利を営まんとする者で、このごときは、容赦なく膺懲《ようちょう》(うちこらすの意)すべきである」

と称し、演説により、または新聞紙によって、極力翁を攻撃した。

翁がもし、外国人からコミッション(手数料。賄賂《わいろ》)を取る目的で、かかる意見を主張したとすれば、この囂々《ごうごう》たる反対に驚いたであろう。

しかし、あらためて記すのもおかしいほど、見当が外れている。水道を一日も早く完成して、東京市民の保健に貢献したいというのが、翁の切に希望するところであって、そのためにあえて非難を冒すのであるから、真に天地神明に恥じない。ゆえに、いかに攻撃されようが、悪罵《あくば》されようが、頑として主張をまげない。堂々と主張をたて徹さんとした。

ところが、衆口金を鑠《と》かす(悪口が重なると、恐るべき結果を招くこと)の譬《たとえ》もある通り、翁のこの正論を疑うものを生じた。このごろでもそうであるように、新聞の記事は、ともすれば大衆を誤ることがある。余りにセンセーショナルに書くため、信ずるともなく、そんなこともあるかと思う者も出来た。かくして、事件に関係ない者で、翁の態度を非難する者さえあるに至った。これほどまでに騒ぎを大きくしたのは何ゆえであったか。

表面いかに堂々たる仮面を冠り、愛国論までふりかざしても、真の理由は東京市のためでなく、自己のためであり、いわゆる内国製鉄管製造のため会社を設立して利益を得んことが目的であったからである。翁の主張――外国製品使用という説が通っては、受くべき利益を逸する恐れがあるからであった。のみならず、この計画にからまって、感情的にも翁に反対せざるを得ざるものがあった。

これより先、内国製造鉄管使用主張者中の有志は、鋳鉄会社を組織し、水道鉄管の注文を引き受けんとし、その計画を携えて、翁の援助を請うたことがある。けだし、新規事業は翁の呼吸がかからねば成立せず、また一度翁が名を列すれば、株金は集まり、会社の信用は急に高まるからであり、換言すれば、翁の賛否は、計画の成否に関係があったからである。しかるに翁は、断然反対した。とうていその目的を達し得ざるべきを思ったからであった。しこうして、発起人らに対してこういうた。

このような、日本で経験の乏しいことを、にわかに行わんとしても、無理であろうと思う。まずガス管のような簡単なことで、漸次に技師、職工を養成してかからねばならない。もし、かかる計画であるならば、進んで賛成しましょう。

しかるに、ことここに出でず、ただちに水道鉄管のごとき、極めて困難な仕事をするために、工場を設置し、あらたに技師、職工を集めて、ただちに多年経験ある外国会社と競争せんとするのは、無謀もはなはだしいといわねばならない。その結果は、すでに明らかであって、国家を益するところがないのみでなく、いたずらに資本を費消するに過ぎない。

いったい、工場に経験のない人は、一、二本の製品を見て、幾本でも同様のものが出来ると速断する傾きがあるが、さように簡単なものでない。数百本、数千本の製造をすることになると、多数の鋳損じが出来、いたずらに工費がかさみ、なかなか利益をみることが出来ないものである。このへんに思いをひそめて、研究する必要があると思われる。すなわち、計画そのものに違算があるといわねばならない。

仮に、数歩ゆずって、この違算がなく、計画通りに利益があがるとしても、鋳鉄会社に参加することは出来ない。自分はご承知の通り、市参議会員であって、水道鉄管を買い入れる立場にいる。

一方で買い入れる地位にありながら、また同時にこれを請け負い、売り込む会社に関係するということでは、自分の職責を尽くすことが出来なくなるので、とうていこの事業に参加することが出来ない。これらの理由を了解され、あしからず諒承ありたい。

翁のいうところは、当然であり、発起人に過ちなからしめんとする、親切に充たされている。しかし、聞く者には、翁の好意ある忠言も徹底しない。ことさらに、理由を設けて、会社の設立を妨げんとするのであると解し、かえって翁を怨むに至った。そのクライマックスとして、壮士の襲撃という騒ぎになった。

明治二十五年(一八九二)の十一月頃だったように記憶するが、伊達宗城侯が病気であらせられたので、お見舞いに出かけようと思い、午後三時頃、まだ自動車のない時代だったから、自用の二頭立て馬車を駆って、兜町の事務所を出で、すぐ前の兜橋を渡り、江戸橋の通りと四日市町の通りとの交叉点のところへきかかると、突然、物陰から二人の暴漢が抜刀で現れ、馬車馬の足を払ったことがある。

私は何だか馬車がちょっと止まったように思ったのみで、刺客に襲われたなぞとも心付かなかった中に、馭者が馬に鞭を当てて、極力走らしたものだから、一頭は毫《ごう》も傷を受けず、傷つけられた一頭も、またよく走ったので、難なくその場を脱し、ひとまず、駿河町の三越呉服店――当時まだ越後屋と称しておった店舗にはいり、休息することにしたのだ。

これより先、数日来馬車の馭者が、どうも近来は変だ、何者か私の身辺を狙ってる者があるらしいと私に注意し、また警視庁からも、どうも私の身辺が近来危険のように思われるから、護衛巡査を付けるようにしたらよろしかろうと注意してくれたので、当時すでに平服の護衛巡査が付き、人力車で馬車のあとから護衛してくれておったこととて、暴漢が現れて抜刀で馬車馬の足を払うや否や、馬車を先にやっておいて、巡査はすぐ人力車より降り、その場で暴漢二名を捕縛してしまったのである。

私は越後屋で馬車から降りたが、途中に起こった椿事《ちんじ》(非常の出来事。珍事)については何ごとも語らず、ただ伊達侯の病気見舞いに出かけるところだが、ちょっと仔細あって休息さしてもらいたいとだけ申し述べて、店内に入り休憩したのだが、越後屋でも唐突のことなので、何ごとが起こったのかと驚いている中、どこからともなく途中の椿事が伝わって、続々見舞いの人が越後屋に押し寄せてきたので、同店でもはじめてそれを知ったほどである。

さてその日は、伊達侯への見舞いも見合わせ、いよいよ帰ろうという段になると、帰途も危険だから、ぜひ護衛しようというものもあったが、刺客にして真に私を斬り殺そうという意ならば、すぐに私へ斬ってかかるべきはずのもので、馬の足を払うごとき、まわりくどい手段を取ろうはずなく、また同勢二人抜刀を手にしておりながら、何の抵抗もせず、ムザムザ一人の護衛巡査ぐらいに捕縛されてしまうわけもなく、察するに、壮士が、若干《なにがし》かの金銭を与えられて、渋沢はけしからん奴だから斬ってしまえとか何とか扇動され、もらった金銭の手前ほってもおけず、馬車馬の足を払ったに過ぎぬのだから、帰途また危険なぞのあるべきはずはないと、いろいろ親切にいってくれる人々の好意を強いて謝し、護衛なぞ付けずに帰宅したのだが、はたして、私の考え通り何ごともなく、無事で宅まで帰ったのである。

しかしこのときに、私がかく敢然たる態度に出て、毫《ごう》も恐るるところのなかったのは、自ら省みて、いささかも疚《やま》しいところがなかったからである。

世の中には、偶然な出来事というものがあって、屋根から突然落ちてきた瓦に当たって死ぬ者なぞもある。藤田東湖先生のごときは、地震の際、落ちてきた梁《はり》に当たって死んでるではないか。いかに生きようとしても、無い生命は、結局無いものである。

「匡人《きょうじん》其れ予《われ》を如何《いかん》せん――桓魋《かんたい》其れ予《われ》を如何《いかん》せん」

である。私にはかの信念があったから、こんな騒ぎがあっても、毫《ごう》も恐るるところがなかったのである。

この二人の暴漢は、ともに当時のいわゆる壮士で、石川県千木喜十郎、板倉達吉の両人であったが、当時喧しかった東京市水道鉄管事件に関し、私が外国製の使用を主張せるに対し、内国でこれを製造し納入しようと企てた者があった。その後聞知《ぶんち》（聞いて知ること）するところによれば、この一派の人々は、あたかも私が外国商人よりコミッションでも取って、外国製の使用を主張するかのごとくいいふらし、渋沢は売国奴であるからヤッツケロというような過激の言をもって、千木、板倉の二人を扇動し、三十円宛を与えたとかで、その金銭の手前、二人は刹那的人嚇《おど》かしをやったものだそうである。

『処世の大道』において、翁が当時を回顧した一節であるが、真に危険千万であった。しかし翁の信ずる通り、「匡人《きょうじん》其れ予《われ》を如何《いかん》せん」であった。

癌

鉄管事件を原因として起こった、壮士の暴行は、外部より受けた危難であったが、明治二十七年（一八九四）のがんは内部から起こった危難であった。

翁の記憶力は真に偉大であった。特に古い時代の記憶力が優れている。極言すれば、記録よりは正確であろうと思われるほどの記憶力である。その翁の記憶によっても、二十一歳のときから、病気らしい病気をしたことがないのである。それも、養生法とか健康法とかを行ったのでない。むしろ無理な働き方をして、なおこの驚くべき健康を保ったのは、何たる頑強さであろうか。

いわば生まれて病気をしたこともないほどの翁は、明治二十七年（一八九四）、五十五歳のときのがんで、はじめて大患を経験したのであった。ときに詩がある。

少年豪俠気如雲　　少年《しょうねん》、豪俠《ごうきょう》、気《き》、雲《くも》の如《ごと》く、

一剣欲支百万軍
豈料雄思銷尽後
衰顔因病見刀痕

一剣《いっけん》、支《ささ》えんと欲《ほっ》す、百万《ひゃくまん》の軍《ぐん》を。
豈《あ》に料《はか》らんや、雄思《ゆうし》銷尽《しょうじん》の後《のち》、
衰顔《すいがん》に、病《やまい》に因《よ》る刀痕《とうこん》を見る。

＊雄思《ゆうし》……おおしい、男らしい意気込み。
＊衰顔《すいがん》……（手術後の）おとろえた顔。

後年、翁自らこういっている。

しかし、私も今日までの中に、大患に罹《かか》って、生命がむつかしかろうと思われたことが二度ある。一度は、明治二十七年（一八九四）のがんで、一度は、明治三十七年（一九〇四）の肺炎だ。私は、三十七年（一九〇四）のときの肺炎の方を危険に思い、半ば遺言のようなものまでしたほどであったが、二十七年（一八九四）のときには、私よりも世間がかえって心配したのである。

誰が見ても知れるように、私の右の頬の唇のあたりが妙に凹んでるが、これは明治二十七年（一八九四）にがんを切り取った痕跡である。この年には、日清戦争がはじまって、大本営を広島に進められ、明治天皇は同地に御駐輦《ごちゅうれん》あらせられた。私は別にさしたる異状が身体にあるとも思わず、少し口のあたりが変で、悪寒《おかん》がするぐらいに思ったのみで、押して天機奉伺《てんきほうし》（天皇の機嫌をうかがうこと）のため、広島に赴いたのだが、帰途汽車中で発熱はなはだしく、余りに苦しくなり、とうてい堪え難くなったので、帰京するやいなや、ただちに高木兼寛氏の診察を請うことにしたのである。

しかるに、高木氏はがんと診断し、橋本綱常氏および帝国大学のスクリバ教授もまた立ち会って診察されたが、やはりがんであるとの診断で、高木兼寛、橋本綱常、スクリバの三氏が立ち会って、患部を切開し、これを切り取ってしまったのである。

幸いに予後良好で、健康は旧に復したが、がんは一度切り取ってしまっても、また再発するのがほとんど例になっているそうで、私のごとく再発せぬのは稀有《けう》の例とのことである。

当時私は、さまで危険状態にあるものだとは思っていなかったのだが、世間では、もう渋沢も駄目で、がんで斃《たお》されてしまうだろうと、噂しあっていたそうである。

橋本綱常氏すら、ある人に向かって、渋沢もせっかく働いてるが、今度という今度は実に気の毒なものだ、とうとうがんに生命を取られてしまうことになったと語られたほどである。

しかるに、いかに切り取っても必ず再発すべきものと予期されておったがんは、どうしたものか傷痕《きずあと》の癒《い》ゆるとともに、そのままになおってしまい、橋本氏のごときは、その頃、私を見るごとに、あたかもがんの再発を催促するかのごとき調子で、まだ再発せぬのかと、怪しんで問うのを例としたほどで、私は、余りしばしば問われるところより、橋本氏に向かい、貴公はがんの再発を望んでるのかと問い返したことのあるほどだが、天祐《てんゆう》とでもいうべきであろうか、不思議に再発せず、すっかり快癒してしまったものだから、橋本氏のごときは、がんでなくって他の腫れ物であったろうなぞと、後日に至って疑いを起こしたほどである。

これに対し高木氏は、自分が主治医となり、三名まで立ち会って診察し、それでがんと診断したものに、誤診のあるべきはずなく、やはりがんであったが、天祐により快癒したのであると主張されたくらいで、今日に至るまで再発せぬのは、まったく天が私を棄て給わなかったからだろうと思うのである。

七、朝鮮開発

第一銀行の組織改正と朝鮮進出

日清戦争の好景気は、順序を経たものでないだけに、崩れるのも早かった。

明治二十九年（一八九六）下半期には、すでに逆勢に転じつつあった。のみならず、東北地方の海嘯《かいしょう》（大津波）、関西地方の洪水など、天災相つぎ、各地に凶作多く、市中銀行は金利を引き上げ、日本銀行もまた同年九月、金利引き上げを行った。金利の引き上げは金融界を圧迫し、同年末より翌三十年（一八九七）にかけて、恐慌状態を現出せしめた。恐慌は、まず大阪に現れ、大阪の同盟諸銀行の警戒厳重となり、融通の途を絶たれた多くの銀行は、にわかに経営難に陥り、日本銀行の出動によって、わずかに危機を脱するを得たものが多かった。

東京においても、木綿問屋の破綻を導火線として、同業者数十人の窮状暴露し、金融界の警戒厳重を加え、しだいに硬化するに至り、全国的に取り引きを有する桐生の織物仲買商の破綻によって、関東一帯の機業地《きぎょうち》（織物産地）に激烈なるショックを与えた。かくのごとく、綿糸布、織物業者が打撃を受けたのは、外国貿易の逆潮と綿糸布の対支輸出杜絶《とぜつ》とのためであった。

この恐慌によって、大銀行主義の傾向が萌芽を現したことは注意せねばならない。一般預金は、しだいに中小銀行を去って大銀行に移り、三井、三菱などの大銀行は、かえって預金を増加した。翁の主宰した、第一国立銀行はどうであったか。もちろん、三井、三菱と同様、もしくはより以上であったが、第一国立銀行は、組織改正ということがからまっていたので、そのことをまず記さねばならぬ。

すなわち、明治二十九年（一八九六）五月十七日、臨時株主総会を開き、営業満期後さらに私立銀行として、その営業を継続する件と新定款とを決議し、六月二十六日、営業継続の許可を受け、七月十九日、重ねて臨時株主総会を開き、あらかじめ営業継続後の重役を選挙し、九月二十五日に至り、第一国立銀行は、営業満期とともに解散し、株式会社第一銀行が成立した。けだし、同年三月公布の「営業満期国立銀行処分法」の規定によったのであった。

このとき選挙されたのは、取締役は、渋沢栄一、西園寺公成、三井八郎次郎、佐々木勇之助、熊谷辰太郎、監査役は、須藤時一郎、日下義雄諸氏であり、翁は頭取になった。資本金は、従来二百二十五万円であったのを、営業満期を機として更生するに当たり、積立金を振り替えて、倍額四百五十万円とし、明治三十二年（一八九九）、さらに五十万円を増加して、五百万円となった。

また、明治二十九年（一八九六）以来十三年間に、伏見、兵庫、新大阪町、長岡、西区、下関、木浦、鎮南浦、群山、平壌、大邱、城津、安東県、開城、咸興、馬山、鏡城に支店を新設した。

この間の営業の推移を概記すると、預金は、明治二十五年（一八九二）、七百四十万円台であったのが、明治三十年（一八九七）には千百万円を超え、三十五年（一九〇二）には二千七百万円以上にのび、四十年（一九〇七）には四千九百万円台になった。貸出金は、明治二十五年（一八九二）に八百万円台であったのが、三十年（一八九七）には千二百万円、三十五年（一九〇二）には二千六百万円、四十年（一九〇七）には実に四千八百万円をはるかに超えている。

この顕著な発展は、もちろん時勢の力もあるが、翁の経営よろしきを得たためであるということも、明記して差支えないであろう。これらの数字の示すごとく、大銀行主義の明らかになったのは、明治二十九年（一八九六）四月に公布せられた、「銀行合併法」があずかって力あることはもちろんである。

この第一銀行の長足の進歩の跡を辿るとき、朝鮮におけるその活躍の目ざましさに特に驚くのである。前に記した新支店の中の三分の二が朝鮮各地であることによっても、その一班が察せられるであろう。

第一銀行と朝鮮との関係は、明治十一年（一八七八）の釜山支店設置のときにはじまり、ほとんど内地における活動と同時であったといっても、過言でないほどである。朝鮮における初期の活動は、海関税の取り扱いと地金銀の買い入れであったが、貨幣の整理もまた、主なる事業の一つであった。朝鮮には古来本位貨幣なく、葉銭と称する数種の銅銭と真鍮銭とが流通せるのみであった。

明治二十四年（一八九一）、日本の制度に倣《なら》い、一円銀貨および十文、五文の銅貨を鋳造し、二十七年（一八九四）八月、日清戦争中、新式貨幣発行章程を発布し、新貨制度を定め、貨幣の種類を、銀貨、白銅貨、赤銅貨、黄銅貨の四種となし、銀貨をさらに、五両銀貨、一両銀貨に別《わか》ち、五両銀貨をもって本位貨幣とし、その他をすべて補助貨幣と定めた。

ところが、本位貨幣は、わずかに一万九千余円を発せるにとどまり、白銅貨のみを濫鋳《らんちゅう》したから、私鋳偽造は盛んに行われ、本位貨幣との開きが非常に大きくなった。

かくて、朝鮮貨幣が信用を失墜せるとき、新式貨幣発行章程第七条によって法貨たるを認められた日本の一円銀貨は、しだいに信用を博し、その流通高は増し、明治三十年（一八九七）には、三百五十余万円の巨額に達した。しかるに、日本において、明治三十年（一八九七）十月一日より、金本位制が実施され、一円銀貨は廃止され、しぜん朝鮮から引き上げねばならぬことになった。

その結果を憂慮した第一銀行は、同年八月、「朝鮮国幣制私議」と題する意見書を日本銀行に提出し、一円銀貨に刻印して、朝鮮に流通せしむべきことを論じ、政府および日本銀行の同意を得、朝鮮総税務司ブラウンと協議し、十月初旬に至って議まとまり、海関税として収納せしむることになった。かくて、金本位制実施ののちも、毫《ごう》も影響を受けず、対韓貿易業者は、ために多大の利便を得たのであった。

当時ロシアは、東方進出に鋭意していたので、明治三十年（一八九七）十一月、韓国政府に迫って、アレクセーエフを財政顧問とし、翌年二月、露韓銀行を京城に起こし、第一銀行の地盤を覆さんと企て、また政府に説いて、ついに刻印付円銀を納税に用いることを拒絶せしめ、ついで、公私一般の授受を禁ぜしめた。されど、ブラウンは依然としてこれを海関税に収納し、またイギリスは日本とともに、ロシアに対抗し、ついに反露派の勢力を盛り返したので、ロシアはアレクセーエフの任を解き、露韓銀行を閉鎖するに至った。親露派は凋落したけれども、刻印付円銀通用禁止令はいまだ廃止された訳ではなかったから、翁は親《みずか》ら朝鮮に渡り、交渉斡旋につとめ、同年七月、政府をしてついにこれを解除せしめた。

第一銀行の活動によって、朝鮮の貨幣整理は軌道に乗ったが、これに関連して考えねばならないのは、銀行券のことである。前に記したように、明治三十年（一八九七）に、一円銀貨は廃止され、刻印付円銀がこれに代わって行われたけれども、爾来、円銀を新たに発行しなかったから、市場からしだいにその影をひそめ、北清事変の頃には、その跡を絶つに至った。

のみならず、従来流通していた日本銀行兌換券も、漸次回収されたから、一般取り引きに支障を生じ、かつ海関税徴集に不便を感ずるに至った。この障害と不便とを除去し、金融の流通を図る目的をもって、第一銀行は銀行券の発行を計画し、日本政府に出願して、ただちに許可され、明治三十五年（一九〇二）五月、「株式会社第一銀行券規則」を制定し、銀行券の種類を、十円、五円、一円の三種とし、銀行券は所有者の望みにより、朝鮮各地支店出張所において、同額の日本通貨と引き換えることとし、発行限度はおかなかったが、最初発行されたのは、三種を通じて百三十万円であった。

この有様を見て快からぬのは親露派の人々で、しきりに妨害を試み、外務大臣趙秉式《ちょうへいしき》は、九月、銀行券授受の禁止を命じたから、代理公使萩原守一は、ただちに起こって抗議をを申し込み、三十六年（一九〇三）一月、該訓令を取り消させた。しかるに、翌二月初旬、李道宰が、趙に代わって外務大臣となり、再び禁止令を布き、京城府尹もまた、銀行券を授受する者を厳科に処する旨を掲示したため、銀行券の引き換え、にわかに盛んとなり、京城、仁川が最もはなはだしかった。

折から、帰朝中であった公使、林権助は、軍艦高砂に搭乗して急航し、萩原代理公使もまた強硬に談判したので、同月十二日夜、禁止令はついに撤廃された。このとき、第一銀行の受けた損害は、相当大きかったけれども、この騒ぎによって、基礎の強固《きょうこ》なことと、いつでも銀行券の引き換えに応じ得る実力のあることを如実に示したから、結果はかえってわるくなかった。

かくて我が政府は、明治三十六年（一九〇三）二月、我が銀行券の信用維持を目的とし、その発行取り締りに関し、第一銀行に対し通牒を発し、第一銀行はその趣旨を体し、「銀行券規則」を改正し、銀行券の信用はしだいに高まり、明治三十七年（一九〇四）末には、発行総額三百三十七万余円にのぼった。このとき発行した十円券には、渋沢翁の当時の肖像が刷り込んである。のちに初物好きの伊藤博文がこれを真似て、韓国の紙幣に自分の肖像を入れたといわれているものである。

京仁鉄道会社

日清戦後は、「臥薪嘗胆《がしんしょうたん》」の標語によって統一された、最も緊張した時代であった。戦勝の酔いいまだ醒《さ》めざるに、三国干渉によって自己の微力を痛感し、実力養成の急務を覚《さと》った時代であった。のみならず、ロシアの極東進出は露骨になり、朝鮮経路は傍若無人《ぼうじゃくぶじん》であった。

かくて、朝鮮に対する一般の関心はようやく強くなったが、そのトップを切ったのは翁であった。戦うためではなく、日本の勢力を扶植《ふしょく》（うえつけ、助けること）して、これによって朝鮮を紛争の圏外におかんためであったのではなかろうか。それはとにかく、この時代の翁の、朝鮮に対する努力は異常なるものがあり、翁に関するかぎり、日清戦後は朝鮮経営時代であった。

朝鮮人の来遊するや、ほとんど必ずこれを招いて懇談した。金玉鈞、金宏集、朴定陽、魚允中のごとき、しばしば翁と往来した人々である。当時の事情について、翁が追懐したことがある。金玉鈞のことからはじまる。

金が当時ここへ来たので、二晩か泊めた。私は、彼が亡命して来た以上、事情を具《ぐ》して李鴻章の懐中へ飛び込んで行くのが一番よい。あるいは死なねばならぬかも知れないが、それが生きる道だと忠告してやったが、ついにそうしなかった。また、金は碁を打ち、なかなか強く、中川亀三郎を呼んで旅情を慰めてやったりした。金は前からの知り合いであった。朝鮮の人としては、金宏集、魚允中などとも懇意であった……。

朝鮮に対して、私は政治的の考えは少しも持たなかったが、第一銀行の支店も置いてあるので、その事情を知る必要があるとして、朝鮮人は特に相当の世話をした。

また、政治的関係は避くべきであるとしたが、我が国の経済上の海外発展は必要であるとして、それを心掛けたので、明治十一年（一八七八）、第一銀行の支店を釜山浦へ置いたが、また、中国も看過すべきでないとして、桃井可雄《もものいよしお》、大井幾太郎などを遣《や》って中国の事情を調査させ、為替事務も採ろうとしたこともある。

ところが、例のシャンドが、普通銀行と為替銀行とは全然別にしたほうがよい、ことに為替取り扱いをやれば、銀の変動がはなはだしく危険があるから、それをやるなら専門にやった方がよい、両方の取り扱いをするのはよくないという主張により、誠に尤もと考えて、上海に支店を置く計画は中止した。しかし、朝鮮へは為替取り扱いの関係でなく、ぜひやろうと決心した。

それは、日本として朝鮮を失えば、国力の維持が出来るかどうか判らぬと思ったからで、京仁、京釜などの鉄道を敷設した理由も同様である。

京仁、京釜両鉄道は、翁の朝鮮における二大事業である。

これより先、日清戦争酣《たけなわ》なる頃、朝鮮駐在臨時代理公使、小村寿太郎が、朝鮮政府との間に締結した暫定合同条約第二条に、京仁、京釜両鉄道を、日本人が敷設する権利を認めた。しかるに、日本は当時、戦後経営に忙殺され、朝鮮に手をのばす余裕がなく、空しく二年を経過した。

明治二十八年（一八九五）には、安達謙蔵氏などの活躍した、韓国王妃殺害事件があり、翌二十九年（一八九六）には、韓国皇帝がロシア公使館に蒙塵《もうじん》（天子が変事にあたり難を逃れること）のことがあり、日露の勢力、漸次朝鮮を舞台として拮抗《きっこう》しはじめ、国状すこぶる紛糾の折からであったが、同年三月二十九日、アメリカ人ジェームス・モールスは、あらたに京城（現在のソウル）、仁川間二十六マイル余の鉄道敷設権を得て工事に着手せんとした。

明らかに国際的道義を無視するものであって、日本にとってははなはだしい侮辱であった。そこで政府は、極力抗議を申し込んだが、結局、形式的の謝罪文を得て落着した。

一方モールスは、日韓交渉をよそに、着々計画を進め、本国アメリカにおいて資本金を募集したが、その成績きわめてわるく、とうていこの工事を完成するに足らなかった。よって、わずかに得た資金をもって、ともかくも工事に着手せんとし、明治三十年（一八九七）三月二十二日、起工式を挙げたが、用地の関係よりしばしば測量を改変し、線路を変更したため、工事遅々として進まず、貧弱な資金は、たちまち枯渇して、事業はゆきづまった。

よって詮方《せんかた》なく（しかたなく、なすべき方法もなく）、その権利を日本の資本家に譲渡す決心をなし、大川平三郎を介して、翁に交渉してきた。翁は、繰り返して記したように、朝鮮には特殊の関心を有するものである。しかも、その動脈ともいうべき鉄道事業である。国家的見地から、ぜひ引き受けようと決心した。よって、同年四月二日、モールスと正式の交渉を開始し、条件にして適当ならば、買収に応ずべき旨の確答を得た。

かくて、当時外務大臣であった大隈重信の名をもって、京浜および大阪の有力実業家を招きて、京仁鉄道引き受けのことを諮《はか》り、席上翁は、従来の経過と将来の方針とを陳《の》べた。出席者もまた種々意見を陳べたが、結局引き受けのことを決議し、越えて八月再び協議し、シンジケートを組織することに定め、これに関する契約案、ならびにモールスとの契約案の起草を、翁に一任した。翌九月、すべての準備成り、さらに数回の協議を重ねたのち、京仁鉄道引受組合は成立した。

いよいよ工事に着手するに至って、戦後諸般の事業膨張の影響を受けて、シンジケート加盟者の落伍するものを生じ、かつ当初計画を費やし資金の融通を約した、大隈を外相とする松方内閣は倒れ、その後を承《う》けた伊藤内閣も、また短命にして瓦解《がかい》し、つぎに組織された大隈内閣も、同じくわずかにして潰《つぶ》れ、目まぐるしきまでに内閣が更迭したため、政府との交渉、困難をきわめ、さらにまた、モールスは工事の進行上、前渡金の増額を要請し、あるいは、物価騰貴を口実とし、また工事変更を理由として、支出の増加を要求し、あるいは、フランス・シンジケートより高価をもって買収の申し込みありたるにつき、解約したしとの申し出をなすなど、大小種々の困難蝟集《いしゅう》の有様であった。

この間にあって、翁は自らすべての方面の善後処置に任じ、一方落伍者の続出を防ぎ、他方政府当局との折衝をつづけ、ついに明治三十二年（一八九九）一月一日、八十万円貸し付けの予算案が議会の協賛を経るまでに至らしめた。また、モールスの要求につきて、理由あるものは採用し、しからざるものは斥《しりぞ》けて、この苦境を脱した。

そののち、モールスは組合脱退を申し出たので、やむなくこれを許し、足立太郎を支配人に任じ、三十二年（一八九九）四月、未完成のまま引き受け、五月、組織を変更して、資本金七十二万五千円の京仁鉄道合資会社とし、翁は取締役会長に就任した。かくて同年九月中旬、仁川《インチョン》、鷺梁《ノリャン》間二十マイルを竣工し、京城に至る六マイル余は翌三十三年（一九〇〇）七月完成し、予定の工事を了して全線の開通をみた。

これより先、明治三十一年（一八九八）、翁は朝鮮視察に赴いた。兼子夫人、第一銀行員清水泰吉などが随行した。前に、第一銀行の朝鮮における活動を叙するに当たり、貨幣の整理に関し、「刻印円銀通用禁止令はいまだ廃止された訳ではなかったから、翁は自ら朝鮮に渡り交渉斡旋につとめ、同年七月、政府はついにこれを解除した」と記したのは、この旅行中の出来事であった。

この旅行の目的は、朝鮮各地における第一銀行支店の視察、京仁鉄道工事状況の実地踏査、朝鮮の一般経済、ならびに財政事情の視察に在った。

朝鮮訪問

翁らが東京を出発したのは、明治三十一年（一八九八）四月二十三日で、長崎を経て朝鮮に渡り、釜山、仁川を訪ね、京城に赴き、韓国皇帝に謁見し、七宝《しっぽう》花瓶《かびん》一対、琥珀《こはく》織物《おりもの》三巻を献じ、またさきに、不慮の災厄によって逝いた閔妃《びんひ》、明成皇后の陵に参拝し、兼子夫人は七宝花瓶一対を奉納した。

翁は、皇帝より饗宴を賜わり、同国の財政経済に関し意見を述べた。旅行中、いたるところ鄭重《ていちょう》の歓迎を受け、請いに応じて演説したこともたびたびであった。かくて、約四十日ののち、五月三十日帰京した。

帰京後も歓迎責めで、たびたび視察談をしたのであるが、ここには、東京交換所組合銀行有志の招宴における演説を掲げておくことにする。

……釜山はあたかも日本のようで、特に長崎に酷似《こくじ》し、その市街といい、家屋といい、はたまた日本商人の商業に従来する有様といい、ほとんど日本と異なるところがありません。

同地に龍頭山という小邱がありますが、松樹鬱蒼《うっそう》として、眺望佳麗《かれい》の場所で、その山を繞《めぐ》って市街があります。これがすなわち日本街で、第一銀行の支店はここにあります。その風景は、一見日本と異なるところはありませんが、ただただ内地の市街で見るあたわざる状景は、白衣を着けて悠然と歩行する人々や、籠を背負った人足体《にんそくてい》の人が多く往来する点であります。商業上の模様は、従来とさしたる変化なきもののように思われます。

穀物は、釜山より約一里を隔たりたる下端《げたん》というところから転送されるということであります。下端は、釜山より西南に当たり、有名な洛東江の海にそそぐところにあります。

私は、帰京の途次、同所に立ち寄りましたが、ここもまた、すこぶる日本に酷似《こくじ》しております。けれども、その河港は、あるいは広く、あるいは狭く、すこぶる不規則で、その深浅も一様でなく、とうてい良港とはいえないようであります。洛東江は、相当川幅は広く、だいたいにおいて水は浅いけれども、流域はきわめて潤《ひろ》うございます。

下端の郊外なる小邱に登ってみますと、江は群山を縈廻《えいかい》（ぐるぐると曲がりめぐること）して、各所に蘆田《あしだ》の青々たるを見ることが出来まして、実に山紫水明の地でございます。街衢《がいく》は、はなはだきたのうございますが、河船を碇泊せしむるために作った、粗末なる船渠《せんきょ》があります。下端の商業は、日本人がもっぱら経営しておりまして、穀物の輸出入もまた、おおむね日本人が担当しているということであります。

釜山付近における耕作の方法は、我が国と異なるところはありません。住民の気風は、京城におけるよりはやや勤勉なように見受けました。

仁川は、釜山とは大いにその趣きを異にし、その港は潮の干満強く、満潮のときは、水深二十五、六尺におよぶということでありました。港内に大小二の月尾島《げっぴとう》という島がありまして、港面に並立しております。月尾島の内を内港と唱え、外を外港といっております。大型の船は多く外港に碇泊します。

仁川は新開地ですから、釜山に比してだいぶ不整頓のようでした。いったいに山が多く平地が少ないため、非常に狭隘《きょうあい》なるところで、荷捌《にさばき》をしておりますから、穀物の運送その他の貿易品の取り扱いには、きわめて不便を感じております。日本の領事館も、日本公園もあり、日本人も相当多数おりますけれども、釜山のごとく、全然日本市街の観を呈するまでにまいりません。先に申し上げた月尾島の他に、港の付近に幾多の小島がありますから、その眺望はなはだ佳《よ》く、雑貨および穀物などの取り引きが盛んですから、釜山よりはいっそう賑わっております。

仁川には、韓国人の商業に従事するもの少なくありませんが、その大部分は穀物を取り扱い、または日本よりの輸入品を売買しております。仁川の貿易高は、いまだいうに足りません。しかし、わずかに十数年この方のことでありますから、むしろ長足の進歩なりといわねばなりません。

日本町に隣接して、朝鮮町がありますが、釜山よりはいっそう不整頓のようであります。したがって、混雑はなはだしく、汚穢《おわい》の点も驚くばかりであります。

かねて関係しております京仁鉄道も、まさに落成せんとしております。

このたび仁川から京城へまいります際は、輿《こし》に乗ったのですが、韓人は肩の力がはなはだ弱く、ときどき故障を起こしましたが、物を背負う力はすこぶる強いようで、荷物はみな背で運搬しております。

京城までは、すべて鉄道線路に沿うて旅行しましたが、その間で工事の最も困難なるところは、漢江の架橋工事であります。漢江の源は、いずれに在るかは知りませんけれども、鉄道の敷設、橋梁の架設に困難なる箇所というは、河原一面に小砂利がありまして、一里余りも続いておるところであります。けだし、ときどき氾濫するからであろうと思われます。

漢江の鉄道橋梁は、鷺梁津というところに架設する都合になっておりますが、橋を渡りますと龍山で、それから三マイルばかりで京城に達します。鉄道工事は、いまだ十分に竣功したとはいい得ませんが、漢江の橋梁を除く外は、だいたい出来たと申して差支えないかと思います。軌道は、「スタンダード・ゲージ」を採用しましたので、日本では見ることの出来ない広軌鉄道であります。

京城に着きましたのは、五月三日でした。

京城は、さすがに韓国の首府だけに立派であります。日本の町に比較しますと、汚うございますが、城内の家屋はやや規矩《きく》正しく、城門および外囲の様子は、あたかもフランスの都会のようであります。城の内外に連絡して、各種の門があります。南大門は仁川街道に通じ、西大門は義州街道に通じております。そのほか、東大門、北大門などがあり、またそのほかに、数個の小門があります。これらは、みな石を積み重ねて門になっております。

城中の家屋は、仁川、釜山と異なり、瓦葺きのものが多いのでございます。

皇宮は、特に立派で、三百年前に建設されたものを、昌徳宮といいます。京城東北の方に在りまして、その規模、構造ともに、見るべきものがあります。宮内に数多の門を通じ、門には扉のないものがあります。宮殿内の部屋の数は非常に多いようですが、いずれも狭いものばかりでした。昌徳宮の外に、景福宮があります。今の国王即位の際、大院君摂政のときに建設されたるもので、規模すこぶる宏大であります。

勤政殿、慶会楼などの建物は、尤も荘厳華麗であります。その奥まりたるところに、坤寧殿という一室があります。明治二十八年（一八九五）の乱に王妃の暗殺されたところで、今なお当時のままであります。

南大門、西大門などに接続する道路は、相当立派でありますが、通常の道路は、いたって狭うございます。いったい、韓国人は、我々日本人より丈が高いのにかかわらず、彼らの家屋および道路の、かくのごとく陋隘汚穢《ろうあいおわい》（非常に狭くて、きたないこと）なることを考えますと、まったく何らの感覚がないかとさえ思われます。

特に注意を惹きますのは、市街道路の狭少なることであります。これらの点について、加藤公使に訊ねてみましたところ、狭隘《きょうあい》なるは人民の通行すべき道路だということでした。そこで私はたわむれに、はたして、しからば、他日京仁鉄道落成開業の暁には、外国人の道路になるかも知れませんね、と申したことでした。

京城の商業取り引きはなかなか盛んであります。店舗は仲店《なかみせ》のごとく、大道の両側に開くようになっておるものもあります。近在より馬で荷物を運搬し、店頭に並べておるようでありますが、就中《なかんづく》雑貨商のごときは大いに繁昌しております。

日本の公使館は南山にあります。

釜山、仁川、京城、各その趣きを異にしておりますが、要するにみな都会であります。これら都会をはなれて、農村を見ますと、韓国の土地の開けざるには、実に驚きました。

日本では、いかに辺郷陬邑《へんごうすうゆう》（へんぴないなか）といえども、いくらか道路家屋が形をなし、はなはだしき錯雑《さくざつ》（入りまじること）はありません。しかるに、韓国の村落に至りては、その不規律にして錯雑《さくざつ》せること、説明の出来ぬほどであります。各種の荷物を運搬するには馬を使用し、耕作には牛を用いておりますが、その使用法は、はなはだ当を得ておりません。京城にしても、また地方にしても、ことごとく住居の床下に火を焚《た》いて、暖気をとるようになっておりまして、これを「オンドル」といっております。この一事をもって見るも、彼らの怠惰なることを知ることが出来ると思います。

要するに、韓国は、まったく農業時代でありまして、いまだ工業経済もしくは商業経済の時代に達しておりません。しこうして、韓国人の性質は従順で、特に労力はいといませんが、惜しむらくは彼らは敢為《かんい》の気（物事を押しきってする気持ち）、堪忍《かんにん》の念《ねん》（たえしのぶ思い）が乏しいようであります。

今回の旅行により、見聞したところをもって考えますに、対韓方針は将来勉めて侵略意念を捨て、誘導的開発をこととし、彼の国の耕作方法および養蚕などを進歩せしめ、その生産物を我が国に輸入し、我が国の工業製品を輸送して、彼の国に売りひろめるという、通商上に十分力をいたすことが必要であろうと思います。

明治二十七年（一八九四）以来、韓国の風雲は急なるものがあります。今後また、いかなる成り行きをみるか知りませぬけれども、彼らは今日では、我が国に依頼することが最もよいとしているようであります。

しかし、朝令暮改《ちょうれいぼかい》、漂々然《ひょうひょうぜん》たる韓国人のことでありますから、もとより今日の状態をもって、将来を推すことは出来ませんが、自今彼我《じこんひが》商業上の関係、いよいよ密接になりますれば、両国の利益が入り組み、国交を親密ならしむることが出来ると思います。

要するに、我々商業に従事する者は、我が国家の利益とならびすすむよう努力したいと思います。はたして、しからば、吾々の韓国に対する経営は、小にしては、個人の利益を進むるのみならず、大にしては、実に我が国力を振張するものということが出来ます。

以上、申し述べた通り、同国は、陋隘汚穢《ろうあいおわい》の土地でありますが、イギリス・フランスのごとき文明国に旅行したよりは、はるかに愉快に感じました。何となれば、韓国は、我が国人民が誘導開発すべき土地であって、何ごとも我が国に依頼するもの多きがゆえであります。

この視察の結果、翁が思いをひそめた、通商による日韓親善主義の具体的になったのは、京釜鉄道の計画である。明治三十一年（一八九八）五月帰京後、翁は、発起人として同鉄道の敷設権を得るため努力し、その結果、同年九月許可された。

京釜鉄道会社

京釜鉄道敷設は、日韓暫定条約に起因したものである。翁の首唱によって、発起人会の催されたのは、明治二十九年（一八九六）七月であった。翁および前島密、尾崎三良、竹内綱、大江卓、大三輪長兵衛、中野武営、井上角五郎を委員に選び、尾崎、大三輪の二人を同年秋、朝鮮に派遣して、鉄道敷設の請願に尽力させた。

重任を帯びて渡鮮した二人の努力はもちろんのこと、公使も種々助力したけれども、その目的を達するを得ず、明治三十一年（一八九八）九月に至って、ようやく許可を受け、京釜鉄道敷設に関する合同条約を締結するに至った。

かくて、翌年春、委員大江卓を派遣して実地を踏査せしめ、大江の案によって修正し、京城より忠清道を南下して全羅道に入り、全州より東走して慶尚道に出で、霊山、大邱などを経て、釜山に達する大幹線築造の案を立てた。半島中最も人口稠密《ちゅうみつ》にして農産物の豊饒なる三南地方を貫通し、最も有望な線ではあるが、三百マイル以上の大工事で、その成功は容易ではなかった。

いかにして蹉跌《さてつ》なくこの大工事を完成するかは発起人の苦心したところである。その苦心の最も大きかったのは資金であった。少なくとも二千五百万円を要する見込みであったから、その募集自体が大事業であった。しかも、朝鮮における最初の交通機関であって、なかにはほとんど無人の境に近いところもあり、とうてい営利事業としては成立すべくもなかった。ゆえに、政府において相当の助力をしない以上、いかんともするを得ないのであった。

京釜鉄道が、両国貿易上必要な点は、一般に認むるところであったが、進んで計画に参加するまでに至らなかった。かかる折から、議会に建議案が出、また法律案も出て、大多数をもって通過した。しかし、議会で決議しても、依然として資金は集まらぬ。笛吹けど彼らはなお踊らない。よって、翁は、政府に補助を請願した。それは、

一、鉄道会社は、当然私設鉄道条例もしくは商法の制限を受けるが、京釜鉄道は特別の事情があるから除外例とし、総株金二千五百万円の中、五百万円の引受確定によって会社成立と認め、残部は漸次募集することを承認すること。

一、起積《きせき》は、金二千万円までの範囲とすること。また、起積について政府は特別の方法をもって助成すること。

一、政府において、年三分の補給をなすこと。

などであった。

かくて、明治三十三年（一九〇〇）九月、普通鉄道敷設法ならびに我が国における、鉄道敷設に関する特別の法律の制定を見、京釜鉄道会社は、資本金に対し、十五ヶ年間年三分の利子補給の命令に接し、かつ資本金の五分の一すなわち金五百万円の引き受け確定により、会社の成立を認め、また金二千万円の社債発行をなし得るのみならず、これに対し、年六分の利子補給を許され、ようやく設立の

運びになった。

その後の経過につき、翁はこう談話している。

また、さきに、許可願いを提出しておいた京釜鉄道の方は、なかなか許可がなかったが、三十一年（一八九八）であったか、伊藤さんが朝鮮へ行って話してくれたので、その力で許可されました。

しかし、これは、資金も巨額を必要としたので、株式を募集したがなかなか満株にならないので非常に苦しみました。しかも、その契約は、三十二年（一八九九）に工事に着手するというのであるから、もし着手しなかったならば、権利を失うことになるというので心配しました。それで、いよいよ三十二年（一八九九）になり、工事着手の資金に困り、五万円ほどの金をどうしようかと、かねて京釜鉄道を早くやるようにといっていた、桂さんに相談しました。朝鮮の鉄道に関しては、伊藤、井上などの人々は、むしろ反対であり、山県、桂などの人々は促進せよという意見であった。

私は、伊藤、井上などの人々とは懇意であるが、この鉄道については、山県さんなどと同意見であった。したがって、桂さんは私の話を聞いて、何とかしようということであったが、その心配で金が出来、私はそれを受け取るために、馬車で中村雄次郎さんの宅を訪ね、中村さんから受け取ったことを覚えております。その日は大晦日であったと思うが、とにかく予定通り三十二年（一八九九）に、京釜鉄道工事の着手をすることが出来ました。それから、株式の方はそののち全部応募されたけれども、株金の払い込みがうまくいかず、いきおい工事も進まず困却しておりました。

ところが、三十六年(一九〇三)に、日露の風雲ようやく急を告ぐるに至り、この鉄道をぜひとも急速に完成する必要に迫られた。

同年の夏、私は犬吠へ避暑していたところ、井上さんから続けざまに何本も電報をよこして帰京を促すから、何ごとかと思って、帰京して井上さんの邸を訪ねてみると、

「京釜鉄道を何ゆえ早くやらぬか」

というから、

「金がないからやれぬ」

と答えると、

「君らは実際に仕事をやっておるのではないか、今頃になって金がないとは何ごとだ」

といった。そこで私は、

「いかに親しくしておるとはいえ、貴方のように無理をいう人はない。貴方はよくロシアとの関係上困るから、山県や桂の説に賛成しては困ると、むしろ鉄道敷設の邪魔をしていたではないか。それが今、日露の間が急迫してきたからすぐやれとは、余りにひどい。しかし、金さえあればやれるが、金が不足である。日本銀行に相談しても貸してくれない。また外国から借金しようとして、曽根さんに政府で保証して欲しいといったが、それもやってくれぬ。私らは、このことのあるのをあらかじめ察知していたから、早くやろうと苦心しているのに、知らん顔をしておって、いまさら騒いでも、いかんとも出来ぬ」

と大いに説いたところ、

「そんな理屈は別として、日本銀行で貸さぬというならば、私が口をきいてやる」

とて、ついに日本銀行に話してくれ、ようやく資金融通を受けることが出来て、工事を進めました。このとき、私が病気になったため、古市公威氏が社長になり、大田から大邱までの未完成個所を、三十六年（一九〇三）冬までに完成しました。それでそのとき、故穂積が、

「急ぎ候ほどに古市がシテとなり」

という狂句を作ったことがあります……。

井上がかくのごとく焦慮したのは、朝鮮を舞台にして、日露両国の勢力がますます紛糾し、事態が急切迫したからであった。風雲急なるにおよんで、この焦り方をした井上は、その前朝鮮における鉄道事業――日本人の手による鉄道経営については、同意でなかった。翁の朝鮮経営については、反対であった。しかるに、ロシアとの間が危機に瀕するや、逆に鉄道の完成を急いだ。

井上のわがままは通り物とはいいながら、余りのはなはだしさに、翁も皮肉がいってみたかったであろう。それはとにかく、京仁、京釜両鉄道は、創立当初から、伊藤、井上が気にしていたほど、国家的に重要な意義を持っていた。利害の打算のみによって会社を起こさんとする、いわゆる実業家のなし得る事業でなかった。

翁ほどの声望、閲歴あり、一般の推服《すいふく》する実力ある人で、しかも、国家意識の熾烈《しれつ》な人が、中心となって努力したからこそ完成したのである。この鉄道あるがために、日露戦争に際し、あれほどの結果を挙げ得たといえよう。

もちろん、陸上輸送のみではない。海のことも考えねばならぬ。海上運輸については、前に記したように、翁は日本郵船の重役として十二分に力をいたしている。さらに鉄道によってこの貢献をなしている。翁自ら語ったごとく、「主戦論者になった」ばかりでなく、事実において広き意味の戦争に参加したのである。かくてこそ、我らの翁であり、日本人たる渋沢栄一子爵である。

八、授爵の恩命

翁の朝鮮経営に関連して、思わず日露戦争当時までおよんだが、ひるがえって記しておかねばならぬことがある。それは授爵のことである。

明治三十年（一八九七）前後——日清戦後の三国干渉から日露戦争頃までは、我が日本はまれにみる緊張した時代であり、完全に挙国一致した時代であった。忍苦のときであり、修養の期間であった。のちに五大国の班に列し、イギリス・アメリカに伍する資格を得るための内容充実のときであった。我が日本の歴史上、深き意義を有する時期であるとともに、渋沢翁の生涯でも、特別の期間であった。

翁が平和の熱愛者であるにかかわらず、仮想敵ロシアを意識しながら朝鮮経営に鋭意し、伊藤、井上などの恐露思想——恐れるといい得ないまでもしきりに憚《はばか》った——にかかわらず、堂々所信に向かって邁進した時代である。この点だけでも、特別の意味ある時代である。のみならず、翁が官を退いて、実業界の人となったゆえんたる我が国産業の興隆と、官尊民卑の陋習《ろうしゅう》打破とを具現《ぐげん》されたことによって、いっそう意義を感ずる時代である。

産業の興隆はあらためて記すまでもなく、翁の活動の跡を辿《たど》れば明らかであるように、各方面の事業は着々歩を進め、いうところの文明開化は、年々にうつし植えられ、新日本の進展につれ、風雨霜雪にもまれながら伸びつつある。翁の所期にはなおいまだ副《そ》い得ないにしても、驚くべき発展をなしつつあった。

官尊民卑の打破については、明治三十三年（一九〇〇）、「男爵」を授けられるという、破格の御待遇を賜わったことによって明らかにせられた。従来、華族は、公卿、旧大名、または文武官の功労者に限られ、商工業者にしてこの御待遇を賜わったものはなかった。実業家として授爵の恩命を拝受した者は、実に翁が最初であった。これをもって、官尊民卑の打破の具現といわずして、何をもっていい得るであろうか。

天恩の優渥《ゆうあく》（恩沢を受けること）なるは、真に畏《かしこ》き極みである。各方面で盛大な祝賀会を催したのも当然であったが、これらは翁の光栄を慶祝するのみならず、畏きあたりにおいて、各団体を認め賜いしを歓喜する声であった。竜門社が特に盛宴を催し、授爵ならびに還暦の祝賀会を催し、さきに、しばしば引用した、『青淵先生六十年史』を編纂呈上したのも、当然以上当然であった。

この恩命拝受に関し、後年、翁自ら談話したものがあるから、掲げておこう。

私の還暦に当たる明治三十三年（一九〇〇）五月、大正天皇御婚儀の盛典を挙行あらせられた際に、私は授爵の恩命を拝したのであるが、これは実に思いがけないことであった。

私は、たびたび申したごとく、明治の初年官途に在ったが、深く列国の形勢に稽《かんがえ》うるところあって、我が国をして将来列国と対峙《たいじ》せしむるには、我が商工業を発達せしむるにしかずと信じて、明治六年（一八七三）、官を辞して民間にくだった。もとより、資力も学問も足らぬからして、はたしてどの程度に進むかは分からなかった。しかし、政治というものは、実業から生まれてこなければならぬものである。政治は、実業を助ける機関である。実業は主にして、政治は客である。

政治のために実業で金を儲けて、その金で政治を拡張するというがごとき精神では、日本はとても発達はしないということを、私はよほど強く覚悟したものである。ゆえに、私は、政治界に希望を全然打ち捨てて、爾来、一向に商工業に従事し、政治に関することのついては、すべて物もいわず、手を染めぬということを、深く期念《きねん》したのである。かように、覚悟を堅く定めたために、政治上の名誉を与えられるはずもなく、また受くべきものでもないと観念したのである。

ゆえに、爾来、三十年の間、商工業以外の事柄についいては、力《つと》めてこれを避け、また厳にこれを防ぐということにしていた。日本のその間の有様では、勲章とか爵位とかいうものは、すべて政治に関する名誉であって、商売に関する名誉ではないと諒解しておった。それゆえに、授爵の恩命は、実に予期せぬ事柄であったから、これを拝受するにも、よほど躊躇したような訳であったのである。

どういう御趣意から、かかる恩命が出たかということを、まったく理解し得なかったので、一《いち》布衣《ふい》（官位のない人）の身をもって、授爵の恩命を拝したのには、実に意外の感を抱き、恐懼《きょうく》おくところを知らなかった。商業会議所、銀行集会所、商工業諸会社の人たちが、私を招待して授爵祝賀宴を催されたのであるが、私はその祝賀を忝《かたじけの》うして喜ぶよりは、むしろ恐縮するほかなく、かえって心苦しく感じたのである。

しかるに、その人たちが、私の授爵の恩命は、商工業に力を尽くし、事業の発達に勉励したために、そのことが天聴《てんちょう》（天皇がお聴きになること）に達したのであるという解釈をされてから、はじめて、いささか心に安んじることが出来た。しかも、私に対する授爵の祝宴は、ただ独り私の光栄を祝せられるばかりでなく、我が国の商工業の地位と信用とを高うした証拠であるから、商工業のために祝すべしとの趣意に出でられたものであることを知って、はじめて宴に列し、祝賀を受くることを満足し、かつ歓喜したのである。

臣子の分をもって、妄《みだ》りに聖意を忖度《そんたく》するは、はなはだ畏《おそ》れ多いことではあるけれども、私に男爵を授けられたのも、我が商工業をして欧米列国と対峙《たいじ》せしめんとの大御心《おおみごころ》より、商工業者の地位と信用とを高むるため、この恩命を下されたものであろうと拝した。しこうして、私は、当時、商工業会社の諸君の主催になる宴席において、

「顧みれば我が商工業は、大いに進歩発達したとはいえ、欧米に比すれば、なお非常の相違あるを見る。このさいにおいて、死馬の骨を千金に購《あがな》い給いたるは、前途商工業界に良馬の顕れんことを望ませられしによるであろう。

予は実に、千金の死馬の骨に過ぎざれば、諸君は今後、ますます我が商工業界に尽くすところあり、万金十万金の良馬となり、もって我が商工業をますます隆昌ならしめ、欧米の列国と騈馳《へんち》

する（並走すること）に至らしめられんことは、予の深く希望してやまないところである」と申し述べて、天恩のありがたさに感泣した次第である。

九、政治界入の勧誘

伊藤博文の政党組織

方今《ほうこん》（ちょうど今。ただ今）国家多難ノ際ニ当リ、済時ノ方策（方策中ニハ経済財上及外交等ノ事ヲ凡テ含蓄スルモノナリ）一ツニシテ足ラス。然レトモ到底其是非ヲ甲乙ノ間ニ左右シテ決セサルニ於テハ、竟《つい》ニ其時機ヲ失シ救正スヘカラサルニ陥《おちい》ラン事ヲ恐ル。故ニ今日ノ急務ハ、目前已《すで》ニ現出スル所ノ国家維持ノ方策ヲ主唱スル者ノ各種ニ就テ其一ヲ選定スルノ必要ヲ感シ、左ノ結論ニ帰着セリ。乃チ渋沢ト伊藤ト所見ヲ闘シタル結果、渋沢ハ伊藤所執ノ政策ヲ以テ是ナリトス。然レトモ自己ノ境遇、自ラ手動ト為リ或ハ之カ為ニ身ヲ犠牲ニ供スル事ヲ得ス。唯之ヲ是認スル以上ハ、内外ニ対シテ之ヲ公言スル事ヲ憚ラサルノミナラス、他人ニ向テ之ヲ賛セヨト言フ事ヲ躊躇セス。

伊藤が、政党組織の決心をなした当時、翁に所懐を披瀝したときに出来た覚書で、稀に見る謹厳な書体をもって、自ら筆を揮《ふる》っている。さらに続けて、「明治三十一年六月十八日渋沢栄一手記」と、翁

の自署がある。けだし、のちに翁が話したように、

私は、伊藤さんに、速やかに政党を組織するようにと勧めた。そののち百方考慮して、いよいよ伊藤さんが自分の政党を起こそうと決心し、政党政治の第一歩へ進み入ろうとするとき、政党組織のことを勧めていた関係から、私にも入党せよと勧説《かんせつ》されたが、私はその素志からしても、政治に携らないことに固く決心しているので、

「ともに仕事はしないが、主意には大賛成で、他人に賛成を求めることに躊躇しない」

という意味の返事をしたと思うが、これを書面としたものが、この書類であると思う。

いうところの、政界入り勧誘の第一歩であった。しかし、このときは、新政党組織そのものが失敗に終わったので、ただこの覚書を作ったというに過ぎず、何らこれ以上のことはなかったが、明治三十三年（一九〇〇）、伊藤が政友会を組織したときには、一歩を進めての交渉があった。これについては、翁はこう話している。

ところが、それからまもなく面倒が起こった。というのは、いよいよ公が表面に乗り出して、立憲政友会を組織されることになった。それで私にも、党員になれという内示があったから、

「イヤそれは困ります。私は、大蔵省から身を退くときに、大隈さん、井上さん、公爵にも、むろんお話したはずだ。私は将来とも決して政治には関与しない。およばずながら民間に下って、商工業の発達のために全力を傾注する。こういう決心でやめたのであるから、今日公公然《こうこうぜん》と政党の党員になることは、はなはだ困る」

こういうと、公爵は非常に立腹されて、

「君は幾度となく、我輩に政党組織を勧告したではないか。それに、先だっても、ああした覚書まで書いて署名しておきながら、いまさら党員になれぬとは、けしからん。不親切きわまる。まるで、我輩を売るようなものだ」

といって、心から怒られた。

そこで私は、懇々と私の意のあるところを述べて、

「賛成するのと政治家になるのとは、自ずから違う。私は舞台に立つ役者にはならぬが、喝采する見物人にはなるという意味のつもりだ」

こういうと、重ねて公から、

「ただ単なる党員になるには差支えあるまい」

との話であった。そこで私は、

「はなはだ不肖な者ではあるが、なる以上は馬の脚《あし》にはなりたくない。さすれば、何かの職にもつかねばならぬ。したがって、私の覚悟を破ることになるから、これだけはご免を蒙りたい」

というと、

「三十年の永い間、親交を続けてきたのに、君のような不親切な男はない」

といって、それからは実に大変な立腹であった。

伊藤の政党組織と翁の関係は、これで打ち切るが、翁は政治の「舞台に立つ役者にはならぬが、喝采する見物人にはなる」という態度を続けたことを、ついでながら記しておきたい。しかるに、政界に雄飛した伊藤、井上などの人々が、友人であり、近き先輩であったため、とかく、「舞台に立つ役

者」たらんことを要望されたことがある。

井上流産内閣

回顧すれば、明治三十四年の秋のことなり。伊藤、山県両公は、井上侯に内閣組織を慫慂《しょうよう》せられしかば、侯これに応じ、もし余にして、その内閣の大蔵大臣たることを承諾せば、奮《ふる》ってその任に当たるべしといわれ、ために、芳川顕正、楠本正隆などの諸氏は、しばしば来訪して、余に入閣を勧説せられたり。

余は夙《つと》に意を政治に絶ちたりしも、両公の切なる勧誘と、侯に対する情誼《じょうぎ》とによりて、ついにこれを固辞することあたわず、しからば、第一銀行に諮《はか》りて、幸いに行務に妨げなしとせば、命を奉ずべしと答え、ただちに、君および他の重役諸氏と協議せしに、みな一斉にこれに反対せられしが、中にも君は、余が第一銀行創立当時の事情より、将来の利害得失に論及し、至誠面に現れてその不可なるゆえんを断言せられしかば、ここに余の辞意は確定したり。

君すなわち他の重役諸氏とともに、伊藤、山県両公を訪ねて諒解を求め、円満に局を結ぶことを得たり。しこうして、井上内閣はこれがために成立せざりしが、侯（井上）は後日に至り、当時を回想して、かえって組閣成らざりしを幸いとせられたりき。

かつて翁が、自ら健筆を揮って、『日下義雄伝』のために記した、序文の一節であるが、伊藤、山県が、翁を政治の舞台に引き出さんとして、しきりに力をいたした当時のことが偲ばれる。この井上流産内閣のことについては、別の機会においていっそう詳しく、翁自ら談話したことがあるから、その記録を掲げる。

……明治三十四年（一九〇一）、西園寺内閣の後をついで、桂さんが内閣を組織したが、その前、伊藤さん、山県さんの両人が、しきりに井上さんに内閣組織を薦めたので、

「それではやってみよう。しかし、大蔵大臣にしっかりした人物がほしい。それには渋沢がちょうど適当である。渋沢は三十年前、大蔵省でともに働いて、自分もよく彼の考えを知っている。もし渋沢が大蔵大臣を引き受けてくれるなら、私が内閣を引き受けよう」

とのことだった。

当時の下相談では、芳川顕正氏が内務大臣になり、楠本正雄氏が何か大臣の座を占めることもきまっていたそうだ。井上さんの旨を受けて、初めに私を訪ねてきたのは、のちに正金銀行の頭取となった園田幸吉氏で、次に芳川氏が来た。二度とも私は断ったが、井上さんは、

「渋沢が断わるのは無理もない話だ」

といったそうである。実は、伊藤、山県の両氏は、井上さんに対する情愛から、

「一度井上に内閣を組織させたい」

との意向だったので、私が大蔵大臣を引き受けないのに対しては、両氏ともに心を用いて、山県さんは、富士見町の邸にぜひ来てくれと私を呼んで、西郷従道さんといっしょに種々と説いた。

しかし私は、そんな意思《いし》（考え。思い）はございませんからと丁寧に断わった。すると今度は、伊藤さんから電話がかかってきて、私が行ってみると、明治二年（一八六九）からの井上さんと私との関係から説いて、懇切に、

「このさい引き受けてはどうだ。そうすげなく断わるものではあるまい」

と勧められたので、

「私は実を申すと、政治界には顔を出したくありません。井上さんに対する情誼《じょうぎ》からすれば、誠に相すまぬ話ですが、私が明治二年（一八六九）に大蔵省に勤めたのは、経済界の進歩を計る準備をしたまでで、今では経済界もだいぶ進んできたので、いまさら大蔵省にはいりたいとは思いませぬ。

けれども、貴方がそんなにお勧めになるのを、何が何でもお断わりするとは申しかねますが、しかし私は、明治六年（一八七三）に第一銀行をはじめるとき、銀行が安全になり、これなら最早心配なしというところまでは、決して第一銀行をやめない覚悟であったし、今もその考えは変わりません。

失礼な話ですが、こんな次第で、銀行との関係は、貴方との関係よりも深いのです。だから今度も、第一銀行の主だった人が、私がいなくとも大丈夫、安心して大蔵省にお出で下さいといったら、私は大臣を引き受けましょう」

と答えたら、井上さんは、

「それは困る。それでは断わるのと同じことではないか」

と反対したので、

「いや、私は銀行の人々さえ承諾してくれるならば、いつでもご希望に添いましょう」

といって、伊藤さんのところを辞して帰ってから、まず穂積に話し、阪谷にも内相談をした。両人は懸念はしたものの、そんな次第なら、この際いたしかたあるまいといった。

そこでこんどは、銀行の佐々木、西園寺公成、日下義雄、須藤時一郎も生きていたが、それらの主だった人々に集まってもらって、私の立場を打ちあけた。

「私は君らに無理相談をするのでない。銀行が厭になってやめたい、などの考えから出た話ではないのだ。だから、君らが銀行は安心だ、おやりなさいというのなら、引き受けてみようと思っている」

という私の相談に対して、一同この際銀行をやめてくれては困るとの意見だった。

「それでは、私自身が伊藤さんや山県さんに断わりに行くよりも、諸君が行った方がよかろう」

といって、右の人々に手分けして断わりに行ってもらった。そのためでもあるまいが、井上内閣はついに流産に終わり、桂内閣が成立した。

のちに井上さんは、

「もし失敗して退くようだと、末路に名を傷つける。君が引き受けてくれなかったのが幸いで、私も内閣を引き受けなくてよかった」

といっていたが、そののち内閣組織を中止したお祝いをしようということで、ご馳走になったこともあった。こんなお祝いは、類のないものである。

十、金本位制の実施

政界巨頭との交渉を記した筆を転じて記しておきたいのは、金本位制の実施と翁の関係である。「金本位制実施と渋沢」と題して、土屋喬雄氏の『渋沢栄一伝』に、次のように記してある。

金本位の実施は、既述のごとく、日本資本主義が世界過程に進出するために不可欠の一準備であった。世界的大勢としての銀価下落は、銀貨国日本の為替を動揺せしめ、物価に、また外国貿易に、さらに金融に波及して種々弊害を生じたので、政府は夙《つと》に銀貨本位より金貨本位に移らんとし、二十六年（一八九三）貨幣制度調査会を設けたのであった。

同調査会は、二十八年（一八九五）、金本位制の必要を認めたが、いかんせん、金準備の蓄積は容易のことではなかった。しかるに、日清戦勝の結果、三億六千万円の償金の流入となり、そのうち二億両は、はじめ庫平銀をもって受領すべきはずであったが、イギリスにおいて、金貨三千三百九十万ポンドをもって授受することとなり、また遼東還付報償金と威海衛守備費償却金も同様、イギリス貨（ポンド）をもって受け取ることとなったので、この金貨を利用して、一挙三十年（一八九七）十月、金本位を実行することとなった。

しかも、金融は二十九年（一八九六）からようやく逼迫《ひっぱく》し、株式価格は下落に下落していた。

このときに当たって、金貨本位の採用は世界の金融市場に対する境界を撤去し、先進国における低利の資本は水の低きにつくがごとく我が国に流入し、この逼迫を緩和するであろうと予想された。かかる予想は、実業家の多数をこれに賛成せしめ、議員の多くを動かし、金本位実施を促進する一理由となった。

金本位の実施によって直接利益を得たのは、金貨国への輸出、なかんずく生糸の輸出であった。金本位の実施により、欧米は銀貨下落中、銀貨国日本に対して享有《きょうゆう》（それまでに持っていたもの、の意）した有利性を失うこととなるので、生糸輸出は一時危ぶまれたが、事実はまったくこれに反し、為替の安定とアメリカにおける景気の回復《かいふく》は、それをまったく杞憂《きゆう》とした。

これと反対に、金本位の実施によって直接大打撃を受けたのは、対支輸出を生命とする紡績業であった……。紡績業に深き関係をもった渋沢が、金本位制の時期尚早を叫んで、仮（課）すに数年をもってし、周囲の事情が金本位採用に適当するに至るときまで延期せよと説いて、その実施に反対したのは当然であった……。

翁が金本位制実施尚早論者であったことを指摘し、その理由として、翁の最も関係深かりし紡績業の打撃を恐れるのに在ったとしている。しかも、ただちに、「日本銀行正貨準備充実の点において、金本位実施は困難であるとした」と記している。

翁の反対理由が二様であったようにもみえ、また真の反対理由は、紡績業の打撃を回避せんとするに在るけれども、表面に正貨準備の不足という堂々たる理由を挙げたとも解せられる。

はたして、しからば、——明らかに「しかり」とは記してないから、あるいは誤解かも知れないが、もしその記述の意味がここに在るならば、いささか見るところを異にするものである。

翁の、金本位制実施尚早論者であったことは事実である。しかし、その理由は、どこまでも金本位維持難にあった。一紡績業の打撃を顧念《こねん》（後事を心配すること）しての反対ではなかった。

もちろん、密接な関係のあった紡績業が、金本位制実施によって、受くべき打撃の甚大なるべきを憂い、その前後策について深く考えたことは事実であろう。けれども、いかに紡績業の前途を憂慮したにしても、そのために金本位制実施に反対したとは思われない。

あらためていうまでもなく、翁が関係した各種事業は、国家の進展に貢献せんことを目的としたもので、利害の打算は二の次であった。スタートからして、損益よりは国家本位の見地からする翁が、金本位の実施についてのみ、国家の体面、日本の将来よりは、個々の会社の利害に重きをおくはずがない。

ゆえに、翁の金本位制実施尚早論は、金本位そのものの維持難より発していると信ずるものである。その実施によって蒙ることあるべき打撃についての憂慮は、結果であって、金本位制の実施を阻止せんとする原因ではなかったのである。

『渋沢栄一伝』に引用したように、

……幣制改革については、私も熱心に時期尚早を主張し、反対した一人であるが、後日に至って熟慮するに、反対を唱えたのは、まったく私の短見《たんけん》であった。そして、猛烈な反対を排して幣制改革を断行すべく、大英断に出られた松方公の先見の明に敬服したのである。

と、翁が後年述懐したのは、時期尚早論の論拠――金本位の維持難についての認識不足を告白したのであって、エゴから反対したのを後悔するものではないのである。

『半世紀財界側面史』には、当時の事情をこう記している。

当時、松方の金本位採用に対しては、反対論がなかなか旺《さか》んであった。

反対論の骨子は、(一)金価騰貴の打撃(二)金本位の維持難から出発したもので、政界では、伊藤、井上が反対であり、財界では、渋沢、中上川、安田が反対であり、学界では、福沢先生(尚早論)、田口卯吉(複本位制)も反対という次第で、風向きがすこぶるわるかった。

ただ賛成なのは、財界では、荘田平五郎のほか、銀塊相場の動揺に苦い経験を嘗《な》めている、益田孝と森村左衛門と、松方に説得されて金本位論者になった藤田伝三郎くらいであった。……当時、金本位採用に関する法案の起草は、主として添田寿一がその衝に当たった関係から、各元老院の間に説明に廻ったものだが、添田はどこに行っても叱られ通し、ことに井上の立腹はすこぶる猛烈なもので、添田をつかまえて、

「貴様は属僚《ぞくりょう》(部下として仕事をしている人。下級役人)のくせに何を考えちょる。松方を誤らせるものは貴様だ。早く官をやめろ」

と、凄まじい例の落雷だ……。

これを押し切った松方の勇断は、真に敬服に堪えないが、益田、森村のごとく、銀価動揺による苦い経験がなく、藤田のごとく銀鉱を所有していなかった翁が、金本位制について認識不足であり、当時のほとんど与論ともいうべき尚早論を主張したのは、やむを得ないではあるまいか。動機論はこのへんで打ち切り、翁の追懐談を記しておこう。

そこで、本位貨幣を定めておこうというので、貨幣制度調査会を組み立て、松方さんが会長となり、二十幾人かの人々が委員となった。主として実際の仕事をしたのは、阪谷、添田など大蔵省にいた人たちで、それらが調査会の係であったと思います。

そして、実業家、学者など、従来貨幣制度を論ずる人々が委員に命ぜられた。その顔触れは、よく覚えぬが、実業家としては、益田孝君、荘田平五郎君、私など、学者としては、田口卯吉君、金井延君などもいたと思う。

会は、そうたびたびでなく、月一回くらいで、大蔵省が首脳におり、いよいよ制度をどうするかについて論じた。このときの説は、松方さんは大蔵省を代表した人として、金本位制を主張したのに対して、田口卯吉君などは、中国が銀本位であるから、日本としても全然金本位とするよりは、金銀半々の複本位制を採用してはどうかと論じた。

荘田君は、金本位論であったと思う。私はよく解らぬが、純粋の金本位論者ではなかった。とはいえ、はたして、こうすればよいという思案もなく、提案もしなかった。

それはとにかく、ついに金本位ということに定まり、三十年（一八九七）から実施されることになった。その基礎は、中国から取った償金で、これを準備としたのであります。

ちょうど三十年（一八九七）一月に、英照皇太后が崩御《ほうぎょ》になって、京都で御葬儀が行われた。私もそれに参列したが、そのとき伊藤さんに会って、

「松方さんはこうやろうというが、実施に当たって多少の疑いがある。前に井上さんにもそのことは話しておいたが」

と話したところ、

「よく丁寧にきいてみよう」

といっていたが、そののち松方さんと話し合ったとみえて、

「松方の思案はよいようだから、私も賛成した」

といってきました。それで、日本の金本位制も定まったので、そののち変化なく継続しており、真正な兌換制度として運用せられつつあるのであります。

ただ、兌換券に対する正貨準備の割合いについては、はたして適当であるかどうか、私としては軽率にいえませぬが、今日のやり方は、さように間違っているとは思われません。

この金本位制のきまったのは、松方さんの功績であるとして、私たち銀行仲間で、松方さんに頌徳《しょうとく》表と記念品を贈ったことがあります。

十一、欧米旅行

随行の人々

明治三十五年（一九〇二）の、翁の欧米旅行について記すべき順序になった。出発は、五月十五日、船は、東洋汽船会社の亜米利加丸。

一行は、翁、ならびに夫人、随行員は、第一銀行横浜支店長市原盛宏、東京商業会議所書記長萩原源太郎、最近（昭和十二、一九三七年）まで東京帝国大学工学部長であった工学博士渋沢元治氏、翁の秘書役八十島親徳、同行者石川島造船所専務取締役梅浦精一、第一銀行文書課長清水泰吉であった。

渋沢元治氏は、翁の甥で、電気工学の権威である。同氏について、かつて翁が談話したことがあるから、記しておく。

……先考《せんこう》（死亡した父親。亡父）の跡を、私の妹に婿を迎えて継がせることにしたのであるが、妹は私よりひと廻り年少で、明治四年（一八七一）十一月、父の亡くなったときには、まだ十八、九歳ばかりの乙女であったのだ。

私が、父危篤の急報に接して駈けつけた際には、幸いに父も小康を得て、私の行くまで人事不省であったのが、うまく二日ばかり醒《さ》めてくれたので、その間に相続人のことについて、父の意見を尋ねると、どうでもお前の思うようにせよとの命であったから、前にも申したことのあるように、父の没後、須永才三郎を迎えて妹の婿とし、これに生家の家系を継がせることにしたのだ。

才三郎は、私の生家へ入籍してから、名を市郎と改めたが、妹と市郎との間には、元治と治太郎との二人の男の子がある。元治は先にもちょっと談話したごとく、工学博士で目下逓信省に奉職している。それで、同人も、弟の治太郎に家を譲り、血洗島における私の生家は、二人のなかの弟である治太郎が継いで、現にその主人となっているのだが、父の市郎は、はじめ、長男の元治に跡目相続をさせようとし、元治が成長して出京し、東京で勉学するようになってからは、農科大学に入学させせんとしたものだ。

ところが、当人は、農科は自分の性に合わぬからとて肯《うなず》かず、ぜひ工科を修業してみたいというので、工科大学に入り、電気工学を修めることになったのである。

父の市郎は、元治はどうも剛情で困るなぞといってたものだが、古河市兵衛氏は元治のどこを見込んだものか、あの子には見込みがあるから、ぜひ自分のところへ寄こしてもらいたい、自分はお前と協同して何かやってみたいと思ってる矢先、ちょうど好都合だから、あの子と一緒に仕事をするようにしたいとのことであった。

古河氏と私とは、その以前にもすでに一緒になって、多少事業をしたこともあるほどだから、古河氏にそんな意があるならば、それもよろしかろうというので、元治を古河氏へ托することとし、明治三十三年（一九〇〇）、東京工科大学電気学科を卒業し、一年志願兵を済ましてから、元治は古河の会社へはいり、三十五年（一九〇二）一月、足尾銅山の技師になったのである。

しかし、四月にはドイツに渡って。ベルリンのシーメンス・ハルスケ社に入社して、工場実習を遂げ、それから翌年、スイスのチューリッヒの工科学堂に学び、帰途アメリカのゼネラル・エレクトリック社で半年ばかり見学し、三十九年（一九〇六）に帰朝したのである。

帰朝するやまた古河へ就職するようにと、古河氏からもまた父の市郎からも勧めてみたが、元治は古河へはいってしまえば、専心に電気学のみを研究して暮らすわけにゆかず、どうしても事業の経営などにまで関係せねばならなくなる。そうすれば、物質的には幸福だろうが、自分の身は幸いにも父や伯父の余沢《よたく》（先人が残しためぐみ）によって衣食に何の不自由なく、この上富を追い求むる必要も認めぬから、それよりはむしろ専心電気学を研究し得らるるごとき職につきたいと申し出、古河への復職を肯《がえ》んぜぬのである。

よって、私からも、古河へ還るのが順当だとよく話し、古河へはいってしまえば、もちろん電気学ばかりを研究して暮らすわけにはゆかぬ、古河で経営する事業に色々関係せねばならぬのみか、場合によっては古河の総支配人たるごとき役をも、勤めなければならぬことになるかも知れぬ。しかし、これまで古河との関係も深くなってるから、意を翻《ひるがえ》してはどうかと、しきりに勧めてみた。

元治は、伯父の勧めであるが、出来るなら私の希望通りにしてもらいたいというので、古河氏との間に円満に交渉をとげ、当人の希望するごとく、電気学を専心に研究し得らるる職を選び、明治三十九年(一九〇六)二月より逓信省に奉職して技師に任ぜられ、現に同省の電気試験所第一部長の職にあるのだ。工学博士になったのは、明治四十四年(一九一一)六月二十六日で、英文をもって「同期交流発電機の特性」なる博士請求論文を、大学教授会へ提出した結果である……。

市原、萩原、梅浦、清水の人々は、翁と関係深い人々である。市原盛宏の名は、日本銀行のストライキ——山本達雄氏の日本銀行総裁就任を動機として勃発し、同行理事、有力支店長など十二名の馘《かく》首《しゅ》という結果に至った騒動——と横浜の名市長と朝鮮銀行総裁として鳴らしたことによって知らるる人である。翁がかつて、こう話したことがある。

朝鮮銀行の総裁で没した故市原盛宏氏なども、却々《なかなか》よく人を護《まも》り立てて世話したものだ。

市原氏はもと京都同志社の出身で、同校の校長を久しく勤めておられたのだが、教育界を脱して実業界に入られた当時は、日本銀行に奉職されたのである。そののち同銀行を辞して第一銀行に入られ、永く同銀行京城支店長を勤め、それから韓国銀行総裁に就任されたのだ。

私がはじめて市原氏を知って感心したのは、イギリスの海軍大臣をしたことのある、ベレスフォード提督が来朝したときに催した招待会で、氏がベレスフォード提督の演説を通訳されたときである。

いったい、外国人の演説通訳は、誰がやってもはなはだ面白くいかぬもので、普通一般には、外国人が一分間か二分間演説すると、それを通訳者が引き取って通訳し、また外国人が演説を続け、外国語と通訳とをチャンポンにし、全体の演説を幾つにも細かく切ってしまう例になってるが、それでは演説する者も情が乗らず、聴く者も感動せず、両者ともに迷惑を覚えるのみならず、ことにベレスフォード提督は、イギリスでも有名な雄弁家だというから、全体の演説を終わってからこれを通訳することにし、演説を中途でチョン斬って通訳することはやめたらよかろう――そうすれば英語を解する列席者も満足し、演説をする当のベレスフォード提督も嘸《さぞ》演説がやりよかろうとの意見が、穂積陳重博士などから出たのである。

しかし、雄弁家をもって有名なベレスフォード提督が、一時間以上も喋り続けたあとから、全体の演説を遺漏《いろう》なく通訳するには、余程語学の素養の深い人で、かつ記憶の優れた者でなければならぬからというので、誰か彼かと評議の末、市原氏ならばやれるだろうとの説に一致し、同氏に依頼したところが、ベレスフォード提督が二時間にわたる長演説が済んでから、同氏もまた雄弁を揮《ふる》ってこれを遺漏なく通訳し了せたので、会衆一同も感服したが、私もその記憶の非凡なるに感心させられたのである。そののち私が、妻と一緒にアメリカ旅行を企てた際に、同氏に同行を請い、通訳の労を取ってもらったこともある。

市原氏は、いずれかといえば、実業家よりもむしろ学者肌の人で、英語の蘊蓄《うんちく》の深かったとともに、漢学の素養も相当にあったのだが、綿密なところのあった学者というのではない。また事務家として非凡の才幹があったのでもない。しかし、ひろく学んでこれを約するに礼をもってした人で、道徳観念も強く、よく他人を護り立てることに骨を折られた人であった。

萩原源太郎は、長く東京商業会議所書記長として、翁を助け、また東京瓦斯会社の幹部として活動した人である。

梅浦精一のことは、あらためて記すまでもない。

清水泰吉は、第一銀行の文書課長として、また朝鮮における同行支店長として活動し、前途を嘱望されたが、若くして逝き、非常に惜しまれた人である。

八十島親徳の名は、翁のことを記すに当たって、逸するあたわざるものである。明治二十七年（一八九四）、東京高等商業学校を出で、爾来、翁の秘書役として、翁の実業界における最も繁忙なる期間を形影相随い、さらに各会社の重役として活躍し、のちに渋沢同族会社の創立せらるるや、専務取締役として尽瘁《じんすい》した人で、大正九年（一九二〇）壮齢四十七歳をもって逝き、その葬儀において、翁がこう述懐した人である。

……私は、何ゆえにかくも、天恵《てんけい》（天が人間に与える恵み）が故人に対して薄かったかを考えて、悲しみに堪えませぬが、その悲しみ以上に憂いを含みます。もし私の老後の生命が続かなかったならば、かかる憂きことはなかりつらんと、いまさらながら自分の長生を怨むの感があります。

回顧しますと、今日のこの居士は、三十有余年前、東京へこられて、最初は穂積男爵の紹介により、会見したことと覚えております。それは確か明治二十四年（一八九一）であったろうと思いますが、そのときは居士はいまだ、学窓の青年でありました。

当時、私の一家の経営ははなはだ粗雑でありまして、ほとんど内を治めなかったが、私は引き続き各種の事業に関係するにしたがって、適当な人を得て、整理をしてもらう必要がありました。しかも、その人は、進むというよりは、私の好むところにしたがって、道理正しく至誠もって、ことに当たる人でなければならぬと思いました。しこうして、私は、居士をその人として選んだのであります。

よって、穂積男爵を介して、その内意を通じ、今は居士たる青年に談話をいたしたのであります。その折のことどもは、歴然として目に見えるように覚えます。

これに対して居士は、熟考の上答えました。それはいまだ一介の青年でありますが、あなたのもとで終始あらしめるということならば、誓ってお受けをいたしまして、ご希望にそうように努力したいと思います。しかし、自分は才徳乏しく、はたしてご希望にそうや否や分かりませんが、至誠をもってお尽くしいたしたいと思います。

明敏な頭脳、強固な意志によりての答は、明らかに覚えております。のち学業成り、約のごとく私のもとにこられまして、青年ながらも大いに尽くしてくれました。続いて、阪谷男爵の読まれた竜門社の弔詞にもありましたごとく、私一家の家政の関係上、渋沢同族株式会社を組織しましたが、その創設に、経営に、また維持に、一人で尽くされました。

頭脳は明晰であり、意志は強固であり、ことに当たって至誠一貫、実に得難き人でありましたが、ただ怨むらくは、蒲柳《ほりゅう》の質《しつ》（体質の弱いこと。虚弱な体質）、私の頑健に似合わしからんというところは、かくのごとく互いに信じ合った間柄ながら、いかんともしがたく、常に憂えておりましたが、はたして今日ここに、いまだ五十にならぬ人の霊前に、八十一の私が弔詞を述べることになりました。

実に悲しき限りで、ほとんど堪えられませぬ。

居士は学成ってのち、およそ三十年の間、渋沢一家のため尽力してくれました。否、渋沢が日本の経済界に多少とも関係ありとすれば、居士もまた日本の経済界に裨補《ひほ》（たすけおぎなうこと）したといってよいと思います。

追々に、世の有様が変化し進歩するにつけて、渋沢家も、また渋沢同族株式会社も、種々の影響を受けますということは免れませぬが、これに対しても居士は種々に心を労せられました。繰り言ながら、先月の末、その病床に訪ねたとき、かれやこれやと色々といわれたことを、いまさらに思い返して暗涙に咽《むせ》びます。しかし、今や、すでに、その人は、亡し……。

かく明晰な頭脳、懇切な心をもって、何ごとに対しても至誠をもって尽くしましたから、その関係しました事業についても整然たるもので、その整理については、何の欠点なしといって憚《はばか》りありません。この点は、居士瞑《めい》するも、心残りなしと、慰藉《いしゃ》（慰め、いたわること）の言葉を申します。

私は常に『論語』を読みまして、これによりて人に対する批評をしておりますが、その泰伯篇

に、

「曾氏曰、可以託六尺之孤、可以寄百里之命、臨大節而不可奪也、君子人與、君子人也（曾氏曰《そうしいわ》く、以《もっ》て六尺《りくせき》の孤《こ》を託すべく、以《もっ》て百里の命《めい》を寄すべく、大節《たいせつ》に臨んで奪う可《べ》からず、君子人《くんしじん》か、君子人なり）」

とありますが、この六尺《りくせき》の孤《こ》（幼少の君主）を託すべく百里の命（大国の政治・行政）を寄すべき人は、すなわち今日のこの居士と申して過言ではありませぬ。

惜しい人の逝かるるを嘆く、老後の心を諒察して戴きたいと、ここに霊柩に向かって一言を述べました次第であります。

米国を訪ねて

私は欧米を漫遊してきた。明治三十五年（一九〇二）の五月より十月までの約半ヶ年間、文字通りの漫遊であって、別にこれといって特殊な目的があった訳ではなかったが、その中に一つ私の任務というべきものは、全国商業会議所の委託に係る我が商工業界の事情を、よく欧米の地に徹底せしめ、彼我《ひが》の意思疎通を計るということであった。

このことは、完全にその目的を達せんとするには、すこぶる困難に属することであったけれども、これについては、私も多少の考えを持っていた。

当時まで、我が商工業界の発達してきた跡を尋ぬるに、商工業者自らの自働的発達によるにあらずして、むしろ政治、軍事、教育などから、他働的に啓発されたものが多いように感ぜられて、この点を私は常に遺憾とし、さらに我が商工業の発達隆昌を計らんと欲するならば、必ず吾々自ら が主動者となって、これが経営に当たらなければならないと考えていた。

ゆえに私は、すでに老齢ではあったけれども、この一事に至っては出来るだけ力を尽くしたいとの所信をもって出発したのである……。

まず私が、日本を出発してサンフランシスコに到着したのは五月三十日で、それより一ヶ月間アメリカの各所を視察したのである。

私のアメリカ旅行は、このときが初めてで、かねて新聞紙または友人の見聞談によって、盛んなる国である、実に烈しい進歩をなしていると聞いていたが、なるほど百聞は一見に如《し》かずで、縦《たと》令《え》専門的に学んだことでないため、見たこと聞いたことを十分に会得せられぬにせよ、その現状を見ると、ただただ驚きいるのほかなかったのである。

まず鋭敏なる人間がたくさんいて、一般の気運は物質的事業に対して全力を注入されている。ことに、驚くべきは、かの国は種々なる人種が相集まって一国をなしているにかかわらず、その各種の人々が、かしこに一団、ここに一団という有様ではなくて、よく相融和して、いわゆるアメリカ化して事業を進め、国運の宣揚に勉《つと》め、他国に対して商工業の拡張を謀ることについては、ともに相協力している。

かのモルガン氏の商工業同盟も、むろんモルガン氏の力の強く信用の厚いということにもよるが、それはアメリカだから出来たのだといわなければならぬ。モルガン氏がいかに力が強く信用が厚くとも、日本などにおいては、かかる大同盟は、とうていやろうとしても出来ないことであったろう。

ことに、アメリカの農業は、なかなか盛んなもので、私の行路はサンフランシスコを出発し、ロッキー山脈を越え、デンバーを通過して、シカゴに向かったのであるが、あのあたりはアメリカで最も盛んな農業地といってもよろしかろうと思う。

中にネバタ地方のごとき、瘠土《せきど》（地味がやせて作物の生育の悪い土地）もないではないが、いったいに、見渡す限りは茫漠《ぼうばく》たる原野ばかりで、しかも、その地味も豊饒《ほうじょう》であるように見受けられた。元来私は農家の生まれであるから、一見して土質の肥えているかいないかくらいは解るのである。すなわち、雑草の生育状態から見て、いかにも地味が豊沃《ほうよく》であるように思った。

そうして、全体に高低がなく、見渡す限り平々坦々たる曠野《こうや》（広々とした野原）で、いずれを見ても目をさえぎる何ものもないという土地である……。

シカゴの繁昌は、実に立派なものであるが、畢竟《ひっきょう》農産物が盛んに集散するためである。このシカゴの繁昌を見ても、農産物のために、アメリカがいかに盛大であるかということの、一端を想像することが出来るのである。

商工業の盛大なることは驚くばかりで、ナイアガラの水力発電であるとか、ピッツバーグの鉄工場であるとか、あるいはフィラデルフィアの汽車製造所であるとか、シカゴの鉄道客車貨車などの製造所であるとか、ボストンの木綿織物、パターソンの絹織物、ニューヨークの煙草製造業などは、実に盛大なるものであった。

絹織物の工場は、同盟罷工中で見ることが出来なかったが、その他の各所は親切なる案内を得たから、熟知するとまではいかないが、眼に見、耳に聴くことはやや理解し得たつもりである。

ことに私が意外に感じたのは、それら工場の事務所は、極めて使用人を減じて小さくし、工場の方が大きいことであった。日本ではこれに反して、事務所が大きく工場が小さいものが多くて、遠慮なくいえば、事務所だけであってほかに何もないというような有様である。あたかも、粗末な果物みたようで、皮と核ばかりで、中実は少しもない。この果物的のものは、外面を見ただけでは美味そうであるが、中には何もないから、食べるに食べられぬ。

ところが、アメリカの工場は、ほとんど事務所というものはないと同様で、有名なカーネギーの創設した、ホームステッドの鉄工場などでも、私ら一行六人ばかり行くと、事務所にはもう坐るところがなく、三人は立っていて話をしなければならなかった。また、従事しているところの事務員も、わずかの人数であり、しかも、ごく壮年で、壮年といわんよりはむしろ青年であった。もっとも、ピッツバーク市にも、一つの事務所があるということであったが、俗事を扱う場所というものはわずかであった。私らの訪問したところが、本局であったのである。これに反して、この工場の壮大なることは、皮の薄い、中味の豊富にして、いくら食べても食べきれぬ果物のようで、しかも、その果物は美味いというようであった。

この鉄工場一つでもって、アメリカの工場全般を批評する訳にはいかぬが、その他のものも同様であろうと推測したのである。

商業について、ニューヨークの状況を見ると、保険事業の発達といい、銀行の設備といい、海運業にしても陸運業にしても、すべてよく発達しておって、イギリスもしくはヨーロッパの大陸を圧倒するの力を十分に備えているようであった……。

いうまでもなく、帰朝後、この旅行について、翁自ら語ったところである。

アメリカ旅行を記すに当たり、漏らすべからざることは、大統領ルーズベルトとの会見である。六月十六日、財務長官ショウ、国務長官ヘイに会見したのち、ホワイトハウスにおいて、大統領ルーズベルトに会った。当時の駐米公使高平小五郎、市原、萩原、梅浦の諸氏が同行した。このルーズベルトとの会見の模様は、翁が特に後年繰り返し談話したものである。その要領を記してみよう。

高平公使の先導で、三階の書斎に入り、市原氏を従えて椅子により、随員相ついで座を占め、零時八分、大統領ルーズベルト、扉を排して入り来り、公使より順次握手し、一応の挨拶を終わってから、翁は起った。

「今回図らず御国に参りまして、今日拝謁することを得たのは、光栄の至りで御座います」

大統領は、答えの代わりに、こう質問した。

「どの途《みち》を採られましたか」

翁はこれに答えて、道順を語り、それから一問一答は続いた。

「去月下旬、サンフランシスコに上陸いたしまして、シカゴ、ピッツバーグ、フィラデルフィアなどを経て、両三日前にニューヨークに着き、昨夕刻、ご当地に参りました。……日本もようやく進歩いたしまして、今日の地位に達しましたが、それについては、御国に負うところがはなはだ多いのでございまして、国民一同御国に対して感謝いたしております」

「日本の近時の進歩は、自分もかねて承知しておるところであるが、由来、日本は美術をもって有名で、世界に比類ないと称せられ、また軍事についても、名声嘖々《しゃくしゃく》たるものがあります。現に、先年の北清事変ののち、かの地より帰った将校などの話によると、日本の軍隊には、ロシア、ドイツ、フランスはもちろん、イギリスもまた大いに感嘆しておるとのことで、特にその行動の厳正な点は、アメリカ軍隊の採って範となすに足るもので、自分は深く敬意を表するところであります」

「日本の美術および軍事に関し、閣下よりご称讃の辞を承りますのは、私の深く満足するところでありますが、失礼ながら、実業界における私といたしましては、やや物足らない感がないでもありません。と申しますのは、日本の商工業が、美術、軍事に比して、見劣りするかのごとき感があるからであります。今後、なお一層、努力いたしまして、商工業の新興発達を図り、他日再び閣下に拝謁するときは、商工業に関し、ご称讃の辞を戴きたいと存じます」

「ごもっとも千万です。今後いっそう日本の商工業の発達のため努力されたならば、その結果、期して待つべしであろうことは、自分の確信するところであります」

「幸いに閣下のご同情を辱ういたしましたことは、私の感謝に堪えないところでございます。また、私の長く記憶して忘れんとして忘るるあたわざるところであります。つきましては、帰朝の上は商工業者の注意を促し、この目的を達したいと思っております。

なお別にひとこと申し上げたいのは、私の今回の使命でございます。日本を出発するに当たりまして、日本全国商業会議所は、欧米商工業者との間に交誼親善を求めんとし、相互の意思疎通を図るようにとの決議をいたしました。不肖私は、その任に勝え得るかどうか懸念いたしておりますが、いやしくも、機会あるごとに目的貫徹のため、微力を尽くしたいと期しております。衷情、ご諒察を願われればしあわせでございます」

「ご趣意は了解いたしました。自分の出来るだけのことはいたしましょう。……ニューヨークの商業会議所会頭には、ご面会になりましたか……」

「日本駐在の御国の公使バック氏のご紹介状を頂戴いたしておりますが、いまだお会いいたしません。今一度ニューヨークへ参る都合でございますから、会いたいと思っております」

「国務長官とも協議しまして、会頭に紹介し、ご便宜を図るようにいたしましょう。ついては、ご旅行の目的、旅程などを記したものがありましたら、後刻お届けを願いましょう」

「ご厚意を深く拝謝いたします。ご下命の通り取り計らいます」

「高平公使は、自分の平素懇親に願っており、かつ深く信頼している人で、特に同夫人は、社交界で名ある婦人であります。ご帰朝の上は、しかるべき手続きによって、陛下に申し上げられるように、また貴国政府にも伝達されたいと思います」

「謹んで拝承いたしました」

これで終わった。会見約四十分に近く、市原が通訳の任に当たった。この会談の結果、ルーズベルトは、自署の紹介状を、ニューヨーク商工会議所会頭モリス・K・ジェサップに宛てて認めたが、その中に、

「東京商業会議所会頭、渋沢男爵に面会いたし候ところ、同男爵は、日本商工業の発達に至大の関係を有せらるる人にして、……同男爵は、社交上および商業上、最高の地位を有せらるる紳士につき

云々」

という辞句がある。ルーズベルトが、いかに重きをおいたかが想像出来よう。グランド・オールド・マン・オブ・ジャパンとして知られる前、長く喧伝されたバロン・シブサワの二字は、このときからアメリカ人に親しみをもって聴かれたのであった。大統領がかく裏書をしたのでも知れる通り、バロン・シブサワの名は、米国一般の重んずるところであった。

ルーズベルト大統領に会ってまもなく、六月二十五日、ナショナル・シティ・バンクの副頭取である、ヴァンダリップ氏の訪問を受けた。「同氏は近来世上の一大問題となれる有名なる『亜米利加商工業欧州侵略史』の著者なり」と、『欧米紀行』に記しているが、のちに、いわゆるヴァンダリップ・パーティを率いて、我が国に来遊し、翁ら有力者と日米親善につき協議し、日米国民外交史に偉大な足跡を印した、フランク・A・ヴァンダリップその人である。

このときの印象を、後年ヴァンダリップ氏はこう記している。

……自分が渋沢子爵にはじめて会ったのは、約二十五年前である。この会見の規模について記せば、興味があるかと思われる。

自分は今や、当然の結果として老境にはいったけれども、当時は若さに充ちており、ちょうどナショナル・シティ・バンクに関係していた。

当時、ジェームス・スティルマン氏が同行頭取であったが、折から、来遊中の渋沢子爵を晩餐会に招待するため訪問せんとし、自分を帯同せんためある朝早く訪ねてくれた。スティルマン氏とともに、渋沢子爵をマジェスティック・ホテルに訪問したときに、子爵は自分の室の安楽椅子によって、日本人がよく用いる長い紙――巻紙のことであろう、原文はエンドレス・シートと記してある――に書かれた日本文の原稿を読んでいた。子爵が自分の名を知ったとき、自分の小著『亜米利加商工業欧州侵略史』の翻訳を耽読していたことを説明した。

子爵が自分の書いたものを翻訳する価値十分ありと考えたことを知り、自分は大いに自惚れを感じたので、自分の関する限りにおいては、この会見は真に幸先《さいさき》よき近づきのはじまりであった。このときの第一の相識は真の理解の実を結んだと考えている。

爾来、子爵を真の偉人と見るようになったから、この会見は自分にとっては、明確にさようであったと思っている。

特に注目すべき、ルーズベルトおよびヴァンダリップ氏との会見だけを記して、ヨーロッパにおける動静に移ろう。

巴里につくまで

つぎに、イギリスに渡ってみると、これはまた、アメリカにくらべて、スッカリ変わっていて、古風が実に多く、旧態を改めないという風であった。

もちろん、長い間には漸次、変わっていくことはいくようであったが、ほとんどこのことがこうと、非常に進化したというようなこともなく、やはり古いことを、よろしいとしている有様であった。しかし、それと同時に、人間はずいぶん高尚であったが、ただ頑固なことは、どうも争えぬようであった。世界の人を見るのに、チャンと自分から高く止まって、マアちょっといえば、

「お前でも商売することが出来るか」

「お前でも銀行の仕事をすることが出来るか」

という風に、みくびっているところがあるらしく見受けられたのである。

それなら、そういう当人は、どういう人かといえば、アノ大きなエライ仕事をする、銀行会社の頭取もしくは社長であっても、さほど、高く止まる人間とも思われぬような、ヨボヨボした老人が多いのである。そういう人間が仕事をしているのであるから、どうも目ざましいアメリカ、もしくは、ドイツのごとき盛んな大仕掛けなものを、見ることは出来ないようであった。

しかしながら、何といっても古い進取の国だけあって、商品の集散する実況などを見ると、その商売が広く、かつ大きいということは解ったので、いまだ世界に冠たる位置を占めていることは、十分認め得られたのである。けれども、すべての商工業が著しく進歩するということは、どうもアメリカ、ドイツに比べて、やや遅れておりはせぬかと、感じられる点が往々あった。

譬《たと》えていってみると、一国の商売に大関係を持っている港について見ても、アメリカまたはドイツの港のごとくに進んでおらぬところが、なかなか多いように思われた。

元来港の設計については、その当時各国ともに競って船の大きいのを造り、従来は六千トンとか八千トンとかいう船は最も大きいものとされておったのであるが、一万トン、一万五千トンとかいうような非常に大きな船がズンズン出来てきたから、従って古い設備の港では、そういう大きな船を入れることが出来ないということになったのである。

それゆえ、各国ともに競って港の改築をして、なるべくそういう大きな船を自国の港に引き付けよう引き付けようと、汲々《きゅうきゅう》として努めている有様であるが、イギリスの港はどうも遅れている。特にロンドンの港のごとく、すでにドイツのハンブルグ、もしくはベルギーのアントワープのごとくに進んでおらぬのみならず、イギリス内地の他の港に比しても遜色があるという訳であった。

吾々がロンドンの港を見ても、これではいかぬ、改築の必要に迫られているという状況が見えたくらいであった。それゆえ、自国の人はいっそうその必要を感ずる訳であるが、イギリス人はやっとこのごろになって港湾が不完全であるといって、その改良が、一問題となり、ついに委員会が成立して委員が選定され、その委員長にはベアリングス銀行のロード・レブルストックという人がなった。

この人は、私がロンドン滞在中再三会見した人であった……。

数百年来の商工業の先進国であって、他の国からも余り競争、抵抗というもののない中に、俗にいう独り舞台で、世界中に計画したのであるから、その国富というものも、吾々のにわかに想像しあたわぬくらいであろうと思う。

一面から観察すると、アメリカなどは大いに進歩し、かつ富裕になって、イギリスから入っていた多額の資本を返却して、かえってイギリスへ輸入するという勢いになった。

よって、あるいは、世界の金融市場の中心は動きはせぬかという説もあったが、一応の観察ではそういう点もないではなかったが、しかし、いまだ、ロンドンは、他国の資本に侵略されてはいなかった……。

私が接したのは、小部分の人で、しかも、短時日間であったので、これをもってただちに判断することは出来ないけれども、イギリス、アメリカいずれの国においても、私の接した範囲内では、常時日本に対して好感を持っていたように観察したのである。

前にも申した通り、アメリカの進歩は実に非常なものであったが、イギリスの方はそうはいっていなかった。しかしながら、もし日本あたりから資本の相談でも持ちかけようと思う方は、やはりイギリスの方であったろう。どうも、金の点になると、依然としてイギリスが世界第一であった。

アメリカ人は、おのれの資本でイギリスの地下鉄道を興したので、しきりに金融の中心がニューヨークに移るというような考えを持っていたようであったが、私にはそうは思われなかったのである。それに、とにかく、日本の事情をよく知っているのは、やはりイギリスであったから、日本が資本の供給を受けようと思うには、イギリスに持っていくが一番近道であったろうし、かつイギリス人の中には、ずいぶん貸したがっていたものも少なくなかったように見受けたのである。

ロンドンからベルギーに渡った。この国には、維新前に行ったことがあるので、多少記憶に残っているところもあった。人口の少ない国としては、富の程度も進んでおり、貯蓄については、一般に人民が注意している国であるということを、かねてから承知していた。

人民の性質は、ごく穏和な国柄で、また、交際には巧みなといってよろしかろう。日本人に多少事業に手をつけている人の在ったために、それらの知己の者にも面会して、商工業のことについて種々の相談をした。工場としては、リエージュの鉄工場、もしくは南部の方でガラス製造所を一、二ヶ所見た。

商業会議所の関係で、日本領事の紹介によって、アントワープの商業会議所の会頭に面会し、つづいて商工業高等会議の会頭たるストラウスという人に面会して懇談した。何しろ滞在の日がわずかであったので、これぞといって申し上げるような記憶も持っていない。

次にドイツに入ったのであるが、ドイツの商工業の盛んなことは、アメリカについで驚くべきことであった。世界の大国で、最も盛大を極め、なお幾多の発達を思わしめたのは、どうしてもアメリカとドイツであった。

ドイツの盛んなることは、ハンブルグの港を見たとき、すぐに解ったのである。この港は、海潮の具合いがまことに良く、天然の良港であるところへ、種々改築を加え、その設備がますます完全になっているところから、当時では大きな船がずいぶんロンドンへ寄港せずに、ただちにハンブルグにくる有様で、貨物の集散は実に非常なもので、あるいはロンドンの繁栄を奪うかと思わるるくらいであった。

その他、商工業はもちろん、鉄道、船舶などを見ても、ドイツが当時いかに盛んであるかということの一端を窺うことが出来たので、今後ヨーロッパ中でドイツが一番盛んな国になりはせぬかと想像したような訳である。特に、ドイツの進歩は秩序的にいっていたから、基礎は堅いように思われた。

私は、エッセンにおいて、かの有名なクルップの鉄工場を参観した。クルップの鉄工場は、一個人の所有であるが、実に盛大なものであった。工場主クルップという人は、そのときが三代目であって、祖父がこの鋼鉄事業をはじめたのである。二代目のクルップという人が、よほど秀でた人であったので、かのごとく盛大を成すに至ったのである。

　当代のクルップが経営している有様を申し上げると、まず事業の方については、たいてい人に托して、自身はもっぱら職工の保護とか、教育とかいうことにのみ従事していた……。特に目についたのは、エッセンの工場に附属する職工の寄宿舎で、この寄宿舎にいる職工の総数が、一万人ばかりということであった。

　元来クルップの工場は、各地に五、六ヶ所あって、その使役するところの人数は、二万四千人ばかりで、その職工の家族を合計すると、八万人以上と聞いた……。しこうして、職工は、このクルップを神仏のごとくに敬い、いわゆる幸福を君に祈る堯舜《ぎょうしゅん》の民が、ただ帝の側にこれ従うというように見えて、一覧しても真に心持が好かった。

　その市街の中には、寺もあれば、学校もあり、倶楽部《クラブ》もあれば、また病院もあった。

　ベルリンに止宿したのは四日ばかりで、時日の短いために、主なる経済界の人々に面会しても、経済談、工業談などについて、十分に談ずることが出来なかった。

　私は、ハンブルグを出立して、九月三日、いったんロンドンに帰り、七日にロンドンを発して、それからフランスに入った。

帰朝まで

一花一草総関情
触目山河皆旧盟

一花一草《いっかいっそう》、総《すべ》て関情《かんじょう》、
触目《しょくもく》する山河《さんが》、皆《みな》、旧盟《きゅうめい》なり。

俯仰豈無今昔感
秋風吹夢入巴城

俯仰《ふぎょう》す、豈《あ》に今昔《こんじゃく》の感無《かんな》からん、
秋風《しゅうふう》、夢《ゆめ》を吹《ふ》いて巴城《はじょう》に入《い》る。

＊旧盟……昔に親しく眺めたものの意。
＊巴城……パリ（巴里）の街。

那帝宮辺花闘紅
凱旋門外月横空
回首三十年前事
都在有無依約中

那帝《なてい》の宮辺《きゅうへん》、花《はな》、紅《くれない》を闘《たたか》わし、
凱旋門外《がいせんもんがい》、月《つき》、空《そら》に横《よこ》たわる。
首《こうべ》を回《めぐ》らせば、三十年《さんじゅうねん》の前事《ぜんじ》、
都《すべ》て、有無《うむ》、依約《いやく》の中《うち》に在《あ》り。

＊那帝《なてい》……ナポレオン三世（一八〇八〜一八七三）。
＊前事……以前にあった事。
＊依約《いやく》……かすかで、はっきりしないさま。

三十余年前の夢を思い起こし、翁は、七言絶句二篇を得た。パリそのものの変化はもとより、勢威世界を圧したナポレオンの跡形もなく、パリは自由民権の雰囲気につつまれたことも、真に三十年亦《また》一夢の感があったであろう。

さらにまた、翁自身についても、当年幕府の一小吏として身の行く末に望みを感じ得なかったのに、今は新進日本の私設公使くらいの格式で——官尊民卑の風なお盛んなりし時代に、一野人としてすでに伊藤、井上など政界の巨頭に継げる勢望を有し、全日本の実業界の輿望を荷うて、「意志疎通の大任」を托されて——フランスの旧山河に再び接することを思っては、夢と感じたことであろう。無量の感慨、禁じ得なかったであろう。

それはとにかく、翁の談話は続く。

フランスにおいては、銀行では、フランス中央銀行およびクレディ・リヨネの二つを見たが、クレディ・リヨネの主任者ジェルマン氏に、ドイツ人シーボルト氏の紹介によって面会し、事務取り扱い上の模様を見た。

ジェルマン氏は、七十近い老人で、私は銀行についてこの人と話をし、また向こうの意見も聞いたのであったが、ずいぶん、尤《もっと》もなことをいっていた。ジェルマン氏が、常に調査していた統計というものは、実に驚くべきもので、各国の財政についても、また、経済事情についても、精密なる調査をしていた。

この人が、日本の経済界のことをかれこれと批評し、また日本の財政についても評論していたが、その評言は、ずいぶん思い切ったことをいっていた。

だんだん話をしていくうちに、私は、

「イギリスでは、日本の公債が売買されていて、ずいぶんたくさん所有しているものを、見たり聞いたりしたが、フランスではイギリスのように、日本公債の取り引きをしたり、これを所有しているということを、見ることも聞くことも出来ぬ。これはどういう訳であろうか」

との問いを発してみた。すると、ジェルマン氏は、

「それは持たぬのが至当である。日本の財政を見ろ」

といわぬばかりの調子であった。そして、

「お前はかつて、三十五年前に、フランスにきておった縁故もあるし、遠慮なく打ち解けて話をしようということであったから、私も遠慮なく、日本の経済界について評しようといって、色々なことを話したのである」

として、ジェルマン氏は、

「日本の経済界が進んでおるということは、世界に隠れのない事実であるが、しかし、財政のことに至っては、実に驚かざるを得ない。

まず、日清戦争後、中国から得た償金その他の五億円という大金を、僅々《きんきん》数年間で使ってしまったらしいが、もちろん金高の多少もあろうし、年月の長短もあろうが、ヨーロッパ各国どこでも、かほどに短い間に、かほどの金額を使ってしまったものは、ほとんどあるまい」

というような評言をした。

つまり、こういう事実によって想像してみても、日本の財政状態が思いやられる次第で、日本の財政は窮乏しているのではないか、というような意味合いに、私には取れたのであった。それゆえ私は、

「自分は経済界には身を委ねているが、財政の局には自ら当たっているものではないから、精《くわ》しいことは解らぬが、しかし、親しく財政の事情を見たり聞いたりしたところによると、他の人が見るほどにまで、日本の財政の基礎が薄弱であるということは、決してない。

しかし、かくいえば、自分が日本の公債を募ろうというのではないかという、疑いがあるかも

知れぬが、現に、目下の財政状態は、外国債を募る必要がないということも、知っているくらいであるから、決して日本財政の将来は、そう気遣うものではない」

ということを十分に弁明したのである……。

私は三十余年前に半年ほど滞在していたから、パリの市街にはところどころ見覚えのあるところがあったが、しかし、三十余年前とはだいぶ変わっているところもあった。

まず当時は、交通機関は馬で曳《ひ》くもののほかはなかったが、このたびは電気鉄道に変わっていた。それから、チュイルリー王宮が、ナポレオンの繁昌の時分には大変立派であったが、一千八百七十年の乱で焼けてしまって、今は庭園になっていた。

また、グランド・オペラは、パリにおいて最も自慢される建築物で、政府が力を入れている国の一つの名物ともいうべきものであるが、昔日私が滞留した時分には、いまだ建築中のものであったのが、立派に落成して、しかも演劇興行中であったので、幸いにそれを一覧することが出来た。

演劇が国風観察について、一つの話柄となるのは、ちと浮いた話のように聞こえるが、フランスの劇場は、国の道具として持っているようであった。

ゴブランの織物とか、セーブルの陶器とか、または、この劇場などは、政府が最も注意して、外国に誇りとしておる一つの治国の要具である。

この劇場などの繁盛なところが十分落成していたから、そこらはだいぶ変わったところがあったが、そのほか有名な市街または建造物においては余り変わったことはなかった……。

かくて、イタリアを訪い、ローマ法王庁、博物館、サン・ポーロ寺院などを観て、

荒城廃苑昼蕭条
巨刹唯看護寂寥
児女尚知千古事
向人仔細説前朝

荒城《こうじょう》、廃苑《はいえん》、昼蕭条《ひるしょうじょう》、
巨刹《きょさつ》、唯《た》だ看《み》る、寂寥《せきりょう》を護《まも》るを。
児女《じじょ》、尚《なお》、千古《せんこ》の事《こと》を知《し》り、
人《ひと》に向《む》かいて、前朝《ぜんちょう》を仔細《しさい》に説《と》く。

＊蕭条《しょうじょう》……ものさびしいさま。
＊前朝《ぜんちょう》……前代の王朝（古代ローマからの王朝の意）。

と感慨を賦《ふ》し、ブリンディジ港を経て、ポートサイドより神奈川丸に乗り、インド洋において、

火雲連水水連空
一路片帆東復東
午夢覚来無個事
閑移吟榻趁涼風

火雲《かうん》、水《みず》に連《つら》なりて、水《みず》、空《そら》に連《つら》なり、
一路《いちろ》の片帆《へんはん》、東《ひがし》復《ま》た東《ひがし》。
午夢《ごむ》覚《さ》め来《きた》りて、個事《こじ》無《な》く、
閑《かん》に、吟榻《ぎんとう》を移《うつ》し、涼風《りょうふう》を趁《お》う。

＊火雲《かうん》……燃えたつような夏の雲。
＊吟榻《ぎんとう》……榻は長椅子。寝台。詩を詠んでいた長椅子。

漂蕩煙波旬日余
胡床静坐似僧居
閑中自有忙機在
僅倦囲碁又読書

煙波《えんぱ》に漂蕩《ひょうとう》すること、旬日《じゅんじつ》の余《よ》、
胡床静坐《こしょうせいざ》、僧居《そうきょ》に似《に》たり。
閑中《かんちゅう》、自《おの》ずから忙機《ぼうき》在《あ》る有り、
僅《わず》かに囲碁《いご》に倦《う》みて、又《また》、読書《どくしょ》す。

＊漂蕩《ひょうとう》……ただよい、動くこと。

の二絶を得、台湾に近づきし頃、

落日沈波天色昏
牀頭一夢覚無痕
火輪馳尽南清海
雲外青螺是厦門

落日《らくじつ》、波《なみ》に沈《しず》み、天色《てんしょく》昏《くら》く、
牀頭《しょうとう》の一夢《いちむ》、覚《さ》むるに痕《あと》無《な》し。
火輪《かりん》、馳《は》せ尽《つ》くす、南清《なんせい》の海《うみ》、
雲外《うんがい》の青螺《せいら》、是《こ》れ厦門《アモイ》。

＊厦門《アモイ》……中国福建省の港。

飛鳥倦来漸思還
船馳翠靄碧波間
今朝喧噪人争報
天末先看淡水山

飛鳥《ひちょう》倦《う》み来《きた》りて、漸《ようや》く還《かえ》るを思《おも》い、
船《ふね》は馳《ち》す、翠靄《すいあい》、碧波《へきは》の間《かん》。
今朝《こんちょう》、喧噪《けんそう》し、人争《ひとあらそ》い報《ほう》ず、
天末《てんまつ》、先《ま》ず淡水《たんすい》の山《やま》を看《み》ると。

＊翠靄《すいあい》……青みを帯びたもや。
＊碧波《へきは》……青緑色をした波。
＊淡水《たんすい》……台湾北部の海港。

と吟懐《ぎんかい》（詩歌をつくること）をやり、十月三十日午後一時、神戸港口和田岬に着いた。

翁の談話によって、感想は十二分に現されて、残すところなしと言いたいまでであるが、ただ、欧米や中国各地において、しばしば記念すべき会合のあった、高等商業学校関係のことに触れていないのは、何ゆえであろうか。

こと海外の事情と言い得ないためか、あるいはまた、わざと避けたのであるか、その理由を知らないが、とにかく翁の旅行中いたるところで、高等商業学校出身者の会合に列し、ほとんど同一のことを陳べている。それは何か。商業大学論である。

翁このときの議論、激励が、今日の東京商科大学を生むに至ったと見得るもので、我が国商業教育の歴史に至大の意義を有するものであり、翁の欧州旅行の副産物として注意すべきものであるから、項をあらためて記すこととする。

十二、東京高等商業学校

一橋の歴史は古い。

この頃、世界に高級な商業教育を施す学堂として、現存した最古のものは、一八二〇年創立のフランス、パリ高等商業学校であり、一八五二年開校の、ベルギー、アントワープ高等商業学校についでは、一八七五年創立の、日本、東京の高等商業学校であった。

しかして、この当時、異常の発達をきたしたる商業界は、教育の方面に新傾向を与えずにはおかなかった。与えられたる新傾向とは、高等なる学理を考究して実業の将帥《しょうすい》を養成せんとする教育、すなわちこれであった。

講習所より商業校へ、商業校より高等商業校へと、学海へ泳ぎ出した一橋からは、当時、幾多の俊才がヨーロッパ各地に留学していた。すなわち、明治三十年（一八九七）三月、福田徳三のドイツ留学をはじめとして、同六月に、佐野善作（イギリス、アメリカへ）、翌年八月に、関一（ベルギー）、三十二年（一八九九）七月には、石川文吾（同上）が同じく、在外研究を命ぜられた。これら卒業生は、母校一橋の発展について細心の注意を怠ることなく、常に欧米の新傾向を取り伝えては、警《いまし》めの叫びとなすことを忘れなかった。

三十年（一八九七）の春、福田徳三は、ミュンヘンから訳文『高等商業教育論』を小山校長に、ついで翌年十一月、「欧米商業教育近況」なる一文を、母校唯一の連絡機関たる同窓会誌に掲載した。

なお彼は、三十二年（一八九九）六月、イタリア、ヴェネチアに開かれたる国際商業教育会議に列席し、世界の進歩してゆく線上から、一橋を一歩も遅らせまいと努めた

関一もまた、「欧米商業教育の概況」なる一報告を、文部省に送り、ついで同年十二月には、石川文吾の、「アントワープ府の商業学校」が、同窓会誌に訳載され、佐野善作は、ロンドン経済学校において、商業教育に関する講演をなし、その速記記録中、日本に関する部分が、イギリス文部省の年報中に掲載された。

感じやすいのは学生の心である。

すでに何らかの形において躍動せんとしていた一橋は、こうした海外からの主張と、警《いまし》めの叫

びが、橋畔に鳴り響いたとき、さらにより高き目標に向かって、邁進せずにはいられなかった……。

すでに、工科大学、農科大学の存在を見るに、商界の指導者を養成すべき商業大学を見ず、わずかに我が高等商業学校専攻部と、法科大学の一部をもって代用たらしむるがごとき観あるは、国家のため大いに遺憾とするところであるとの思想が、当時の学生の間にかなり強く浸潤していた。ときしもあれ、三十三年（一九〇〇）七月一日、商議員男爵渋沢栄一の還暦ならびに授爵祝賀会が、同窓会の主催によって開かれた。その席上行われた、彼の一場の演説において、一橋商業大学の主張は、はじめて明らかな形を取って現れた。

「よく考えたならば、商業というものに対する教育が、他の教育と同じ程度に進んでいるとは、まだ申されぬのでございます。私は学問をもって成り立った人間でございませんから、学理についてのことは、丁寧にここに述べることは出来ませんが、かつて、この商業学校をして大学の位置にまで進めたいということを、たびたび申したことがございます……」

明治の初年に、商業教育の必要を率先して叫んだ先覚は、ここではまた、商業大学の必要を力説している。それのみではない、従来彼が、卒業式その他あらゆる機会において試みた演説は、明らかに大学とは主張しなくとも、片言隻句《へんげんせきく》といえども、これを具象していないものはなかった。常に、商業校生徒養成の要を叫び、技術のみならず、人物の養成に意を用いられたきことを述べ、商業道徳を具えたる実業家の養成の必要を絶叫した。これすなわち、大学の主張であった。しかし、彼が大学の名辞を用いて、その主張を明らかにしたのは、これが最初であった。

これによって、商業大学論は、一部の教授、学生の独占のみでなく、全日本における問題となった。

本校と最も関係深き同窓会は、とうてい黙するあたわず、九月二十日開かれたる常議員会は、左の一項を決議した。すなわち、

「かねて渋沢男爵より注意ありたる商業大学設置の件に関し、近日中さらに臨時常議員会を開く事」

ついで、十月十八日、臨時常議員会は、富士見町富士見軒において、新帰朝者佐野善作を迎えて開かれ、委員を選定して、このことに当たらしめ、堂々たる歩調をもって、新問題の解決に向かった。くだって十月二十七日、上野精養軒において開かれたる秋季総会においては、満場一致をもって、左の決議をなした。

「本会は、我が国に商業大学の設置の必要を認む、しこうして、この目的を達せんがために、臨機の処置をなすことを常議員会に委任す」

かくて、同窓会は運動の中心となり、趣意書を公にし、校長と商議員とを、この問題に結びつけて離れないものとした。運動の中枢となった同窓会は、会誌十五号（明治三十四年四月三十日）において、「商業大学の必要」なる宣言書を載せて、これを公に計った。

商業教育の世に認められざりしを慨し、

「真正の商人を養成せんには、その教育程度の高きもの在らざるべからず。しかるに、教育の淵《えん》源《げん》、人材陶冶《とうや》の根本において、己に同位ならしめざるは、適当の学生にあらず。宜《むべ》なるかな、商業上の徳義すこぶる薄く、その人材はなはだ乏しく、国力、したがって富貴ならず、民度きわめ

て賤微《せんび》なるや」

と断じ、世界の大勢よりして、商業大学の、

「設置は大学の分科として、新たに設立するなり、あるいは現今の高等商業学校の制を革《あらた》むるなり、一に当局者の取捨に委《まか》すも、すみやかに国定須要の学科なるを諒せられ、これが設立に着手せられんことを訴うるものなり」

と絶叫した。

越えて三十五年（一九〇二）五月、渋沢栄一は欧米漫遊の途につき、その途次、サンフランシスコ、シカゴ、ニューヨーク、ロンドン、リヨン、シンガポール、香港の、各地の同窓会員歓迎会に臨んで、商業大学の必要を叫び、各地出身者は、母校のためにあらゆる努力をなすことを誓った。かくして、海外よりもまた伸びんとする一橋に対し、幾多の鼓舞《こぶ》、激励が伝えられたのである。

さらにまた、ここに、この運動に、一大転機を与えたるものは、海外に研鑽を積んでいた本校出身諸教授が、明治三十四年（一九〇一）二月二十四日を期して、ベルリンに集合して、本国における母校の昇格問題につきて凝議《ぎょうぎ》を遂げた。一橋に、「ベルリン宣言」として伝えられるもの、すなわちこれである……。

以上は、『一橋五十年史』の記述の一節であるが、一橋を基礎とする商業大学の実現について、翁の関与するところがいかに深かったか、欧米旅行中、いかにこれがため努力したかが察せられるのである。翁が点火し、薪を加え、油を注ぎ、教授諸氏が熱心に煽《あお》り立てた商業大学論は、しだいに熱を加

えた。

しこうして、ついに、東京商科大学の設立という結果を見たが、この結果を見るまでには幾多の曲折があり、翁の尽力があった。少しく時代が進み過ぎる感はあるが、顛末《てんまつ》を明らかにするため、その変遷を記しておきたい。

翁の主張と、佐野、福田、関など、諸教授の活動によって、与論は巧みに指導され、ようやく「商業大学」が具体化せんとしたとき、日露戦争勃発し、一時停頓したが、戦雲収まるにおよんで、再びその具現の日は近づいたかに見えた。しかるに、「当局の固陋《ころう》なる、正論の向かうところを察せず、一橋三十年の苦闘を弊履《へいり》のごとくに捨て去らんとしたため」全学生の退学となったのである。

実に、明治四十二年（一九〇九）五月十一日のことである。

もちろん、この結果を見るまでには経緯があった。その間、常に活動を続けたのは同窓会であり、総退学決定後、その活動はいっそう勢いを加えたが、終始期するところは円満なる解決であった。東京、大阪、横浜、神戸、京都の五商業会議所代表委員、父兄保証人会委員、および高商商議員もまた、念ずるところは同一であった。

かくて、これら三団体を結ぶに同窓会をもってし、内密に解決案を考慮した。同月二十一日午前十時、これら三団体は、東京商業会議所に学生委員六名を招き、善後策相談会の名のもとに復校、就学について、極力勧告するところがあった。商議員として翁が出席し、同窓会幹事として八十島親徳の名を列席者中に見出したこと、もちろんである。

学生委員は、厚く三団体の懇情を謝し、復校するや否やについては学生委員会を開き、全学生の意見をまとめて回答すべき旨を答えて辞去し、ただちに学生大会開催の手続きをなし、一方在京中の各組委員を招集し、同夜十一時委員会を開き、徹宵《てっしょう》論戦に終始し、午前六時ひとまず休憩し、八時より再び会議を開き、結局三団体の厚意を感謝するにとどむることとなり、略議決せんとしたとき、八十島親徳、関一、佐野善作、滝本美夫など同窓会幹事来場し、つぶさに三団体の意見を紹介し、さらに議論沸騰ののち採決となり、ついに復校と決した。

かくて、翌二十三日、最後の態度を決すべき学生大会を基督教青年会館に開いた。午前八時より各年級会が開かれ、昨夜の委員会の決議を付議したが、議論沸騰して、あるいは委員の態度を罵倒して一橋の生命を叫び、あるいは正義の廃頽を憂い、一橋の将来を思うものもあって、各室ともに騒然として、議論いつ果つべしとも見えず、同窓会員および諸教授は、この間にあって、極力復校の理由正しきことを説明した。

かくして、午前九時三十分、学生大会に移った。

開会の辞につぎ、前夜向島鳥松における委員会の状況を詳細に報告し、前夜の委員会決議に対して大会の賛同を求めんとしたとき、場中、反対を叫ぶ声もの凄く起こり、喧噪を極め、殺気、ために場内に漲った。さらに一委員代わって登壇し、三団体の勧告を要るべきこと、復校のやむべからざることを縷々《るる》陳述した。

これについで、質問権を得て登壇し、激烈なる反対論を唱える者あり、動《やや》もすれば学生の大部分はこれに拍手賛成して、形勢すこぶる不穏となってきたため、ここにしばらく学生大会を中止し、あらためて高商同窓会主催にて、三団体委員を学生に紹介する機会を求めんとし、大会の承認を経て、八十島幹事開会の辞を述べ、ついで各委員壇上に現れて、声涙ともにくだるの熱誠をもって、懇々《こんこん》学生を説いた。かくて、商業会議所を代表して中野武営、父兄保証人会を代表して島田三郎、商議員として渋沢翁が順次壇上に起って学生の反省を促した。

この席に在った、当年の学生山代泰氏が、

ともかくも、集まろうということになって、急に各学生を駆り出した、堂に溢るるほど、しかしみな悲壮な眼を輝かし、そんなあてにならぬことを聴くものかの意気込みで集まったのである。第一に中野氏、つぎに島田氏登壇、種々と復校の可なるを説かれたが、一徹純真の吾々の心は解くべくもなかった。最後に壇に登られたのが、実に渋沢翁であった。翁は諄々《じゅんじゅん》として、学校の成立から自分との因縁、こまごまと物語られた上、……実に、翁の両眼からは尊い涙が、ハラハラと落ちているではないか。そして、そのお声は曇っていた。

純真な吾々学生の心を動かしたのは、実にこの尊い涙であった。私どもの心は解けた。酔って魅了されてしまったのであった。そして私どもは、ともかくも、その翌日から、一度去った校門を再びくぐることになったのである。

と記したごとく、翁の説くところと、溢るる涙によって、学生は動かされた。

かくて、復校を議題とし、館内各所において各級会を開き、それぞれこれを可決し、報告を待っていた三団体代表者に答え、翌五月二十四日、一同橋畔の学園にかえった。

越えて六月、三団体の交渉は、「専攻部は今後四年間存置」の文部省令となって現れ、さらに明治四十五年（一九一二）三月、ついに文部省令第九号によって、永久に存続されることになり、台風一過ののち、表面的には静かに数年の歳月が流れたが、内面的には、必ずしもことなく過ごしたのではなかった。『一橋五十年史』は、爾来の推移をこう記している。

一橋にとって不可忘は、かの申酉《しんゆう》事件の結末である。一橋は目的を貫徹して鎮まったのではない。心ならずも鎮められたのである。しこうして、文政当局は、約を履《ふ》もうともせず、動もすれば一橋の存在を脅かそうとする。かくては、第二の申酉《しんゆう》事件は免れ得ざるところと思惟されるのであった。

ここにおいて、一橋は、これに備うべく充分実力を伸張すべきを悟り、一方においては、一橋会雑誌を中心として、一橋の過去を語り将来を説いて、一橋の与論を喚起することにつとめ、他方においては、諸教授間に商業経済学会設立の議が唱えられ、また神田乃武教授は、事件落着後、渡米しておったが、盛んにかの地の商業教育の実情を報道してきたり、陰に陽に商業大学必要論を具張《ぐちょう》していった……。

大正元年（一九一二）九月の新学期は、学制改革の提案を暁鐘《ぎょうしょう》として開始された。一橋の発展、一橋の向上、商業大学問題の解決、これらはすべて自己の改造にはじまらなければならぬという考えが、内部的に発したのである。形態内での充実が、やがては形態を改造する先駆となると考えられたのであった。理想は光を放って眼前にある。しかも、現実の我は、これに比していかに貧弱なることか、我と我に加うる嗤笑《ししょう》（あざけり笑うこと）や叱咤は、痛ましくも幾度となく繰り返された……。

明くれば大正二年（一九一三）六月、学制改革はついに教授会の議にのぼり、根本的な改革が断行さるることとなり、校長の手を経て、学制改革案は文部省に進達せらるることとなった。かのごとく、内容充実を期して自己内省の道を辿っている間に、外部の形勢もしだいに変化して、一橋の前途には再び暗黒の影が投ぜられたのであった。かの文部当局によって唱え出されたところの、帝大合併説がそれであった。

すなわち、文部当局の計画によれば、帝国大学法学部の中に、あらたに商業科を設け、既設の経済科および商業科に、東京高等商業学校を併合せんとするに在った。しこうして、これが提案者は、ときの文部大臣奥田義人であった。彼は元来、商業大学不必要論を唱えておったが、時勢の要求には逆らい得ずして、今はこれを認めるに至ったのである。しこうして彼は、商業大学の禍根、否、一橋の禍根を、総合大学主義によって解決せんと試みたのであった。

十月初旬、奥田文部大臣は、この問題をまず本校の商議員、渋沢栄一男爵に諮《はか》ったのであった。ついで、二十九日、同窓会の臨時常議員会が開かれて、該問題の論議が行われ、しだいに紛糾をきたしたのである……。

十一月十八日、教授会は、商大問題に関して、各自の意見を開陳して、慎重なる熟議を行った。しこうして、談論風発《だんろんふうはつ》の結果、公正の立場より、合併不可能なる事実をいちいち指摘して、合併には絶対的に反対なる旨を決議し、佐野、堀の二教授、渋沢男爵の事務所に出頭して、この旨を述べた。

かかる中に、世人の同情は翕然《きゅうぜん》（ぴったりと一致するさま）として一橋に集まり、形勢は一変して、与論はついに一橋単科大学論を唱うるに至った。ことここに至って、文相もやむなく、該問題より手を引くことを非公式に声明した。

十一月は、多端《たたん》の中に過ぎて、十二月の声がかかった。その月の四日、渋沢栄一、中野武営、池田謙三の三商議員は、文相と外相官邸に会したが、このときに文相は、商大問題も予算案編成の時日が切迫したために、ひとまずこれを延期する旨を告げた由、坪野校長を通じて報告があった。

しかるに、十二月七日、文相は自ら渋沢栄一を事務所に訪ね、友人の助言もあるによって、帝大内の商科と合併するならば、商業科と経済科とを分離せしめても可なる旨を伝えた。しかし、これ明らかに四十年の歴史を無視して、一橋を帝国大学の支配のもとに隷属せしめんとするものに外ならなかった。

八日、佐野教授以下数名は、渋沢栄一と事務所に会して、帝国大学の商業科および経済科を合併して、一橋の地に商業大学を建設せんことを教授会は決議した旨を、彼を通じて奥田文相に伝達した。しこうして、学生側の委員会においても、また同じような決議をしたのであった。

その翌々日、すなわち十日には、文相は次のような回答をもたらしてきた。

一、東京高等商業学校の生徒を、帝大の経済科および商科に入学せしむることは、何らの異議がない。しかし、高商側を主とすることは出来ない。

一、一橋にて授業をなすことは不可。

と。かく一橋側の主張と当局の主張――それは主として帝国大学側の主張であった――との間に、一致を見出すことは出来なかった。これを察した奥田文相は、ついにその提案を撤回した。そしてその結果は、一橋はまた厳正なる現状維持を続けていかなければならなかった。

一橋にことあるごとに、翁は常に活動した。――あるいは舞台に立って、あるいは舞台裏にあって――一橋の歴史ある限り忘るるあたわざる活動をなした。かくて、商法講習所の昔より、五十年に近き、翁不断の努力は、花と咲き実を結び、大正九年(一九二〇)四月、東京商科大学の名のもとに、名実兼ね備わる単科大学になった。

十三、公爵徳川慶喜

翁が静岡に在りし日のことを叙して、

さして、特殊の感激をも有せざりし慶喜に対して、変わった感を得るに至った。ことにその行動によって、情意の動きに満足せざりし――意志は強いが感情がないではないか、と思ったことの誤りなるを知り、解し過ぎるほど人情を解し、一微臣渋沢を、かくまで厚き情と行き届いた用意をもって遇せらる。何らの光栄ぞ。何らの栄誉ぞ。

社会のためにこそ、吾身の生涯をもって、あたうかぎりの奉公をすべきである。知遇に酬いるは、男児の本分、酬ゆべき人を得た我が身の歓喜、嗚呼《ああ》、何に譬《たと》えん、とまで衷心より思った。この一心やがて凝《こ》って、不朽の名著『徳川慶喜公伝』八巻となったのである。

と記したことがある。その『徳川慶喜公伝』の自序の中に、翁はこう記している。

おもうに、王政維新の偉業は、近因を公の政権返上に発したのである。しこうして、公の爾来の御謹慎はさることながら、旧臣の目から見れば、朝廷の公に対する御仕向は余りに御情ない。畢竟これは、要路にいる人々が、冷酷のいたすところであると思うについて、私は特にその頃の政界に時めく人々の挙動に、はなはだしき厭悪《けんお》の念を起こし、公の逼塞《ひっそく》の御様子が見るに忍びぬように思われて、慷慨悲憤《こうがいひふん》に堪えなかった。そのときに作った拙作にいわく、

維新偉績欲無痕
剔抉未知探本原
公議輿論果何用
千秋誰慰大寃魂

維新《いしん》の偉績《いせき》、痕無《きずな》きを欲《ほっ》す、
剔抉《ていけつ》未《いま》だ、本原《ほんげん》を探《さぐ》るを知《し》らず。
公議《こうぎ》、輿論《よろん》、果《はた》して何《なん》の用《よう》ぞ、
千秋《せんしゅう》、誰《たれ》か、大寃魂《だいえんこん》を慰《い》せん。

＊偉績《いせき》……すぐれた功績。
＊剔抉《ていけつ》……ほじくり出すこと。

慶喜公の冤罪《えんざい》をば、誰が慰めてくれるであろう。廟堂の人々のいう、公議も与論も、口ばかりで何の用をもなさぬ。この公をば、かく幽暗の中に閉蟄《へいちつ》せしめておいて、他の人々がしきりに威張り散らすのは、はなはだもってけしからぬと憤慨したのである……。

官にいる間は、思うように静岡へ往復することが出来なかったが、自由の身になったのちは、銀行用で大阪へ往復の折には、必ず静岡に伺候《しこう》(貴人の側近く奉仕すること)することと定め、紺屋町のご住居へも数回参り、のちに草深町にご新邸が出来てからは、その方へもたびたび伺候した。伺候の数の増すごとに、親しくお話も出来るようになり、御慰藉《いしゃ》として時候に適する品物など

を持参したり、また落語家・講釈師などを連れてお慰め申したこともあった。

私が官をやめてのち、はじめて拝謁したときに、在官中の見聞を話題として、三条・岩倉、または大久保利通・西郷隆盛・木戸孝允などという、諸公の話を申し上げると、公はいつもそ知らぬ風をなされて、話題をほかに転ぜさせられるので、公はまったく、政界のことを見聞せらるるを避け給うご意志であると悟ったから、そののちは、いささかも政治に渉《わた》ることを申し上げなかった。

ただいつか、公然と社会にお顔出しが出来るようになったらば、さだめし喜ばしいことであろうが、そういう機会がいつ来るか、またはとうてい来ぬのであろうかと、常に焦慮《しょうりょ》はしていたけれども、御伝記を編纂して後世に遺そうという考えは、その頃はまだなかった。

かくして、おいおいと、歳月を経るにしたがって、政権返上の決心が容易ならぬことであったと思うと同時に、鳥羽・伏見の出兵は、まったくご本位でなくて、当時の幕臣の大勢に擁《よう》せられて、やむを得ざるに出たご挙動であること、しこうして、そのことを遂げんとすれば、日本は実に大乱に陥る、またたとえ幕府の力で薩長その他の諸藩を圧迫し得るとしても、国家の実力を損することは莫大である。ことに、外交の困難を極めている際に当たって、さようなことをしては、皇国を顧みざる行動となると悟られたためであること。また、ここに至っては、弁解するだけかえって物議を増して、なおさら、ことが紛糾するから、愚といわれようが、怯と嘲《あざけ》られようが、恭順謹慎をもって一貫するよりほかはない。

薩長から無理と仕掛けたことではあるが、天子を戴いている以上は、その無理を通させるのが臣子の分であると、そのようにご覚悟をなされたのだということを理解したのは、実に明治二十年（一八八七）以後のことであった。

爾来、折々公に拝謁して直接にお話をも伺い、また種々の人からの談話をも聞き、これを総合して前日の疑念がますます解けるようになってきた。たとえば、さきには怯懦《きょうだ》の疑いがあったが、もしも、かのときに公が小勇に駆られ、卒然として干戈《かんか》を執って起たれたならば、この日本はいかなる混乱に陥ったか、真に国家を思うの衷情があれば、黙止せられるより外に処置はなかったのであるということを、しみじみと理解したのである。

かのように理解してみると、公が国を思うところの御思慮の深遠なることは、私どもの凡庸《ぼんよう》のおよぶところでないと深く感激して、公がこのごとき御心でかのごとき態度に出で、御一身を犠牲になされる苦衷は、人に語るべきことではない。かえって他人よりは逆賊と誣《し》いられ、怯懦《きょうだ》と嘲《あざけ》られても、じっとお堪えなされて、終生これが弁解をもなされぬというは、実に偉大なるご人格ではあるまいかと、尊敬の念慮はいやまし切なるのであった。

旧友の福地桜痴（源一郎）とは、ときどき幕末のことを討論したこともあったから、明治二十六年（一八九三）の夏秋の頃、帝国ホテルにて催された、ある宴会ののちに、同氏と維新の政変を談じた際、どうか公の偉大なる御事蹟を記述して、公の大冤魂《だいえんこん》を天下後世に申雪《しんせつ》（誤りを正して、汚名をそそぐこと）する工夫はあるまいかと、はじめて御伝記編纂のことをいい出した。

『徳川慶喜公伝』の翁の自序は、真の意味で名文である。真情流露、読むほどの人をして感動せしむる大文字である。ホンの一部分を引いても、これほどの迫力がある。もって全般を察すべしである。

翁の自ら記せるごとく、『慶喜公伝』の編纂を思い立ったのは、明治二十年（一八八七）以後のことである。

翁のいわゆる『御伝記』は、「公」の政治上における心事を深く理解したあとであるから、もちろん明治二十年（一八八七）以後であることは当然である。

しかし、その前、具体的にいえば静岡において、「公」の翁自身に対する深き配慮と厚き情を知ったとき、何とかして酬いたいと思ったと想像するのは誤りであろうか。伝記刊行という形をとるまでの前提――萌芽をこのときに得たと見るのは、認識不足であろうか。誤りでもなく認識不足でもなく、想像にあらず、曲解でないと明確に記し得るのは本懐である。

静岡の条は、さきに親しく翁の校閲を請い、幸いに誣言《ふげん》にあらざるを確かめたからである。ゆえに、強いて翁の心理的沿革を辿ることを許さるるならば、

「さきに、静岡において深く感じた慶喜に対する報恩の念は、爾来十数年、翁の胸中に燃えていたけれども、いまだ具体的な方法を案じ得なかったが、大政奉還に関する公の大精神のしだいに理解せらるるにおよんで、正確なる伝記によってその冤罪《えんざい》を明らかにせんとするに至り、伝記編纂をもって、具体的表現の方法とすることになった。実に明治二十年（一八八七）以後のことである」

としたいのである。

少しく岐路に入ったが、『自序』は詳細の叙述を経て、末段に至ってこう記している。

しかるに、そののち、萩野博士に依頼した頃は、計画の当初に比ぶれば時勢が大いに変化し、公も東京のご住居になって、宮中へもときどき御参内なされ、明治三十四年（一九〇一）には、麝香《じゃこう》

間祇候《のましこう》となり、三十五年（一九〇二）には公爵を授けられて、特に一家を立てられ、したがって社会的ご交際も出来て、私の宅へも数度お越しくだされるようになったしだいで、この編纂を思い立った頃とはまるで世の中が変わって、公の御身も、もはや青天白日《せいてんはくじつ》となられたのである。淡々と述べ去った間に、翁の歓喜の情が溢れている。伝記によってその心事を明らかにする前に、かくのごとく認められたことは、年来苦心した翁の欣快《きんかい》いかばかりであったろうか。しかも、かかる変化を見るに至ったについて、翁が容易ならぬ努力をしていることを思えば、その喜びがいっそう深く、かつ大なるを思わざるを得ないのである。しからば、翁の努力とはいかなることであろうか。

私が大磯で、慶喜公のことを調べているとき、偶然山県さんが来合わせて、私の調べているのを見て、君は妙なことをする、といったから、これは丁度よい時機だと思って、慶喜公が世の中へ出られるようにと、山県さんに私の苦衷を訴えると、山県さんは、

「ああなったんだから、盛り返しに君が心配しても賛成は出来ぬ」

とのことだった。当時山県さんは勢力のある人だった。それからこのことを、井上さんに内々話したら、

「伊藤さんに話すがよい、山県では駄目だ」

とのことで、伊藤さんに話した。すると、明治三十年（一八九七）、慶喜公御上京後に、伊藤さんが私に、

「慶喜公を今のままにしておくのは気の毒だ、ただいまのところ、完きを望めないが、麝香間祇候《じゃこうのましこう》くらいは許されるだろうと思う」

といった。私はそれでもよろしいから、と頼んだ。あとになって伊藤さんが、

「このあいだはあんなことをいったが、慶喜公がかえって迷惑に思われてはお気の毒だから、君ちょっと慶喜公の内意を伺ってくれぬか」

といったので、このことを慶喜公に伺って見ると、

「私は維新のときに、首を差し上げることを覚悟した。今でも同じ所存である」

とのご返事であった。伊藤さんにこの旨伝えると、なるほど旨いことをいわれる、といった。

それから、だいぶあとになってから、伊藤さんが、慶喜公に敬服した、といって、こんな話をした。

有栖川宮家で外国王族を招待されたとき、慶喜公と伊藤さんが相客《あいきゃく》として呼ばれた。ちょうど二人の席が向かい合ったので、伊藤さんが、失礼ではあるがと思いながら、書生流の質問をして、

「謹慎恭順ということは、ときに誠心誠意と一致せぬものでございますが、それをどうして一致なされたか」

と質《ただ》したとき、公は、

「私は親の命令に従ったまでのことで、私の意見というより、むしろ家の教えといってよい。私が二十歳の頃、親が私を呼んで、お前も成人したから、これだけのことはよく理解しておかなければいかぬ。今後の世の中はいかなる大事を生ずるかも知れない。その場合、心得違いをせぬよう、国に対し天子に対して、こうしなければならぬ、といい聞かされた。私は親の言葉を肝に銘じて、ただその通り行ったまでで、私の考えではない」

と返答されたとて、伊藤さんが深く敬服しておった。それから、まもなく、麝香間祇候《じゃこうのましこう》になられた。そののち、桂さんが非常に心配して、公爵を授けられたのが明治三十五年（一九〇二）、ちょうど私がヨーロッパへ立つ前でしたが、西郷と一緒であったものですから、ときが遅れたようであった。

何でもここの茶店で、二、三度、伊藤さんにお会いになり、伊藤さんが喜んで詩などを作ったことがあります。

と、翁が述懐したところによって、察せらるるように、翁がいかに苦心したか、いかに努力したかは、記すべきことがないほどである。「公」に対する授爵が、翁の苦心の結果であり、努力によるとは、もちろんいわない。しかし、翁がいかにそれを希望していたかは、察するに余りがある。

それにつけても、授爵と結び付けて考え得らるるであろう「茶店」の閑談は、意義深いものである。「ここの茶席」とは、曖依村荘《あいいそんそう》に今も存在する茶室である。煤煙《ばいえん》と稠密な人家と、けたたましい電車の響きによって、散文的になり終わったが、当時はるかに連なる平野を越えて、コバルトに煙る筑波を望み、四隣声なく、ただ炉にかけた釜の奏《そう》する松風の音のみ聞ゆるあたり、心静かに語り、詩をものした頃は、雅《みや》びた一構であった。

翁にとっては、旧主慶喜のしばしば座を占めたことによって、さらにその授爵に関連して考え得らるる雅会の開かれたことによって、またなき想い出深き建物となった。

さらに、伊藤、井上、大隈など明治の元勲によって愛《め》でられたことにより、また後年、翁を訪《おとな》うかぎりのアメリカ人に喜ばれたことによって、国内的にもまた国際的にも記念すべき建築物となった。

十四、大患

先生が冬になると煩わされる喘息《ぜんそく》を覚えたのは、ようやく肺炎（六十五歳）以後のことであって、多くは感冒に誘発され、過労によって増進するのである。重いというわけではないが、数日の静養を余儀なくされるのが常である。しかし、これが先生の非常な苦痛であって、ときには高熱と気管支カタルを併発し、ずいぶん肺炎の心配をすることもある。

と、かつて林正道氏が翁の健康史を書いたときに、指摘している。

翁の健康史に一期を画した肺炎――晩年、痼疾《こしつ》（久しくなおらない病気。持病）となって、秋立ちはじめる頃より、心配の種として悩まされた「喘息を覚える」原因となった肺炎は、実に明治三十七年（一九〇四）五月、日露戦争中に患ったのであった。

これより先、明治三十六年（一九〇三）十一月二十一日、インフルエンザに冒され、体温は突如として三十九度にあがった。当時の主治医、堀井宗一と土屋医学士が診察したが、さらにベルツおよび賀古鶴所をも招いた。越えて二十四日夜半、左耳の内部に疼痛《とうつう》を覚え、ただちに賀古の来診を請うたところ、中耳炎《ちゅうじえん》を発したことが明らかになった。爾来、疼痛烈《はげ》しく、体温は三十八、九度を維持した。

かくて、数日を絶対安静に送り、十二月一日、鼓膜を切開し、翌日より痛みは漸減し、体温もまた下降し、順快の見透しはついたが、病後の安静を保つため、接客、読書などの刺激を避け、家人、近親との閑談と韻事《いんじ》（詩文を作ること）に携わることのみを許された。この間に出来たのが、『室の小草』である。

病の床のつれづれなるままにうめき出したる歌どもを、興津なる中村秋香大人に添削を乞いけるに、いともねんごろに批評せられ、あるは返歌をさえ添え給えるを、のちの思出草にもとかきしるさせ置くになん。

三冬月病にこもる室のうちにことの葉草をつみはやしつつ

を冒頭にして、すべて百二十四首、歳晩《さいばん》（年の暮れ。年末）より節分の頃までにおよび、

わかかりし昔の旅の夢さめてうつつにかへる老のあかつき

をもって終わるものである。題詠が多いのも、徒然なるままのすさびになることが偲《しの》ばれる。中には即興のものもある。

いたづきにすぎしうき世の年の瀬も波しづかにとねぎわたるかな

いかでかくぬる夜の夢はうつつにてさめしうつつは夢となるらん

のごときである。

『室の小草』のほかに、『忠臣蔵詠歌』二十四首のごとき、『詠史』十首のごとき作もある。さらにまた、日露戦争についての、その折々の吟懐《ぎんかい》がある。

かくて、誇張していえば、歌に明け歌に暮れつつ三月に入り、その六日、国府津に転地して、松籟《しょうらい》濤声《とうせい》に親しみ、あるいは詩歌の吟詠に、あるいは古書雑文の翻読に時を消した。この間に、『磯の岩

燕』八十首がある。「国府津の海浜をそぞろありきして」と題する、

浜辺ゆく袖もゆるぎの浦風にかすみもれていづの島山

をもってはじまり、「四月二十三日国府津より飛鳥山なる家にかへりて、久しく見ざりし庭の花のちり残れるを」と題した、

立ちこめし青葉がくれにちり残る花や主人をまちしなるなん

をもって終わっている。

悠々月余を塵外境に送り、四月二十四日、帰京した。しかるに、二十七日夜にわかに発熱し、翌二十八日は体温三十八度を超え、三十日払暁《ふつぎょう》（明け方）より明らかに肺炎になった。高木兼寛を主治医とし、さらにベルツを煩わし、土屋良蔵、堀井宗一は、日夜詰め切った。

かくて、五月五日、体温下降し、翌六日も順調であったが、七日に至ってまた上昇し、爾来、昇降常なく、憂慮おくあたわざらしめたが、下旬に至り、病勢やや衰え、ときどき褥上に坐して庭園の新緑を楽しむまでになった。

かくて、六月九日、畏《おそれおお》き辺より御菓子一折を賜わったのであった。

翁は、天恩の厚きに感泣し、床上に起き直って、礼服を取り寄せ、恭《うやうや》しく拝受した。しこうして、この感激を、例の国風一首に表した。

ことし春の末つかたより再び病にかかりて、ほとほと命もあやうきばかり煩いけるが、ようようおこたりざまになりけるほど、六月九日ゆくりなく侍従職より御使にて、いとうるわしき御菓子一折のたまものにそえて、畏き仰《おおせ》ごとによりさずけさせらるる旨、幹事岩倉朝臣の御書あり、こ

は微臣の煩いぬるよし、叡聞《えいぶん》（天子がお聞きになること）に達せしよりの御事なりと。そもそもやんごとなき官にある人々はしらず、野にある身のかかる大御恵を蒙るは誠に例少き事にて、こは全く常に実業の発達につきてそがせ給う深き大御心の、やがて微臣の身にも及ぼせる御事なるべしと、かしこくもはた喜ばしく忝くおもいつづけて、

　伏屋もるうめきの声の思ひきや雲の上まできこゆべしとは

渋沢敬三氏が、

その趣《おもむき》畏《おそれおお》くも天聴に達し、辱《かたじけな》くも御見舞を賜わりましたが、その御菓子の中に金玉糖があって、四角な寒天の中に、羊羹で出来た綺麗な金魚が二匹浮かんでいたのは、子供心にもはっきりと、今でも眼に残っております。

と記し、また、

先だって片付けものの中から出て来ましたので、お目にかけます。

佐々木ぬしよりおくられたる鉢の梅の花はまだ開かねども、老幹嵯峨として、わか枝につぼみもてるさまのいとおかしければ、己が身にたくらべ、感慨の情やみがたくて、

　雪霜にをりくだかれし古枝にもつぼむは梅のちからなりけり

　つぼみつつ冬ごもりしてもろともに春まちてさけはちの梅が枝

右に対し、佐々木茗香（勇之助）翁からお返しがありました。

「青淵先生に粗末なる鉢の梅を奉りたるに、御歌をたまわりければ御かえし。

勇之助

山里にそだちしままの梅なれど君が恵に香をやますらむ」

この梅の鉢は、およそ三十年を経ていまだに曖依村荘に春を待っております。

と記したのは、このときのことである。

そのときの主治医は、高木兼寛さんとベルツとの二人であった。私も覚悟して、松方さんや井上さんに会って経済界の今後について話しておきたいと思って、そのことを、お二人に通じてくれるようにと申したところ、高木さんは、

「それは、遺言のおつもりで意見を述べておかれるのであろうが、私が主治医である以上、全快をご信じください。また、最も発熱の惧《おそ》れあるときに、かようなお話をなさることはよろしくない。今少しく待っていただきたい。今大切なときで、神経を使ってはならぬ、私ら二人で受け合って全癒せしめるから」

と、医者として尤もな注意を与えられた。

と、翁が述懐したのも、また、このときのことである。明治三十六年（一九〇三）から翌三十七年（一九〇四）へかけての、重患の連続と、その最後に肺炎によって生命を脅かされた経験は、翁の生涯に一転機を与えた。　このことによって、病気そのものが、翁の生涯に危険なる一期を画した以外に、さらに重大な意義を有することになった。健康上から見ても、喘息の痼疾《こしつ》を得たことによって、悲しむべき記録となったのであるが、さらに、その公生涯にも重大なる変化をおよぼしたのであった。

かくて、長かりし絢爛《じゅんらん》目を眩《くらま》するばかりであった翁の春と夏とを送り、今や秋立ち初めんとするに至った。

著者
白石 喜太郎（しらいし きたろう）

1888（明治21）年、土佐（現在の高知県）生まれ。一橋学園出身。第一銀行に勤めた後、渋沢栄一事務所に勤め、二十年にわたって秘書として渋沢の仕事を助けた。1945（昭和20）年没。著書に『渋沢栄一翁』（刀江書院、1933）、『渋沢翁の面影』（四条書房、1934）、『渋沢翁と青淵百話』（日本放送出版協会、1940）など。

企画：西脇修二
現代文テキスト作成：佐藤義光
組版・編集協力：国書サービス（割田剛雄・吉原悠）
カバーイラスト：三村晴子

渋沢栄一　92年の生涯　夏の巻

2021年1月22日　第1版第1刷発行

著　者　白石喜太郎
発行者　佐藤今朝夫

〒174-0056 東京都板橋区志村1-13-15
発行所　株式会社　国書刊行会
TEL.03(5970)7421(代表)　FAX.03(5970)7427
https://www.kokusho.co.jp

ISBN978-4-336-07096-8
印刷・株式会社エーヴィスシステムズ／製本・株式会社ブックアート
定価はカバーに表示されています。
落丁本・乱丁本はお取替いたします。

論語と算盤

B6判・並製　266頁　定価：本体1200円
978-4-336-01455-9

我が国近代化のためにその生涯を捧げた渋沢が晩年、折にふれ語った、処世から人生全般にわたる、滋味溢れる講話を集大成。半世紀を経た今日でも、彼の肉声は私たちの心に強く響いてくる。

先見と行動
時代の風を読む

四六判・上製　294頁　定価：本体1800円
978-4-336-05314-5

旺盛な好奇心、柔軟な思考、鋭い洞察力の持ち主…大著「青淵百話」より、その驚くべき先見性を中心に再構成。渋沢の言葉には先の時代を読み取る要素にあふれている。

徳育と実業
錬金に流されず

四六判・上製　270頁　定価：本体1800円
978-4-336-05312-1

本来の社会的使命を忘れた現代の金融、資本主義…いまこそ一番注目すべき経済道徳の真髄を渋沢の言葉から学ぶ。

立志の作法
成功失敗をいとわず

四六判・上製　302頁　定価：本体1800円
978-4-336-05313-8

大きく迷い大きく育った渋沢の志。紆余曲折の人生を歩んだ渋沢栄一の言葉だからこそ、多くの生きる術が得られる。大著「青淵百話」より、若者に贈ることばを中心に再構成。

国富論
実業と公益

四六判・上製　276頁　定価：本体1800円
978-4-336-05311-4

虚業に走り経済道徳をなくした現代こそ、渋沢の声に耳を傾けたい。個々人の公益と利益の追求とは何かを問う名著。大著「青淵百話」より、公利公益の哲学を中心に再構成。